稼轩律师
JIAXUAN LAWYER

新能源项目典型案件
争议解决实务

陕西稼轩律师事务所能源中心 | 编著

PRACTICE ON RESOLVING DISPUTES IN
TYPICAL CASES RELATED TO
RENEWABLE ENERGY PROJECTS

法律出版社 | LAW PRESS
北京

图书在版编目（CIP）数据

新能源项目典型案件争议解决实务 / 陕西稼轩律师事务所能源中心编著. -- 北京 ：法律出版社，2024.
ISBN 978 - 7 - 5197 - 9566 - 5

Ⅰ. D922.675

中国国家版本馆 CIP 数据核字第 2024C4W430 号

新能源项目典型案件争议解决实务
XINNENGYUAN XIANGMU DIANXING ANJIAN ZHENGYI JIEJUE SHIWU

陕西稼轩律师事务所能源中心 编著

责任编辑 翁潇潇
装帧设计 鲍龙卉

出版发行 法律出版社
编辑统筹 法规出版分社
责任校对 冯高琼
责任印制 耿润瑜
经　　销 新华书店

开本 710 毫米×1000 毫米 1/16
印张 19.75 **字数** 305 千
版本 2024 年 12 月第 1 版
印次 2024 年 12 月第 1 次印刷
印刷 永清县金鑫印刷有限公司

地址：北京市丰台区莲花池西里 7 号(100073)
网址：www.lawpress.com.cn
投稿邮箱：info@lawpress.com.cn
举报盗版邮箱：jbwq@lawpress.com.cn

销售电话：010 - 83938349
客服电话：010 - 83938350
咨询电话：010 - 63939796

书号：ISBN 978 - 7 - 5197 - 9566 - 5
定价：68.00 元

凡购买本社图书，如有印装错误，我社负责退换。电话：010 - 83938349

前言

本书是稼轩能源中心主持编写的能源行业法律实务研究系列的第四本成果。稼轩能源中心的能源研究工作始于2020年年初，到2022年，已经连续推出了三本研究成果，前三本成果分别聚焦油气行业、煤炭有色金属行业、能源化工行业的典型纠纷裁判规则与法律实务指引。2023年年初，能源中心选择以新能源行业为研究对象，启动第四本书的编写工作，是偶然中的必然。

偶然，是因为本书确定研究方向为新能源典型纠纷，是在2023年3月和西安仲裁委员会刘红博士的一次业务交流中，灵感碰撞下的一拍即合。在双方高效执行力的推动下，很快便完成了组建编写组、召开编写组会议、筛选典型案例、统一写作体例和分工等一系列工作。必然，是稼轩能源中心已经积累了一定数量的新能源业务，如风电项目股权收购、氢能建设项目全流程法律服务、新能源技术成果转化、售电代理合同纠纷等，自2023年始，能源中心的几个团队在新疆地区能源业务的开拓中成绩喜人。无论是能源行业发展趋势，还是新能源律师业务实际需求，能源中心都应该对新能源的法律问题给予足够的关注。

编写组在正式成立后，邀请了来自西安仲裁委员会、西北政法大学、西安交通大学、西安石油大学、隆基绿能科技股份有限公司等单位的业界同行，集思广益，对新能源领域国内司法诉讼、国内国际仲裁案例进行筛选，最终选定本书收录的9个典型纠纷。本书延续了能源行业法律实务研究系列的风格，在确定新能源项目典型纠纷类型后，以代表该类型的司法诉讼或仲裁案例为切入点，围绕产生原因、司法背景、焦点问题、裁判规则、专业建议等内容展开论述。全书收录的9个典型纠纷，争议解决方式有国内诉讼，也有国内仲裁、国际仲裁，纠纷类型涉及行政补偿、项目用地、合同能源管理、工程建设、产品质量、售电代理合同等。

本书由稼轩律师事务所高级合伙人卢刚律师担任主编，蒋瑞雪律师（同时任西安石油大学副教授）担任执行主编进行统筹，写作分工为：稼轩律师事务所田地（典型纠纷一）、杨兰（典型纠纷五）、张柳青（典型纠纷七）、杨浩（典型纠纷八），西安石油大学蒋瑞雪（典型纠纷二），隆基绿能科技股份有限公司韩凯（典型纠纷六），西安仲裁委员会刘红（典型纠纷九），西安仲裁委员会苏景景、陆禹凝（典型纠纷四），西安仲裁委员会张霞、王梦楠（典型纠纷三）。

由于编者的水平和实践经验有限，本书不足之处在所难免，敬请各位同仁批评指正。

编写组

2024年11月26日

目录

典型纠纷 4　风电场建设项目的居间服务纠纷

参考案例 | 榆林 A 劳务公司与西安 B 电力工程公司的技术服务合同纠纷

典型纠纷 5　合同能源项目合同纠纷

参考案例 | 山东 A 齿轮桥箱有限公司与莱芜 B 光电光伏发电有限公司供用电合同纠纷

典型纠纷7 购售电代理合同的履约风险与防范

参考案例 | 山东A化工有限公司诉山东B电气有限公司合同纠纷

典型纠纷8 风力发电组质量及发电量损失纠纷

参考案例 | 吉林某风力发电有限公司与江苏某科技有限公司买卖合同纠纷

典型纠纷 9　光伏组件买卖合同纠纷的境外仲裁

典型纠纷1

已建成项目被行政强制拆除的行政行为合法合理性判断

参考案例　济宁某新能源有限公司诉山东省济宁市某县人民政府、某自然保护区管理局限期拆除违法光伏项目设施行政强制执行决定纠纷①

一、案情介绍

2012年5月至2013年3月，山东省济宁市某县发展和改革局、环境保护局、水利局、规划局、林业局、国土资源局等部门先后对济宁某新能源有限公司（以下简称新能源公司）作出同意在某镇建设光伏发电项目的审批意见。此后，济宁市环境保护局作出环评批复，同意该项目建设；山东省国土资源厅通过新能源公司建设用地预审；济宁市和山东省两级发展和改革委员会、水利局等部门备案批复，同意新能源公司在某镇境内批准区域投资建成30兆瓦光伏发电项目，光伏项目的四至范围全部位于某自然保护区实验区内。该项目于2015年1月1日并网发电。2015年8月5日，县环境保护局作出《项目验收批复》，确认该项目环保手续齐全，落实环评批复中的各项环保要求，项目竣工环境保护验收合格。

2017年3月，县人民政府办公室、济宁市人民政府督查室先后下发通知，要求对非法占用保护区和违法使用林地、湿地的在建光伏发电项目实施限期整改。2017年7月26日，某镇环境保护办公室作出停业整改通知书，责令新能源公司停业整顿。2017年7月30日，某镇环境突出问题整改百日攻坚行动领导小组办公室下发通知，责令新能源公司于7月31日前停电断网，8月15日前拆除光伏设施、恢复原状。2017年8月10日，某镇人民政府也下发通知，责令新能源公司于8月15日前全部拆除完毕。2017年12月6日，某自然保护区管理委员会办公室作出《关于督促某县推进某自然保护区6处违建光伏发电项目整改拆除工作的通知》（济湖委

① 参见（2020）最高法行申7063号。

办字〔2017〕4号），要求加快整改进度，扎实完成光伏项目剩余66%的拆除工作。2017年12月22日，县人民政府作出《关于责令某自然保护区违规建设光伏项目限期整改的通知》，要求新能源公司于2017年12月底前拆除光伏项目设施。

2018年1月5日，县人民政府、某自然保护区管理局作出《行政强制执行决定书》（微政强执决字〔2018〕第6号，以下简称6号决定），认为新能源公司在某镇建设的光伏项目全部在某自然保护区实验区内，未取得某自然保护区管理机构和环境主管部门同意，属于违法建设项目，违反《自然保护区条例》第32条、《山东省人民政府办公厅关于贯彻落实国办发〔2010〕63号文件进一步加强自然保护区管理工作的通知》及环境保护部等十部委发布的《关于进一步加强涉及自然保护区开发建设活动监督管理的通知》（环发〔2015〕57号）要求，依据《行政强制法》第44条规定，决定于当日起对新能源公司光伏项目实施强制拆除后，县人民政府对新能源公司兴建的光伏项目设施全面予以拆除。

2018年3月28日，新能源公司提起行政诉讼，请求撤销6号决定。

一审法院认为：鉴于新能源公司光伏项目属于违法建设项目应予拆除，撤销6号决定将会给国家利益、社会公共利益造成重大损失，应确认违法。依据《行政诉讼法》第74条第1款第1项之规定，判决确认撤销6号决定违法。

一审宣判后，新能源公司不服，向山东省高级人民法院提出上诉，经审理，二审法院认为：6号决定认定新能源公司光伏项目为违法建设项目，认定事实清楚。一审判决确认该决定违法不撤销，符合法律规定。依据《行政诉讼法》第89条第1款第1项之规定，判决驳回上诉，维持原判。

二审判决后，因出现新情况，新能源公司向最高人民法院申请再审。新能源公司申请再审时补充的事实和理由称：山东省人民政府于2019年11月4日发布的《关于调整某自然保护区范围和功能区的批复》，将其光伏项目所在区域调整出自然保护区的实验区，一、二审判决认定事实发生变更，6号决定缺乏事实基础，应予撤销。请求撤销一、二审判决，依法再审本案。

最高人民法院经审查认为：本案在处理新能源公司在某自然保护区实验区内的违规光伏项目设施时，是由某镇环境保护办公室、某镇环境突出问题整改百日攻坚行动领导小组办公室以及某镇人民政府作出限期拆除光伏设施、恢复原状的行政决定。作出决定的行政机关不是法律规定的“县级以上人民政府有关自然保护区行政主管部门或者其授权的自然保护区管理机构”。新能源公司不履行限期拆除决定，应申请人民法院强制执行。县人民政府和某自然保护区管理局作出 6 号决定强制执行，适用法律错误、超越法定职权；同时，作出 6 号决定未经催告履行程序，也没有给予新能源公司陈述、申辩的机会，违反法定程序；6 号决定应予以撤销。鉴于新能源公司光伏项目位于自然保护区实验区内，且相关设施已经全部拆除，撤销 6 号决定将会严重损害国家利益、公共利益，一、二审判决确认违法并无不当。但是，新证据之前涉案光伏项目设施已经被全部强制拆除，事后的规划调整并不能影响 6 号决定的合法性，以此为由申请再审，理由不能成立。裁定驳回新能源公司的再审申请。

二、案例解读

2017 年，本案被告某自然保护区管理局在自然保护区内的某县摸排出了 7 处违规光伏项目，[①] 并对其中微山县汇能光伏电站有限公司 100 兆瓦光伏发电项目、微山旭日新能源有限公司高楼 40 兆瓦光伏发电项目、微山县爱康新能源有限公司微山县鲁桥镇 30 兆瓦光伏发电项目、新能源公司 30 兆瓦太阳能发电项目、微山县旭沐新能源科技有限公司 49 兆瓦光伏发电项目、微山县天沐新能源科技有限公司 49 兆瓦光伏发电项目 6 处光伏发电项目进行停电断网，进行拆除。本案诉争的新能源有限公司 30 兆瓦太阳能发电项目是本次被强制拆除的项目之一。近年来，在严格执行生态红线的强监管政策环境下，一些已经取得合法手续的投资项目，因政策执行力度不足被行政机关认定为“违法建设”，遭受巨额损失，本案新能源公司投资的光伏项目正是此类纠纷的典型情形。以下就行政决定、行政强制执行的行政行为合法合理性展开分析。

---

① 参见某县人民政府发布的《关于环保督察第十三批 822—182 号转办件办理情况的报告》。

（一）项目被认定为违法建设项目，并无不当

通常情况下，项目批复、备案证明等行政文件是行政机关履行完毕行政管理职能，授予项目主体相应资格的公开材料。项目取得行政文件也就意味着该项目完成了合法合规性审查，行政相对人可以基于对行政机关的合理信任，开展后续的投资经营建设等活动。但是，如果行政机关的审批备案行为存在违法情况，如行政机关超越权限、审批程序违法、违反上位法规定、违背国家有效政策等，那么行政机关的审批备案行为将存在效力瑕疵，由此导致项目文件失去证明项目合法性的能力，项目本身也会因失去合法性而被认定为违法项目。

本案中，新能源公司已经就项目规划的合法性取得必要的审批备案文件，包括2013年取得的非常关键的用地预审和环评批复，但是本案光伏项目全部在自然保护区的实验区内。根据2011年修订的《自然保护区条例》第18条、第32条规定，我国自然保护区可以分为核心区、缓冲区和实验区，实验区只可以进入从事科学试验、教学实习、参观考察、旅游以及驯化、繁殖珍稀、濒危野生动植物等活动。实验区内不得建设污染环境、破坏资源或者景观的生产设施；建设其他项目，其污染物排放不得超过国家和地方规定的污染物排放标准。在自然保护区的实验区内已经建成的设施，其污染物排放超过国家和地方规定的排放标准的，应当限期治理；造成损害的，必须采取补救措施。

2015年，随着国家生态环境监管政策的力度加大，各地政府也加强对自然保护区开发监管工作的清理整顿。环境保护部等十部委发布的《关于进一步加强涉及自然保护区开发建设活动监督管理的通知》（环发〔2015〕57号）明确要求："自然保护区属于禁止开发区域，严禁在自然保护区内开展不符合功能定位的开发建设活动……禁止在自然保护区核心区、缓冲区开展任何开发建设活动，建设任何生产经营设施；在实验区不得建设污染环境、破坏自然资源或自然景观的生产设施……禁止在自然保护区内进行开矿、开垦、挖沙、采石等法律明令禁止的活动，对在核心区和缓冲区内违法开展的水（风）电开发、房地产、旅游开发等活动，要立即予以关停或关闭，限期拆除，并实施生态恢复。"《国家林业局关于光伏电站建设

使用林地有关问题的通知》（林资发〔2015〕153号）也指出各类自然保护区为禁止建设区域。本案项目所在地的济宁市人民政府办公室也曾于2015年6月19日下发《关于立即停止光伏发电项目违法使用林地湿地行为的紧急通知》，规定“光伏发电在我市属于大量消耗林地、湿地等生态资源的项目，要严格限制光伏发电项目使用林地、湿地”。

2017年，《自然保护区条例》进行第二次修订，修订后的第18条、第32条再次明确，自然保护区的实验区可以进入从事科学试验、教学实习、参观考察、旅游以及驯化、繁殖珍稀、濒危野生动植物等活动。在自然保护区的实验区内，不得建设污染环境、破坏资源或者景观的生产设施；建设其他项目，其污染物排放不得超过国家和地方规定的污染物排放标准。在自然保护区的实验区内已经建成的设施，其污染物排放超过国家和地方规定的排放标准的，应当限期治理；造成损害的，必须采取补救措施。

综上，根据我国环保政策和有关法律、法规的规定，自然保护区的实验区内不得建设污染环境、破坏资源或者景观的生产设施。虽然本案新能源公司取得了项目的立项审批、环评审批，用地预审及最终的竣工验收等审批手续并且已经并网发电，但是本光伏项目全部位于某自然保护区实验区内，相关手续文件都存在违背上位法的问题，相关行政部门违反上位法进行行政审批工作最终导致被上级环保部门督查发现，导致项目被认定为违法建设项目，并无不当。

（二）本案强制拆除决定行为存在的问题

本案新能源公司的光伏项目被强制拆除，依据的是县人民政府和某自然保护区管理局作出的6号决定，而该行政决定行为存在超过法定职权、程序违法的问题。

1. 作出强制拆除决定的行为主体超越法定职权

县人民政府和某自然保护区管理局作出的6号决定超越法定职权。本案中，县人民政府作出《关于责令对某自然保护区违规建设光伏项目限期整改的通知》，要求新能源公司于2017年12月底前拆除光伏项目设施。之后，县人民政府、某自然保护区管理局又于2018年1月5日，作出6号决定，认为新能源公司在某镇建设的光伏项目全部在某自然保护区实验区内，未取得某自然保护区管理机构和环境主管部门同意，属于违法建设项目，依据《行政强制法》第 44 条规定，决定于当日起对新能源公司光伏项目实施强制拆除。

《自然保护区条例》（2011 年修正）第 32 条第 1 款、第 35 条规定，不得在自然保护区的实验区内建设污染环境、破坏资源或者景观的生产设施。违反条例规定，在自然保护区进行相关违法活动的，由县级以上人民政府有关自然保护区行政主管部门或者其授权的自然保护区管理机构没收违法所得，责令停止违法行为，限期恢复原状或者采取其他补救措施。根据上述法律、法规的要求，本案作出责令停止违法行为、限期恢复原状或者采取其他补救措施的行政机关应当是“县级以上人民政府有关自然保护区行政主管部门或者其授权的自然保护区管理机构”，县人民政府、某自然保护区管理局并不具有法律法规定的行政职权，因此其无权行使相关行政职权，其所作出的决定属于行政违法行为。

2. 作出强制拆除决定的行为程序违法

县人民政府和某自然保护区管理局作出 6 号决定前，未履行催告程序，没有给予新能源公司陈述、申辩的机会，违反法定程序。《行政强制法》第 13 条规定，行政强制执行由法律设定。法律没有规定行政机关强制执行的，作出行政决定的行政机关应当申请人民法院强制执行。第 34 条、第 35 条、第 36 条、第 37 条规定，行政机关依法作出行政决定后，当事人在行政机关决定的期限内不履行义务的，具有行政强制执行权的行政机关依法自行强制执行。行政机关作出强制执行决定前，应当事先催告当事人履行义务。当事人收到催告书后有权进行陈述和申辩。行政机关应当充分听取其意见，当事人提出的事实、理由或者证据成立的，行政机关应当采纳。经催告逾期仍不履行行政决定，且无正当理由的，行政机关可以作出强制执行决定。

3. 执行强制拆除的行为程序违法

本案新能源公司未履行限期拆除的决定，行政机关应当申请人民法院强制执行，而不是私自进行拆除，程序违法。《行政强制法》第 44 条、第 53 条、第 54 条规定并未授权作出限期拆除决定的行政机关对违法建筑物、构筑物、设施等享有强制拆除的法定职权。行政机关依法作出强制拆除违法建筑物、构筑物、设施行政决定后，当事人在法定期限内不申请行政复议或者提起行政诉讼，又不拆除的，法律规定有强制执行权的行政机关可以依法自行强制执行；没有强制执行权的行政机关，应当依法申请人民法院强制执行。行政机关申请人民法院强制执行前，应当催告当事人履行义务。催告书送达 10 日后当事人仍未履行义务的，行政机关可以向所在地有管辖权的人民法院申请强制执行；执行对象是不动产的，向不动产所在地有管辖权的人民法院申请强制执行。

（三）新能源项目单位应提起行政赔偿之诉

在本案中，新能源公司光伏项目位于某自然保护区实验区内，确实属于违法建设的项目，且相关设施已经全部拆除。因此，虽然县人民政府和某自然保护区管理局作出的 6 号决定超过法定职权、程序违法，但是如果撤销 6 号决定将会影响国家对我国自然保护区的保护，最终将会严重损害国家利益、公共利益。《行政诉讼法》（2017 年修正）第 74 条规定："行政行为有下列情形之一的，人民法院判决确认违法，但不撤销行政行为：（一）行政行为依法应当撤销，但撤销会给国家利益、社会公共利益造成重大损害的……"第 76 条规定，人民法院判决确认违法或者无效的，可以同时判决责令被告采取补救措施；给原告造成损失的，依法判决被告承担赔偿责任。因此，本案一审、二审、再审判决确认强制拆除决定行为违法，但是不予撤销，并无不当。

依据《行政诉讼法》（2017 年修正）[①] 第 76 条、《国家赔偿法》（2012 年修正）第 9 条[②]规定，本案新能源公司光伏项目建设经过县人民政府及其相关部门审批，行政相对人基于对人民政府的信赖进行投资建设，最终因为行政审批违反法律规定，项目被确认违法、强制拆除，致使新能源公

---

① 《行政诉讼法》（2017 年修正）第 76 条规定："人民法院判决确认违法或者无效的，可以同时判决责令被告采取补救措施；给原告造成损失的，依法判决被告承担赔偿责任。"

② 《国家赔偿法》（2012 年修正）第 9 条规定："赔偿义务机关有本法第三条、第四条规定情形之一的，应当给予赔偿。赔偿请求人要求赔偿，应当先向赔偿义务机关提出，也可以在申请行政复议或者提起行政诉讼时一并提出。"

司利益受损，应当由行政部门依法予以赔偿。新能源公司在本案中没有一并提出行政赔偿，因此新能源公司需要另行提起行政赔偿。新能源公司提起行政赔偿请求的，应当首先向行政赔偿义务机关提出，在赔偿义务机关不予赔偿或赔偿请求人对赔偿数额有异议的，赔偿请求人才可以向上级机关申请复议或直接向法院提起诉讼。

三、焦点分析

（一）现阶段新能源项目用地选址问题

1. 选址与审批原则

项目用地选址，既要满足新能源项目建设要求，又要符合现阶段用地政策。项目选址不合规，引发项目投资建设风险，是新能源项目的常见风险之一。自然资源部公布的耕地保护督察案件和国家林业和草原局通报的典型违法违规破坏森林资源案件中，便有多个新能源项目违规用地被通报整改（见表1－1）。

表1－1　被通报违规用地的新能源项目

序号	违规情形	处理结果
1	2021年7月，宁夏中宁时代新能源有限公司与中宁县喊叫水乡喊叫水村委会签订《土地租赁流转合同》，租赁该村集体土地5809.20亩。2021年10月至2022年7月，该公司未经批准擅自在所租赁土地上建设了光伏方阵，其中占用耕地341.95亩、天然牧草地5457.91亩，违反了国家关于光伏产业使用农用地必须办理建设用地审批的规定	对光伏方阵组织了拆除，退还非法占用的土地
2	2020年5月，丹阳市帷瑞新能源光伏有限公司未经批准、擅自占用延陵镇延陵村集体土地26.01亩建设光伏发电项目，所占土地均为永久基本农田	拆除，退还土地给延陵镇麦溪村
3	2020年森林督查发现，四川省攀枝花市仁和区瑞天佑新能源公司超许可范围非法占用林地46.49公顷（697.35亩），用于黄桷垭风电场项目建设	收回林地中部分临时道路依法办理使用林地手续改为防火道，其余19.27公顷（289.05亩）已恢复植被。仁和区纪委监委对20名干部进行追责问责

续表

序号	违规情形	处理结果
4	2022年4月，承德神源太阳能发电有限公司未经草原主管部门审核同意擅自在御道口镇三复兴地村，实施国家电投神源围场御道口300兆瓦牧光互补光伏发电项目占用草原6.55亩	责令退还非法占用的草原、限2023年9月30日前拆除草原上新建的建筑物并恢复草原植被，并处罚款0.83万元

（1）建设用地审批必须严格执行“三区三线”管控要求。

2019年，《中共中央、国务院关于建立国土空间规划体系并监督实施的若干意见》《关于建立以国家公园为主体的自然保护地体系的指导意见》等文件提出，要逐步开展科学划定“三区三线”工作，并将区划生产、生活、生态“三生”空间作为协调自然资源科学保护与合理利用的基础性工作。“三区”即农牧、生态、城镇空间，“三线”即耕地和永久基本农田保护红线、生态保护红线、城镇开发边界，“三区三线”划定工作是根据农业空间、生态空间、城镇空间三个区域，分别对应划定的耕地和永久基本农田保护红线、城镇开发边界、生态保护红线三条控制线，其中，耕地保护红线居三条控制线之首，是优先的控制线，其次是生态保护红线、城镇开发边界。

2022年4月27日，自然资源部召开全国“三区三线”划定工作会议并下发《自然资源部关于在全国开展“三区三线”划定工作的函》（自然资函〔2022〕47号），要求全国各级政府在2020年国土变更调查成果底版上（城镇、村庄不打开统计）开展“三区三线”划定，将划定成果纳入国土空间规划“一张图”，同步完善国土空间基础信息平台和国土空间规划“一张图”实施监督信息系统功能，确保耕地和永久基本农田保护红线、生态保护红线、城镇开发边界等目标能落地、可考核。

2022年8月2日，自然资源部发布《关于积极做好用地用海要素保障的通知》（自然资发〔2022〕129号），对国土空间规划批准前，有关规划规模、布局、结构等过渡期政策衔接问题，明确过渡期内各地可以进行规划调整，但调整应与“三区三线”管控要求不冲突，符合在编的国土空间规划确定的城镇功能布局、空间结构和时序安排等总体要求，符合项目涉及地区的土地用途、强度和规模，并按照现行法规和法定规划的管控规则与程序要求进行。规划调整对于超出现行依法批准的土地利用总体规划和城乡规划的建设项目，如进行规划调整，农用地转用手续应按照现行规定办理，与项目类型无关。

2023 年 6 月 13 日，自然资源部印发《关于进一步做好用地用海要素保障的通知》（自然资发〔2023〕89 号，以下简称 89 号文），该文件有效期至 2025 年 12 月 31 日，具体政策措施已明确执行期限的，从其规定，自然资发〔2022〕129 号文自 89 号文印发之日起不再执行。89 号文要求，严格落实《全国国土空间规划纲要（2021—2035 年）》和“三区三线”划定成果，加快地方各级国土空间规划编制报批。在各级国土空间规划正式批准之前的过渡期，对省级国土空间规划已呈报国务院的省份，有批准权的人民政府自然资源主管部门已经组织审查通过的国土空间总体规划，可作为项目用地用海用岛组卷报批依据。

截至 2023 年年底，我国全国范围的“三区三线”划定工作基本完成，“三区三线”划定成果是地方各级国土空间规划编制报批的管控依据。可以说，“三区三线”已经成为我国实施最严格的耕地保护制度、生态环境保护制度和节约用地制度，落实国土空间规划约束性指标的重要抓手，也是我国各级政府调整经济结构、规划产业发展、推进城镇化不可逾越的红线。

（2）项目用地选址不得占用基本农田。

按照“三区三线”管控要求，农业空间（主要是耕地和永久基本农田）的用途管制制度越来越严。按照现行规定，耕地和永久基本农田要用于种粮，转为建设用地的，需要符合国土空间规划，且要经过农用地转用审批，涉及占用永久基本农田的，还需要报国务院批准。即使用于种植，耕地和永久基本农田的使用也有严格的用途管制制度规定。

2020 年 9 月 10 日，国务院印发《关于坚决制止耕地“非农化”行为的通知》（国办发明电〔2020〕24 号），提出耕地保护“六个严禁”。2021 年 11 月 27 日，自然资源部、农业农村部、国家林业和草原局印发《关于严格耕地用途管制有关问题的通知》（自然资发〔2021〕166 号），针对永久基本农田提出：①不得将永久基本农田转为其他农用地及农业设施建设用地。②严禁占用永久基本农田发展林果业和挖塘养鱼。严禁占用永久基本农田种植苗木、草皮等用于绿化装饰及其他破坏耕作层的植物。③严禁占用永久基本农田挖湖造景、建设绿化带。④严禁新增占用永久基本农田建设畜禽养殖设施、水产养殖设施和破坏耕作层的种植业设施。

依据《土地管理法》的规定，国家实行永久基本农田保护制度。严格保护永久基本农田，严格控制非农业建设占用农用地。永久基本农田经依法划定后，任何单位和个人不得擅自占用或者改变其用途。国家能源、交通、水利、军事设施等重点建设项目选址确实难以避让永久基本农田，涉及农用地转用或者土地征收的，必须经国务院批准。禁止通过擅自调整县级土地利用总体规划、乡（镇）土地利用总体规划等方式规避永久基本农田农用地转用或者土地征收的审批。非农业建设必须节约使用土地，可以利用荒地的，不得占用耕地；可以利用劣地的，不得占用好地。禁止占用耕地建窑、建坟或者擅自在耕地上建房、挖砂、采石、采矿、取土等。禁止占用永久基本农田发展林果业和挖塘养鱼。征收永久基本农田或者永久基本农田以外的耕地超过35公顷的需要国务院批准。

（3）项目选址不得突破生态保护红线。

基于“三区三线”对生态空间、生态保护红线的管控要求，国家在重点生态功能区、生态环境敏感区和脆弱区等区域划定生态保护红线，实行严格保护。

2017年2月7日，中共中央办公厅、国务院办公厅印发《关于划定并严守生态保护红线的若干意见》，对如何严守生态保护红线，实行严格管控作出具体安排。生态保护红线原则上按禁止开发区域的要求进行管理。严禁不符合主体功能定位的各类开发活动，严禁任意改变用途。生态保护红线划定后，只能增加、不能减少，因国家重大基础设施、重大民生保障项目建设等需要调整的，由省级政府组织论证，提出调整方案，经生态环境部、国家发展改革委会同有关部门提出审核意见后，报国务院批准。因国家重大战略资源勘查需要，在不影响主体功能定位的前提下，经依法批准后予以安排勘查项目。

2023年1月1日，《生态保护红线生态环境监督办法（试行）》正式施行，经国务院批准，由省级人民政府发布实施的生态保护红线内，自然保护地核心保护区原则上禁止人为活动，其他区域严格禁止开发性、生产性建设活动，在符合现行法律法规的前提下，除国家重大战略项目外，仅允许对生态功能不造成破坏的有限人为活动。生态环境部门对生态保护红线内的有限人为活动实行严格的生态环境监督。生态保护红线内各级各类自然保护地生态环境监管，法律法规已有规定的从其规定。

（4）项目用地类型符合政策规定。

现阶段，我国用地类型分为永久用地和临时用地，永久用地应取得建设用地指标。《风电场工程建设用地和环境保护管理暂行办法》（发改能源〔2005〕1511号）对风电项目永久用地的类型进行规定。

风电机组用地应当为永久用地，建设用地指标按风电机组基础底板外轮廓尺寸计算。机组变电站用地为永久用地，用地指标按基础外轮廓尺寸计算。风电场10千伏、35千伏集电线路采用架空线路架设时，只计算杆塔基础用地。杆塔基础用地为永久用地。

升压变电站及运行管理中心用地为永久用地。升压变电站用地包括生产建筑用地和辅助生产地。生产建筑用地包括升压设备、变配电设备、升压站控制室用地；辅助生产建筑用地包括安全卫生监测站、备品备件库房、消防设备间、水泵房、主变压器事故油池、油库、消防水池、电缆廊道、道路、绿化等用地。运行管理中心用地包括生产建筑及辅助生产建筑用地和生活服务设施用地，生产建筑及辅助生产建筑用地包括风电场中控室、计算机室、通信室、办公室、会议室、车库、停车场、道路、绿化等设施用地；生活服务设施用地包括职工宿舍、食堂、活动中心等设施用地。

风电场交通工程用地分为永久用地和临时用地。对外交通道路和运行期检修道路用地为永久用地，施工期施工道路用地为临时用地。新建、改建和扩建地面光伏发电站工程项目，按建设用地和未利用地管理的，应严格执行光伏发电站工程项目用地要求，合理利用土地。

2. 风电光伏项目的特别供地政策

根据《国家林业和草原局关于规范风电场项目建设使用林地的通知》

（林资发〔2019〕17号）等政策性文件规定，风电光伏项目有特别的供地政策。

如果项目属于深度贫困地区脱贫攻坚中建设的光伏发电项目，以及国家能源局确定下达的全国村级光伏扶贫电站建设规模范围内的光伏发电项目，那么变电站及运行管理中心、集电线路杆塔基础用地应当按建设用地管理，并应当依法办理建设用地审批手续；场内道路用地可按农村道路用地管理；光伏方阵使用永久基本农田以外的农用地的，在不破坏农业生产条件的前提下，可不改变原用地性质；采用直埋电缆方式敷设的集电线路用地，实行与项目光伏方阵用地同样的管理方式。

如果项目属于光伏发电复合项目（包含农光互补、林光互补、渔光互补等），那么光伏发电站项目用地中按农用地、未利用地管理的，除桩基础用地外，不得硬化地面、破坏耕作层，否则应当依法办理建设用地审批手续，未办理审批手续的，按违法用地查处。

对于光伏阵列等设施架设在农用地，在对土地不造成实际压占、不改变地表形态、不影响农业生产的前提下，可按原地类认定，不改变土地用途。

对于使用永久基本农田以外的耕地布设光伏方阵的情形，应当从严提出要求，采用直埋电缆方式敷设集电线路用地，可按原地类、原用途管理。光伏复合项目的变电站及运行管理中心、集电线路杆塔基础设施用地，按建设用地管理，依法办理建设用地审批手续。

对于“林光互补”模式，光伏电站要确保使用的宜林地不改变林地性质，依法办理使用林地审核审批手续。组件阵列在施工期可以按临时占用林地办理使用林地手续。运营期双方可以签订补偿协议，通过租赁等方式使用林地。

在戈壁、荒漠、荒草地等未利用土地上，对于不占压土地、不改变地表形态的用地部分，国家规定可按原地类认定，不改变土地用途，在年度土地变更调查时作出标注，用地允许以租赁等方式取得，项目业主和土地权利人签订补偿协议，需要在当地县级自然资源部门备案；对于项目永久性建筑用地部分，应依法按建设用地办理手续。但是，对于建设占用农用地的，所有用地部分均应按建设用地管理。

3. 申请建设用地的基本流程

现阶段，建设用地报批分为批次报批和单独选址报批两种方式。

批次报批是在土地利用总体规划确定的城市（含建制镇）或村庄、集镇建设用地规模范围内，为实施该规划而占用土地的，按分批次的方式上报。一个批次用地可以一块或多块土地同时打包上报。编制相关材料递交，经同级人民政府审核同意后，逐级上报。

批次报批所需材料包括：（1）用地申请表；（2）市、县政府用地审查意见；（3）市、县自然资源主管部门审查意见；（4）建设用地呈报说明书、农用地转用方案、补充耕地方案（含耕地占补平衡确认信息单）、征收土地方案；（5）勘测定界图和勘测定界技术报告书；（6）土地征收启动公告、土地现状调查、社会稳定风险评估、征地补偿安置公告、听证、征地补偿安置协议。

单独选址报批是指在土地利用总体规划确定的城市和村镇建设用地区以外选址的能源、交通、水利、采矿、军事设施等建设项目用地，由建设单位向当地自然资源主管部门提出用地申请，由自然资源主管部门拟定相关材料，经同级人民政府审查同意后，逐级上报有审批权的行政机关。风电光伏等新能源项目大多属于单独选址报批类型。

单独选址项目建设用地单位申请用地应提交的文件材料包括：（1）用地申请表（原件）；（2）项目可行性研究报告批复（或核准、备案文件）、初步设计批复（或有关部门审查确认意见）（原件或复印件）；（3）建设项目用地预审意见（原件或复印件）；（4）地质灾害危险性评估报告专家审查意见及报告扉页、报告编制单位资质证书复印件、评审专家名单（原件或复印件）；（5）项目建设压覆矿产资源查询证明材料；涉及压覆矿产资源及矿业权的，需提交项目建设业主单位已与矿业权人就压矿补偿问题协商的说明、有关市、县人民政府做好压矿补偿协调工作的承诺函（原件）；（6）有资质的单位出具的拟征（占）用土地的勘测定界技术报告书和勘测定界图（原件）；（7）环保、建设（规划）、社保、林业（占用林地）等有关部门审核（批复）同意文件材料（原件或复印件）；（8）占用耕地涉及补充耕地的，出具新增耕地合格证及附件；补充耕地为委托补充的，需提供委托补充耕地协议及耕地开垦费缴纳凭证（原件或复印件）；（9）建设用地审查表（针对公路、铁路项目），超出用地标准的，须进行专门说明（原件）；（10）土地复垦方案评审批复备案文件（原件或复印件）；（11）项目选址涉及自然保护区、风景名胜区、水源地保护区以及法律法规规定不得占用的其他区域土地的，须提交有权限的主管部门的审核（批复）同意的文件材料；项目建设涉及占用文物保护单位保护范围和建设控制地带土地的，须提交有权限的文物主管部门出具的拟用地是否占压重要文物保护单位的说明及是否同意用地的意见（原件或复印件）。

（二）新能源项目的政府审批手续

1. 已经备案或核准的项目不得变更项目单位等事项

按照国家能源局的管理文件规定，风电光伏项目立项实行备案制或核准制，《光伏电站项目管理暂行办法》（国能新能〔2013〕329 号，已失效）明确规定，“项目单位不得自行变更光伏电站项目备案文件的重要事项，包括项目投资主体、项目场址、建设规模等主要边界条件”。此后，国家能源局先后颁布《关于进一步加强光伏电站建设与运行管理工作的通知》（国能新能〔2014〕445 号，已失效）、《关于开展新建电源项目投资开发秩序专项监管工作的通知》（国能监管〔2014〕450 号）、《关于规范光伏电站投资开发秩序的通知》（国能新能〔2014〕477 号，已失效）、《关于印发新建电源项目投资开发秩序监管报告（新能源部分）及工作要求的通知》（国能监管〔2015〕384 号）等文件，严格禁止未经重新备案/核准，以融资、合作开发等形式投资在建项目。该类行为涉嫌倒卖买卖光伏、风电新能源项目立项文件（备案或核准）及相关重要前期批复文件，即俗称的“倒卖路条”，能源监管部门可责令限期整改，拒不整改的，可采取公开通报、暂停或取消相应项目可再生能源电价补贴、行政处罚以及移送司法机关等处罚措施。

2014 年 10 月 28 日，国家能源局印发《关于规范光伏电站投资开发秩序的通知》，明令制止光伏电站投资开发中的投机行为。申请光伏电站项目备案的企业应以自己为主（作为控股方）投资开发为目的，能够按照规划和年度计划及时开展项目建设。对于不以自己为主投资开发为目的而是以倒卖项目备案文件或非法转让牟取不当利益为目的的企业，各级能源主管部门应规定其在一定期限内不能作为投资主体开发光伏电站项目。在光伏电站前期工作中，企业间正常的技术服务和商业合作应依法合规进行。出于正当理由进行项目合作开发和转让项目资产，不能将政府备案文件及相关权益有偿转让。已办理备案手续的项目的投资主体在项目投产之前，未经备案机关同意，不得擅自将项目转让给其他投资主体。项目实施中，投资主体发生重大变化以及建设地点、建设内容等发生改变，应向项目备案机关提出申请，重新办理备案手续。

2016 年 12 月 19 日，陕西省发展改革委印发《关于进一步加强光伏发电项目管理的通知》，要求各备案机关在出具光伏电站（含分布式地面电站）项目的备案文件时，必须包含以下内容：（1）项目获得纳入年度实施方案资格后，1 年内不具备并网条件的，取消申报国家可再生能源基金补贴资格；未获得进入年度实施方案资格自行开工建设的，投资风险自行承担。（2）项目完成备案之日至项目并网运行 2 年期间，不得擅自变更项目投资主体、建设场址、建设规模等主要内容。业主须通过国家能源局可再生能源发电项目信息管理平台按时填报项目建设、运行信息。有关信息将作为申请国家光伏电站电价补贴的重要依据。

国家能源局于 2022 年 11 月 30 日印发的《光伏电站开发建设管理办法》第 14 条再次强调，项目单位应按照备案信息进行建设，不得自行变更项目备案信息的重要事项。项目备案后，项目法人发生变化，项目建设地点、规模、内容发生重大变更，或者放弃项目建设的，项目单位应当及时告知备案机关并修改相关信息。各省级能源主管部门和备案机关可视需要组织核查备案后 2 年内未开工建设或者未办理任何其他手续的项目，及时废止确实不具备建设条件的项目。

实践中，为了防止“倒卖路条”，新能源项目的立项文件变更从严控制，取得能源局的立项备案或核准批复后，项目投产之前，未经备案机关同意，不得擅自将项目转让给其他投资主体；项目实施中，投资主体发生重大变化以及建设地点、建设内容等发生改变，应向项目备案机关提出申请，重新办理备案手续；项目公司股权在新能源电站项目立项后至并网投产前发生股权变动，涉嫌违反投资项目核准与备案的相关规定。

2. 新立项项目必须在年度建设规模管理范围内

年度建设规模管理范围，也称新能源项目的建设指标，是新能源项目立项、并网、取得补贴的前提条件。

财政部、国家发展改革委、国家能源局印发《可再生能源电价附加资金管理办法》等文件，规定享受补助资金的可再生能源发电项目，需符合国家能源主管部门要求，按照规模管理的需纳入年度建设规模管理范围，并按流程经电网企业审核后纳入补助项目清单，明确有管理办法并且纳入国家可再生能源发电补贴规模管理范围的项目，相应给予补贴。各省份的年度建设规模管理范围，由省级政府能源主管部门提出年度开发计划，包括建设总规模和各项目的开发申请报告，国务院投资主管部门和省级政府投资主管部门核准的项目，经国家发展改革委、国家能源局审核确定。

《光伏电站开发建设管理办法》《风电开发建设管理暂行办法》等文件要求，风电光伏电站项目应符合国家有关风电光伏电站接入电网的技术标准规范等有关要求，科学合理确定容配比，交流侧容量不得大于备案容量或年度开发建设方案确定的规模。

（三）风电光伏项目开发的重要节点与事项

1. 风电项目开发的重要节点与事项

确保项目应列入年度开发方案：风电项目由地方政府在国家依据总量控制制定的建设规划及年度开发指导规模内核准；拟开发主体应确定项目是否已纳入年度开发方案，避免发生地方政府投资主管部门超规模核准的情形。风电项目未纳入年度规模管理的，无法执行当年度标杆上网电价，无法享受上网补贴。

测风：项目业主在项目投资前需要开展测风，向县级以上政府能源主管部门提出申请，经批准后，按照气象观测管理要求开展相关工作。

编制预可行性研究报告：国家鼓励企业投资风电场预可行性研究工作。对于企业进行投资、满足预可行性研究深度要求、并纳入特许权招标建设的风电场项目，其前期工作成果可实行有偿转让。所以，对于需要转让的项目，应当满足预可行性研究。

编制项目开发申请报告：应在预可行性研究阶段工作成果的基础上编制。开展前期工作之前应向省级以上政府能源主管部门提出开展风电场项目开发前期工作的申请。按照项目核准权限划分，5万千瓦及以上项目开发前期工作申请由省级政府能源主管部门受理后，上报国务院能源主管部门批复。

取得项目核准文件：风电项目由地方政府在国家依据总量控制制定的建设规划及年度开发指导规模内核准；项目单位应在项目前期开发阶段向相关政府部门明确具体的项目核准机关的层级和权限。

项目开发权的确定或转让：风电场建设项目开发权应当通过招标或委托的方式确定。风电特许权项目的开发权通过招标方式确定，其他项目的开发权可通过委托方式确定。获得风电场项目开发权的企业必须按招标或委托要求进行建设，未经原授权机关许可，不得进行开发权转让。

取得项目用地选址和预审：风电项目规划选址时，应当避让国家明令禁止或限制建设风电项目的生态红线区域。项目单位应在选址前向当地政府落实是否涉及生态保护红线，避免重新选址、引发停建拆除等问题。建设用地单位在申请核准前要取得用地预审批准文件。用地预审申请需提交下列材料：项目建设单位申报核准项目时，必须附省级国土资源管理部门预审意见；没有预审意见或预审未通过的，不得核准建设项目。建设项目用地预审文件有效期为3年，自批准之日起计算。已经预审的项目，如需对土地用途、建设项目选址等进行重大调整，应当重新申请预审。未经预审或者预审未通过的，不得批复可行性研究报告、核准项目申请报告，不得批准农用地转用、土地征收，不得办理供地手续。

完成环境影响评价：建设单位在项目申请核准前要取得项目环境影响评价批准文件。项目环境影响评价报告应委托有相应资质的单位编制，并提交“风电场工程建设项目环境影响报告表”。申报核准项目时，必须附省级环境保护行政主管部门审批意见；没有审批意见或审批未通过的，不得核准建设项目。

完成水土保持方案报批：项目可能造成水土流失的，在提交项目申请报告前完成水土保持方案报批手续，明确项目实施过程中应采取的水土保持措施。

完成地质灾害风险评估：对项目地地质灾害活动历史、形成条件、变化规律与发展趋势进行评估的基础上，对地质灾害活动程度和危害能力进行分析评判。

取得压覆矿批复：项目建设单位应在建设前向所在地区资源主管部门了解拟建设项目所在地区的矿产资源分布及开发情况，项目单位应在取得压覆矿批复或明确不压覆重要矿床后进行建设，避免项目开建后压覆重要矿床导致项目停建、侵权、拆迁或产生其他纠纷。

取得文物考古批复：项目建设单位应根据法律规定报请当地文物行政部门组织从事考古发掘的单位在工程范围内有可能埋藏文物的地方进行考古调查、勘探，取得文物和考古批复。

取得社会稳定风险评估：项目投资方应根据项目当地政府要求，对项目的社会稳定风险进行评估。项目单位在组织开展重大项目前期工作时，应当对社会稳定风险进行调查分析，征询相关群众意见，查找并列出风险点、风险发生的可能性及影响程度，提出防范和化解风险的方案措施，提出采取相关措施后的社会稳定风险等级建议。社会稳定风险分析应当作为项目可行性研究报告、项目申请报告的重要内容并设独立篇章。

办理洪水影响评价审批：在泛洪区、蓄滞洪区建设非防洪风电项目，应当办理洪水影响评价审批文件，并根据审批文件要求实施相应的防洪措施。项目投运前，防洪工程设施应经水行政主管部门验收。

办理民用机场安全环境保护意见：在民用机场净空保护区域内建设风电项目，应当征求民用机场所在地民用航空管理机构的意见，办理民用机场安全环境保护意见。

办理使用林地审核同意书：风电项目用地使用林地的，应当办理使用林地审核同意书。

办理使用草地审核同意书：项目用地使用草地的，应当办理使用草地审核同意书。

电网接入意见：风电项目应当及时取得电网公司的电网接入意见，方可办理并网发电手续；分散式风电项目应及时取得电网企业出具的本地消纳意见，就近接入电网并在本地消纳。

项目开工建设手续：风电场工程项目须经过核准后方可开工建设。开发企业应按照核准文件的要求进行建设。项目核准后2年内不开工建设的，按照《企业投资项目核准和备案管理办法》（国家发展和改革委员会令第1号）处理，项目原核准机构可按照规定收回项目。风电场工程项目开工以第一台风电机组基础施工（浇筑）为标志。

风电项目自核准机关作出予以核准决定或者同意变更决定之日起2年内未开工建设，需要延期开工建设的，企业应当在2年期限届满的30个工作日前，向核准机关申请延期开工建设。核准机关应当自受理申请之日起20个工作日内，作出是否同意延期开工建设的决定。开工建设只能延期一次，期限最长不得超过1年。

风电场工程应按规定程序和条件获得核准后开工建设，擅自开工建设的，不能享受国家可再生能源发展基金的电价补贴，电网企业不予接受其并网运行。

项目竣工验收备案手续：项目单位完成土建施工、设备安装和配套电力送出设施，办理好各专项验收，待电网企业建成电力送出配套电网设施后，制定整体工程竣工验收方案，报项目所在地省级政府能源主管部门备案。项目单位和电网企业按有关技术规定和备案的验收方案进行竣工验收，电网企业配合进行项目并网运行调试，将结果报告省级政府能源主管部门，省级政府能源主管部门审核后报国务院能源主管部门备案。

项目建设运行评估手续：项目投产1年后，国务院能源主管部门可组织有规定资质的单位，根据相关技术规定对项目建设和运行情况进行后评估，3个月内完成评估报告，评估结果作为项目单位参与后续风电项目开发的依据。项目单位应按照评估报告对项目设施和运行管理进行必要的改进。

2. 光伏项目的重要节点与事项

确定投资主体：优先采取公开招标、竞争性比选等竞争性方式选择项目投资企业，并确定项目的国家补贴额度。光伏发电领跑技术基地项目必须采取招标或竞争性比选等方式配置项目且电价（或度电补贴额度）应作为主要竞争条件。

开展太阳能资源测评：光伏电站项目建设前，项目投资人需开展太阳能资源测评，收集项目场址或具有场址代表性的连续1年以上实测太阳能辐射数据和有关太阳能资源评估成果。

取得光伏发电项目规模指标：省级能源主管部门根据全国太阳能发电发展规划，以及国务院能源主管部门下达的本地区年度指导性规模指标和开发布局意见，按照“统筹规划、合理布局、就近接入、当地消纳”的原则，编制本地区光伏电站建设年度实施方案建议。

办理光伏项目备案：省级能源主管部门依据国务院投资项目管理规定对光伏电站项目实行备案管理。备案项目应符合国家太阳能发电发展规划和国务院能源主管部门下达的本地区年度指导性规模指标和年度实施方案，已落实接入电网条件。省级以下能源主管部门依据国务院投资项目管理规定和国务院能源主管部门下达的本地区分布式光伏发电的年度指导规模指标，对分布式光伏发电项目实行备案管理。项目备案之日起2年内未建成投产的，在年度指导规模中取消，并同时取消享受国家资金补贴的资格。①

办理完成环评、水保、地灾、压矿、社稳、用林批复、用草批复、用地批复、洪水批复等程序并取得建筑工程施工许可证后，方可开工建设。

光伏项目竣工验收：项目主体工程和配套电力送出工程完工后，项目单位应及时组织项目竣工验收，并将竣工验收报告报送省级能源主管部门，抄送国家太阳能发电技术归口管理单位。

光伏项目投产评价：国务院能源主管部门将适时组织有资质的咨询机构，根据相关技术规定对通过竣工验收并投产运行1年以上的重点项目的建设和运行情况进行评价，作为完善行业规范和标准的重要依据。项目单位应按照评价报告对项目设施和运行管理进行必要的改进。

---

① 分布式光伏发电项目备案可以免除的部分文件：根据分布式光伏发电项目特点，符合条件的项目可以免除发电业务许可、规划选址、土地预审、水土保持、环境影响评价、节能评估及社会风险评估等支持性文件。

3. 风电光伏项目的并网节点与事项

新能源项目并网条件：符合国家产业政策，不属于国家《产业结构调整指导目录》中淘汰类及限制类项目；已列入政府能源主管部门批准的电力发展规划或专项规划项目，或已纳入省级及以上政府能源主管部门年度实施方案的项目；接入增量配电网的电源项目，应满足国家关于增量配电业务改革试点的相关政策。

提交并网意向书：申请接入电网的电源项目业主应向电网企业提交并网意向书等相关材料，并网意向书应包括以下内容：（1）电源项目名称及所在地；（2）电源项目规划及本期工程规模（本期建设总容量、机组数量、单机容量、机组类型、主要技术参数等）；（3）电源项目拟建成投产时间；（4）电源项目的性质（公用或自备）；（5）电源项目前期工作进展情况；（6）电源项目纳入政府能源主管部门批准的电力发展规划或专项规划，或省级及以上政府能源主管部门年度实施方案的证明文件，以及有权部门出具的核准文件、备案文件等；（7）与电源项目并网相关的其他必要信息。

电网企业受理并网意向书：收到电源项目并网意向书后，电网企业应于5个工作日内（对于分布式新能源发电项目，应于2个工作日内）给予书面回复。电源项目并网意向书的内容完整性和规范性符合相关要求的，电网企业应出具受理通知书；不符合相关要求的，电网企业应出具不予受理的书面凭证，并告知其原因；需要补充相关材料的，电网企业应一次性书面告知。逾期不回复的，电网企业自收到电源项目并网意向书之日起视为已经受理。

电网企业受理接入系统设计方案：在接入系统设计工作完成后，电源项目业主应向电网企业提交接入系统设计方案报告。收到接入系统设计方案报告后，电网企业应于5个工作日内（对于分布式新能源发电项目，应于2个工作日内）给予书面回复。接入系统设计方案报告的内容完整性和规范性符合相关要求的，电网企业应出具受理通知书；不符合相关要求的，电网企业出具不予受理的书面凭证，并告知其原因；需要补充相关材料的，电网企业应一次性书面告知。逾期不回复的，自电网企业收到接入系统设计方案报告之日起即视为已经受理。

电网企业回复接入系统设计方案：电网企业受理电源项目接入系统设计方案报告后，应按照“公平、公开、高效、安全”的原则，根据国家和行业技术标准、规范，及时会同电源项目业主组织对接入系统设计方案进行研究，并向电源项目业主出具书面回复意见。

签订接网协议：电源项目和接入工程项目均核准（备案）后，电网企业与电源项目业主签订接网协议。接网协议应考虑电源本体和接入工程的合法建设和合理工期，内容包括电源项目本期规模、开工时间、投产时间、配套送出工程投产时间、产权分界点、电力电量计量点、并网点电能质量限值要求及控制措施、违约责任及赔偿标准等内容。

四、法条索引

1.《中华人民共和国自然保护区条例》（国务院令第 687 号，2017 年 10 月 7 日起施行）

第三十二条　在自然保护区的核心区和缓冲区内，不得建设任何生产设施。在自然保护区的实验区内，不得建设污染环境、破坏资源或者景观的生产设施；建设其他项目，其污染物排放不得超过国家和地方规定的污染物排放标准。在自然保护区的实验区内已经建成的设施，其污染物排放超过国家和地方规定的排放标准的，应当限期治理；造成损害的，必须采取补救措施。

在自然保护区的外围保护地带建设的项目，不得损害自然保护区内的环境质量；已造成损害的，应当限期治理。

限期治理决定由法律、法规规定的机关作出，被限期治理的企业事业单位必须按期完成治理任务。

第三十五条　违反本条例规定，在自然保护区进行砍伐、放牧、狩猎、捕捞、采药、开垦、烧荒、开矿、采石、挖沙等活动的单位和个人，除可以依照有关法律、行政法规规定给予处罚的以外，由县级以上人民政府有关自然保护区行政主管部门或者其授权的自然保护区管理机构没收违法所得，责令停止违法行为，限期恢复原状或者采取其他补救措施；对自然保护区造成破坏的，可以处以 300 元以上 1 万元以下的罚款。

2.《中华人民共和国行政强制法》(主席令第49号，2012年1月1日起施行)

第十三条　行政强制执行由法律设定。

法律没有规定行政机关强制执行的，作出行政决定的行政机关应当申请人民法院强制执行。

第三十四条　行政机关依法作出行政决定后，当事人在行政机关决定的期限内不履行义务的，具有行政强制执行权的行政机关依照本章规定强制执行。

第三十五条　行政机关作出强制执行决定前，应当事先催告当事人履行义务。催告应当以书面形式作出，并载明下列事项：

（一）履行义务的期限；

（二）履行义务的方式；

（三）涉及金钱给付的，应当有明确的金额和给付方式；

（四）当事人依法享有的陈述权和申辩权。

第三十六条　当事人收到催告书后有权进行陈述和申辩。行政机关应当充分听取当事人的意见，对当事人提出的事实、理由和证据，应当进行记录、复核。当事人提出的事实、理由或者证据成立的，行政机关应当采纳。

第三十七条　经催告，当事人逾期仍不履行行政决定，且无正当理由的，行政机关可以作出强制执行决定。

强制执行决定应当以书面形式作出，并载明下列事项：

（一）当事人的姓名或者名称、地址；

（二）强制执行的理由和依据；

（三）强制执行的方式和时间；

（四）申请行政复议或者提起行政诉讼的途径和期限；

（五）行政机关的名称、印章和日期。

在催告期间，对有证据证明有转移或者隐匿财物迹象的，行政机关可以作出立即强制执行决定。

第四十四条　对违法的建筑物、构筑物、设施等需要强制拆除的，应当由行政机关予以公告，限期当事人自行拆除。当事人在法定期限内不申请行政复议或者提起行政诉讼，又不拆除的，行政机关可以依法强制拆除。

第五十三条　当事人在法定期限内不申请行政复议或者提起行政诉讼，又不履行行政决定的，没有行政强制执行权的行政机关可以自期限届满之日起三个月内，依照本章规定申请人民法院强制执行。

第五十四条　行政机关申请人民法院强制执行前，应当催告当事人履行义务。催告书送达十日后当事人仍未履行义务的，行政机关可以向所在地有管辖权的人民法院申请强制执行；执行对象是不动产的，向不动产所在地有管辖权的人民法院申请强制执行。

3.《中华人民共和国行政诉讼法》（主席令第71号，2017年7月1日起施行）

第七十六条　人民法院判决确认违法或者无效的，可以同时判决责令被告采取补救措施；给原告造成损失的，依法判决被告承担赔偿责任。

4.《中华人民共和国国家赔偿法》（主席令第68号，2013年1月1日起施行）

第九条　赔偿义务机关有本法第三条、第四条规定情形之一的，应当给予赔偿。

赔偿请求人要求赔偿，应当先向赔偿义务机关提出，也可以在申请行政复议或者提起行政诉讼时一并提出。

5.《关于划定并严守生态保护红线的若干意见》（2017年2月7日起施行）

（九）实行严格管控。生态保护红线原则上按禁止开发区域的要求进行管理。严禁不符合主体功能定位的各类开发活动，严禁任意改变用途。生态保护红线划定后，只能增加、不能减少，因国家重大基础设施、重大民生保障项目建设等需要调整的，由省级政府组织论证，提出调整方案，经环境保护部、国家发展改革委会同有关部门提出审核意见后，报国务院批准。因国家重大战略资源勘查需要，在不影响主体功能定位的前提下，经依法批准后予以安排勘查项目。

6.《生态保护红线生态环境监督办法（试行）》（国环规生态〔2022〕2 号，2023 年 1 月 1 日起施行）

第二条　本办法适用于生态环境部门开展的生态保护红线生态环境监督工作。

本办法所称的生态保护红线是指经国务院批准，由省级人民政府发布实施的生态保护红线。

生态保护红线内各级各类自然保护地生态环境监管，法律法规已有规定的从其规定。

7.《光伏电站开发建设管理办法》（国能发新能规〔2022〕104 号，2022 年 11 月 30 日起施行）

第十四条　光伏电站项目备案容量原则上为交流侧容量（即逆变器额定输出功率之和）。项目单位应按照备案信息进行建设，不得自行变更项目备案信息的重要事项。项目备案后，项目法人发生变化，项目建设地点、规模、内容发生重大变更，或者放弃项目建设的，项目单位应当及时告知备案机关并修改相关信息。各省级能源主管部门和备案机关可视需要组织核查备案后 2 年内未开工建设或者未办理任何其他手续的项目，及时废止确实不具备建设条件的项目。

第二十一条　光伏电站项目应符合国家有关光伏电站接入电网的技术标准规范等有关要求，科学合理确定容配比，交流侧容量不得大于备案容量或年度开发建设方案确定的规模。涉网设备必须通过经国家认可的检测认证机构检测认证，经检测认证合格的设备，电网企业非必要不得要求重复检测。项目单位要认真做好涉网设备管理，不得擅自停运和调整参数。

8.《风电开发建设管理暂行办法》（国能新能〔2011〕285 号，2011 年 8 月 25 日起施行）

第十三条　省级政府能源主管部门提出的年度开发计划，应包括建设总规模和各项目的开发申请报告，国务院投资主管部门和省级政府投资主管部门核准的项目均应包括在内。项目的开发申请报告应在预可行性研究阶段工作成果的基础上编制，包括以下内容：

（一）风电场风能资源测量与评估成果、风电场地形图测量成果、工程地质勘察成果及工程建设条件；

（二）项目建设必要性，初步确定开发任务、工程规模、设计方案和电网接入条件；

（三）初拟建设用地或用海的类别、范围，环境影响初步评价；

（四）初步的项目经济和社会效益分析。

国务院能源主管部门对满足上述要求的项目予以备案。

9.《可再生能源电价附加资金管理办法》（财建〔2020〕5号，2020年1月20日起施行）

第四条 享受补助资金的可再生能源发电项目按以下办法确定：

（一）本办法印发后需补贴的新增可再生能源发电项目（以下简称新增项目），由财政部根据补助资金年度增收水平、技术进步和行业发展等情况，合理确定补助资金当年支持的新增可再生能源发电项目补贴总额。国家发展改革委、国家能源局根据可再生能源发展规划、技术进步等情况，在不超过财政部确定的年度新增补贴总额内，合理确定各类需补贴的可再生能源发电项目新增装机规模。

（二）本办法印发前需补贴的存量可再生能源发电项目（以下简称存量项目），需符合国家能源主管部门要求，按照规模管理的需纳入年度建设规模管理范围，并按流程经电网企业审核后纳入补助项目清单。

第五条 国家发展改革委、国家能源局应按照以收定支原则，制定可再生能源发电项目分类型的管理办法，明确项目规模管理以及具体监管措施并及早向社会公布。有管理办法并且纳入国家可再生能源发电补贴规模管理范围的项目，相应给予补贴。

10.《光伏电站项目管理暂行办法》（国能新能〔2013〕329号，2013年8月29日起施行，已失效）

第十六条 国务院有关部门对符合条件的备案项目纳入可再生能源资金补贴目录。未纳入补贴目录的光伏电站项目不得享受国家可再生能源发展基金补贴。

11.《国家林业局关于光伏电站建设使用林地有关问题的通知》（林资发〔2015〕153号，2015年11月27日起施行，已失效）

一、各类自然保护区、森林公园（含同类型国家公园）、濒危物种栖息地、天然林保护工程区以及东北内蒙古重点国有林区，为禁止建设区域。其他生态区位重要、生态脆弱、地形破碎区域，为限制建设区域。

12.《陕西省发展和改革委员会关于进一步加强光伏发电项目管理的通知》（陕发改新能源〔2016〕1629号，2017年1月1日起施行）

四、各备案机关在出具光伏电站（含分布式地面电站）项目的备案文件时，必须包含以下内容：

（一）项目获得纳入年度实施方案资格后，1年内不具备并网条件的，取消申报国家可再生能源基金补贴资格；若未获得进入年度实施方案资格自行开工建设的，投资风险自行承担。

（二）项目完成备案之日至项目并网运行2年期间，不得擅自变更项目投资主体、建设场址、建设规模等主要内容。业主须通过国家能源局可再生能源发电项目信息管理平台按时填报项目建设、运行信息。有关信息将作为申请国家光伏电站电价补贴的重要依据。

典型纠纷2

新能源项目建设用地压覆矿产资源的认定与补偿问题

参考案例　贵州某矿业开发公司诉中广某风电有限公司贵州分公司财产损害纠纷[①]

一、案情介绍

2013年3月15日，贵州某矿业开发公司（以下简称矿业公司）取得采矿许可证，开采矿种为饰面用石灰岩矿，有效期至2022年3月15日。2013年，中广某风电有限公司贵州分公司（以下简称A公司）拟在贵定实施风电项目建设。因项目建设将压覆部分矿产资源，该公司编制了风电场建设用地压覆矿产资源评估报告，该报告显示项目将会对矿业公司龙井矿区矿山进行压覆。2013年7月17日，矿业公司作为甲方与乙方A公司分别签订压覆采矿权框架协议，约定甲方同意乙方项目建设压覆甲方两处矿产资源，乙方根据实际压覆量，按相关文件进行赔偿。

2013年8月13日、9月4日，贵州省国土资源厅（机构改革后更名为贵州省自然资源厅）对A公司分别作出黔国土资储压函〔2013〕35号、36号批复。2013年10月，A公司成立中广某风电有限公司贵定公司（以下简称B公司）。2014年5月5日，矿业公司（甲方）与A公司、B公司（乙方）签订补偿协议书，贵定县国土资源局和贵定县安全生产监督局作为第三方参与签署。该协议第2条载明：压覆范围为风电项目4个风机位、场内道路、集成线路等配套设施压覆贵定县龙井矿区饰面用灰岩矿，乙方向甲方补偿压覆矿产资源全部费用共计人民币250万元。该协议第4.1.2条约定：甲方有权正常开展采矿作业，但甲方的正常作业不得干扰乙方的建设施工，并应确保乙方的生产安全。第4.2.2条约定：乙方风机位平台的面积为100米×100米范围、道路及边坡、集电线路等配套设施水平面范围和涉及高程以下范围不得采矿作业。第4.3.1条约定：县国土资源局应

① 参见（2021）黔01民终11880号。

按该协议协调监督甲、乙双方的关系，确保双方能够共同生产，实现共赢。第4.3.3条约定：县安全生产监督局如因风电的特殊性压覆矿区造成安全生产许可不能验收，则应督促甲方按规定修改开采设计和安全专篇并按修改后的设计和安全专篇帮助甲方申办安全生产许可证。补偿协议签订后，B公司向矿业公司支付了补偿款250万元，并建设完成风电项目。

补偿协议签订并履行完毕后，矿业公司完成龙井矿区饰面用灰岩矿安全验收评价，取得安全生产许可证，投入生产运营。2015年该矿山采矿2.18万吨。

2020年1月10日、2020年3月25日，贵州省人民政府分别以黔府用地函〔2020〕38号、102号文，批复同意贵定风电场用地。

2019年11月，矿业公司向B公司、贵定县昌明镇人民政府等在内的机关单位递交书面材料，要求在矿区内实施爆破作业，昌明镇人民政府、B公司均书面回复，以爆破作业不符合《电力法》第52条、《电力设施保护条例实施细则》第10条之规定为由，不同意矿业公司将安全距离调整为100米的申请。

矿业公司认为根据省自然资源厅的相关批复，A公司风电项目压覆矿业公司矿产资源量为92万立方米，占矿业公司矿产资源量的99.24%，矿区范围内的矿产资源已经不能满足矿山最低规模开采要求，矿业公司不能实际采矿，要求A公司按批复压覆量对矿业公司进行补偿，双方未形成一致意见。2020年8月28日，矿业公司向B公司送达请求履行协议约定义务有关事宜的通知函、道路更改方案。次日，矿业公司又向B公司送达请求履行协议约定义务有关事宜的通知函（二）。2020年9月4日，矿业公司向B公司邮寄送达《贵定县某矿业开发有限公司关于解除〈中广某贵州贵定风力发电项目压覆贵定县龙井矿区饰面用灰岩矿产资源补偿协议书〉》，但B公司未回复。

为了就压覆矿区重新达成补偿协议，矿业公司采取信访、仲裁、诉讼等多种手段。

矿业公司在2020年6月到2021年7月，先后向黔南布依族苗族自治州自然资源局、黔南州应急管理局、贵州省自然资源厅、贵州省应急管理厅等政府部门提出申请、信访，请求审查矿山在退出与风电场重叠的区域后，能否在采矿许可证有效期内开采剩余的矿产资源。黔南州应急管理局、黔南州自然资源局认为，原开采设计方案及安全专篇已不满足开采现状和安全生产条件，不能继续沿用，剩余0.7万立方米矿产资源可另外编制资料申请核发安全生产许可证。

2020年9月24日，矿业公司向黔南州应急管理局递交"关于贵定县龙井矿区饰面用灰岩矿是否还符合申办安全生产许可证进行开采作业有关事宜的报告"，2020年10月9日，黔南州应急管理局向矿业公司作出黔南应急管函〔2020〕44号复函认为：原开采设计方案及安全专篇已不满足开采现状和安全生产条件，不能继续沿用，剩余0.7万立方米矿产资源可另外编制资料申请核发安全生产许可证，但应当按照贵州省自然资源厅35号、36号批复范围编制矿产资源绿色开发利用（三合一）方案。贵州省应急管理厅认定，矿山具备安全生产条件不符合相关规定；原黔南安监局同意颁发给矿业公司的编号为黔FM字安许证字〔2014〕J0575的安全生产许可证行为不符合相关规定，由黔南州应急管理局注销。

除信访外，矿业公司还多次提起仲裁及诉讼。

2020年4月，矿业公司向贵阳仲裁委员会提起仲裁申请，要求裁决矿业公司与本案B公司签订的补偿协议书无效。贵阳仲裁委员会于2020年8月21日作出裁决书驳回申请人全部仲裁申请。

2020年6月，矿业公司向贵定县人民法院提起诉讼，请求法院判决拆除B公司修建的4台风力发电机，被法院驳回。

2020年10月，矿业公司就《贵定过路山风电场项目压覆采矿权框架协议》向贵阳市观山湖区人民法院提起诉讼，要求判决原A公司双方重新签订补偿合同，观山湖区人民法院于2021年9月7日作出（2021）黔0115民初4265号民事判决书，认为矿业公司与A公司签订本合同的基础已不存在，故驳回了矿业公司的诉讼请求。矿业公司向贵阳市中级人民法院提起上诉，贵阳市中级人民法院于2022年1月19日作出（2021）黔01民终11880号民事判决书，驳回上诉，维持原判。

2021年5月，矿业公司认为贵州省自然资源厅未履行管理职责，应对矿业公司申请进行实质性审查处理，向清镇市人民法院提起诉讼，请求判决贵州省自然资源厅在60日内履行法定职责，对矿业公司提出的申请事项作出审查处理及判决贵州省自然资源厅在2021年3月16日收到申请后至2021年5月18日仍未履行法定职责的行为违法。法院于2021年6月30日作出（2021）黔0181民初51号行政裁定书，驳回矿业公司的起诉。

2021年10月，矿业公司向清镇市人民法院提起诉讼，请求判决A公司、B公司共同赔偿其投资损失1260万元。2021年10月20日，法院作出（2021）黔0181民初6561号民事判决书，认为依照《民法典》第495条、第557条、《最高人民法院关于适用〈中华人民共和国民事诉讼法〉的解释》第90条“当事人对自己提出的诉讼请求所依据的事实或者反驳对方诉讼请求所依据的事实，应当提供证据加以证明，但法律另有规定的除外。在作出判决前，当事人未能提供证据或者证据不足以证明其事实主张的，由负有举证证明责任的当事人承担不利的后果”的规定，驳回矿业公司全部诉讼请求。

二、案例解读

本案压覆补偿协议签订于2013年，其间项目单位和矿业权人均正常生产建设，互不影响。直到2019年，矿业权人在风电场周边100米距离区域采取爆破作业被拒绝，出现矿业权被注销、矿区被关停的风险，矿业权人主张原补偿协议不足以覆盖矿业公司的损失，项目单位和矿业权人无法就增加补偿达成一致，纠纷由此形成。本案的焦点问题有两个：（1）关于矿产资源压覆的补偿；（2）是否构成重复起诉。

（一）风电公司已经履行完毕补偿协议，有权拒绝再次补偿

本案纠纷的根源，是新能源项目建设单位和矿业权人在2013年签署压覆补偿协议书时，错误理解了压覆区域，忽视了当时已经生效的《电力设施保护条例实施细则》（2011年修改）的相关规定，导致安全距离的计算出现失误。在压覆补偿协议书意思表示真实，内容合法有效且已经履行完毕的情况下，A公司、B公司有权拒绝再次给予补偿。

矿产资源压覆补偿涉及“量”“价”两个评估，实践中，一些建设单位和矿业权人委托评估出压覆储量后，双方自行协商确定补偿价款。比

如，在本案中，根据法院查明事实，本案双方曾申请办理压覆备案，自然资源厅批准压覆的是92万立方米的矿产资源量，矿业权人两处矿山矿产资源量总共约为92.7万立方米，而双方2013年签订的250万元补偿金额的压覆补偿协议中约定的压覆范围是风电项目4个风机位、场内道路、集电线路等配套设施，与备案审批的内容并不相符。

建设单位和矿业权人自行协商达成补偿协议后，补偿协议如果没有效力瑕疵情形，则理应作为双方合意结果遵照执行。双方就补偿价款出现分歧后，要求法院委托司法鉴定的，可能得不到法院支持。

在纳雍县家猫煤矿、黄织铁路有限责任公司（以下简称黄织铁路公司）财产损害赔偿纠纷案[①]中，纳雍县铁路建设指挥部与家猫煤矿就织纳铁路压覆家猫煤矿的补偿事宜，共同委托评估机构，评估报告确定铁路压覆家猫煤矿采矿权资源量为389.73万吨。该报告作出后，纳雍县指挥部负责和家猫煤矿商谈补偿事宜，并达成20161会议纪要，纪要载明“按评估报告确定的量以及每吨3元的补偿价款进行补偿”。补偿协议签署后，黄织铁路公司发现家猫煤矿未全部缴纳采矿权价款，按照国土资发〔2010〕137号文件“压覆无偿取得的矿产资源的，不予补偿”，黄织铁路公司有权仅以被压覆矿产资源中已缴纳的价款在补偿范围内进行补偿。对于黄织铁路公司要求减免补偿金额的诉讼请求，贵州省高级人民法院和最高人民法院均认为，双方20161号会议纪要约定“按评估报告确定的量以及每吨3元的补偿价款进行补偿”，故法院不予采纳。

（二）本案不构成重复起诉

本案原被告产生了多次仲裁及诉讼，各诉讼之间相互关联，如果构成重复诉讼，根据《最高人民法院关于适用〈中华人民共和国民事诉讼法〉的解释》（2022年修正）第247条第2款规定，人民法院有权裁定不予受理；已经受理的，裁定驳回起诉。

判断是否构成重复起诉，2015年《最高人民法院关于适用〈中华人民共和国民事诉讼法〉的解释》第247条明确，应结合当事人、诉讼标的、

① 参见（2020）最高法民终747号。

诉讼请求是否相同，或者后诉的诉讼请求是否实质上否定前诉裁判结果等综合判断。在2020年、2022年的两次修正中，第247条都未作调整。《最高人民法院关于适用〈中华人民共和国民事诉讼法〉的解释》（2022年修正）第247条第1款规定："当事人就已经提起诉讼的事项在诉讼过程中或者裁判生效后再次起诉，同时符合下列条件的，构成重复起诉：（一）后诉与前诉的当事人相同；（二）后诉与前诉的诉讼标的相同；（三）后诉与前诉的诉讼请求相同，或者后诉的诉讼请求实质上否定前诉裁判结果。"因此，对于重复起诉的认定，最高人民法院的观点十分稳定且明确，即不能仅根据当事人相同这一单一因素认定，还需结合诉讼标的和具体诉讼请求，只有三个要件同时符合，才可认定为"重复起诉"，既要确保当事人正当行使诉讼权利，也要保证人民法院依法正确行使审判权。

法院审理认为，本案并不构成重复起诉。法院判决书写道："在贵定法院受理的案件中，原告某矿业公司诉讼请求为拆除中广某贵定风力发电有限公司修建的四台风力发电机；某矿业公司向贵阳仲裁委员会提起的仲裁中，其请求是要求裁决某矿业公司与中广某贵定公司签订的《补偿协议书》无效，该两案诉请与本案均不相同，本案判决结果也不会否定前案结果。在观山湖区人民法院受理的案件中，原告某矿业公司仅就《贵定过路山风电场项目压覆采矿权框架协议》提起诉讼，诉请的是继续履行签约义务。本案不仅涉及过路山，还涉及擦耳山的协议，且某矿业公司在本案中要求的是赔偿损失，故原告并不存在重复诉讼。"

三、焦点分析

（一）矿产资源压覆及相关概念

1. 矿产资源压覆

矿产资源压覆并非我国民事法律、行政法律体系确定的法律概念，是自然资源管理部门为解决建设用地使用权审批和矿业权设置的冲突而创设的管理概念。2000年12月18日，国土资源部印发《关于规范建设项目压覆矿产资源审批工作的通知》（国土资发〔2000〕386号，2000年12月18日起施行，已失效），确立矿产资源压覆的基本概念，即"压覆矿产资源是指因建设项目实施后导致矿产资源不能开发利用。但是建设项目与矿区范围重叠而不影响矿产资源正常开采的，不作压覆处理”。凡是准备建设铁路、公路、工厂、水库、输油管道、输电线路和各种大型建筑物或者建筑群的，建设单位必须向所在省、自治区、直辖市自然资源主管部门了解拟建工程所在地区的矿产资源分布和开采情况，各省自然资源主管部门应当向建设单位提供建设项目范围内资源分布情况和矿业权设立情况。经批准可压覆矿产资源的建设项目，在其范围内有采矿权的，应按国家有关规定，由建设单位与采矿权人签订补偿协议并报批准压覆的部门备案，采矿权人应及时到原发证机关办理相应的矿区范围变更手续。

2010 年，国土资源部印发《关于进一步做好建设项目压覆重要矿产资源审批管理工作的通知》（国土资发〔2010〕137 号，2010 年 9 月 8 日起施行，现行有效，以下简称 137 号文），就国土资发〔2000〕386 号执行中的细节问题作出进一步规范，具有更好的实践指导意义。137 号文也是现阶段矿产资源压覆问题最重要的政策依据。137 号文规定，“凡建设项目实施后，导致其压覆区内已查明的重要矿产资源不能开发利用的，都应按本通知规定报批。未经批准，不得压覆重要矿产资源。建设项目压覆区与勘查区块范围或矿区范围重叠但不影响矿产资源正常勘查开采的，不作压覆处理。矿山企业在本矿区范围内的建设项目压覆矿产资源不需审批”。

综上所述，压覆是源于自然资源管理的政策性概念，转化到法律语境中，是指建设用地使用权的行使和矿业权的行使产生冲突，建设用地使用权合法限制或非法侵犯矿业权的状况。我国现行自然资源民事权利体系中，建设使用权和矿业权是两项独立权利，性质均为用益物权。《民法典》第 344 条、第 345 条规定，建设用地使用权可以在土地的地表、地上或者地下分别设立，建设用地使用权人依法对国家所有的土地享有占有、使用和收益的权利，有权利用该土地建造建筑物、构筑物及其附属设施。第 329 条规定，依法取得的探矿权、采矿权、取水权和使用水域、滩涂从事养殖、捕捞的权利受法律保护。按照民事权利冲突的处理原则，如果建设项目实施后，如修建地上建筑物、敷设管线、铺设公路铁路、架设风电塔等，导致地下矿产资源不能按照实施前的范围、方式、成本、利润率等进行开采，矿业权人因建设用地使用权的行使遭受损失，就可认定为两项权利产生冲突，需根据“先权利优先于后权利”的原则化解矛盾。矿业权在先的，建设单位需对矿业权人给予补偿或赔偿，自然资源部门也不得设置建设用地使用权；建设用地使用权在先的，矿业权人给予建设单位补偿，自然资源部门不得审批设置矿业权。

2. 直接压覆和间接压覆

137 号文规定，建设项目压覆区与勘查区块范围或矿区范围重叠，但不影响矿产资源正常勘查开采的，不作压覆处理，该规定在矿产资源管理中的做法是，建设项目用地单位办理压覆查询时，自然资源管理部门采用空间投影、坐标重叠等方法，建设项目用地范围坐标拐点和勘查区块或矿区坐标拐点重合的区域为压覆区，该区域先视为压覆。如该区域符合法定可不作压覆处理的情形，或者建设用地项目和矿业权人沟通并签订了互不影响协议，可不作压覆处理，自然资源部门继续办理供地手续。如满足不了可不作压覆处理的情形，则用地单位需提供其与矿业权签订的补偿（意向）协议，自然资源部门才可继续供地手续。因此，政策语境中的压覆认定，原则上是地理空间的认定，土地四至坐标拐点和矿区坐标拐点重合的区域视为压覆区。

在法律语境中，矿产资源压覆是建设用地使用权和矿业权的权利冲突，权利冲突的空间区域可能超出坐标拐点，如本案便出现了重叠区外矿产资源因无法爆破作业丧失继续开采可能，矿业权证被注销。因此，司法实践中有直接压覆和间接压覆的概念，两者实质都是建设项目导致矿产资源无法开采，区别在于空间标准、是否有法律法规政策依据，直接压覆区域指的是自然资源管理部门划定的重叠区，有法律法规的明确依据；间接压覆区域指的是重叠区外受项目建设影响，矿产资源无法开采的区域，间接压覆区域需将项目建设用地外缘外推一定距离，因缺少明确规范，该区域的划定往往争议较大。

（二）压覆备案是取得建设用地指标的必经程序

1. 新能源项目需取得建设用地指标

目前主要风电光伏、制氢、核电等新能源项目，属于基础设施建设项目类型，应按照《土地管理法》及相关法律法规政策所确定的基本用地原则，除项目选址需符合国土空间规划、满足生态环境保护基本条件外，且需按照用地功能取得相应用地指标。

（1）新能源项目用地类型。

《土地管理法》根据土地用途将土地分为农用地、建设用地和未利用地三种类型。农用地直接用于农业生产，包括耕地、林地、草地、农田水利用地、养殖水面等，不能用于新能源项目建设。

新能源项目可申请使用未利用地。光伏、风力发电等项目使用戈壁、荒漠、荒草地等未利用土地的，对不占压土地、不改变地表形态的用地部分，可按原地类认定，不改变土地用途，在年度土地变更调查时作出标注，用地允许以租赁等方式取得，双方签订补偿协议，用地报当地县级自然资源部门备案。

新能源项目中永久性建筑用地部分，应依法按建设用地办理手续，必须取得建设用地指标。光伏发电站工程项目建设用地总体指标包括光伏方阵、变电站及运行管理中心、集电线路用地和场内道路的用地为永久用地。风电场工程项目主要生产和辅助设施的建设用地，包括风电机组及机组变电站、集电线路、升压变电站及运行管理中心和交通工程的建设用地。风电机组、机组变电站、杆塔基础、升压变电站及运行管理中心、对外交通道路和运行期检修道路的用地面积为永久用地。

（2）新能源项目取得建设用地指标的时间节点。

按照国务院发布的《政府核准的投资项目目录（2016 年本）》，事业单位、社会团体等投资建设的项目，一律按照目录执行核准制；企业投资建设目录内的固定资产投资项目，须按照规定报送有关项目核准机关核准；企业投资建设本目录外的项目，实行备案管理。具体到新能源项目、风电项目，无论是企业投资还是事业单位、社会团体投资，都由地方政府在国家依据总量控制制定的建设规划及年度开发指导规模内核准；对于光伏发电项目，事业单位、社会团体投资建设的为核准制，企业投资的为备案制；对于核电站项目，无论是企业投资还是事业单位、社会团体投资，都由国务院核准。[①]

对于采用核准制的新能源项目，建设单位在申报核准项目时，必须附省级自然资源管理部门的用地预审与选址意见，没有意见或未通过的，无法核准项目。《国务院办公厅关于全面开展工程建设项目审批制度改革的实施意见》（国办发〔2019〕11 号，以下简称 11 号文）实施后，用地预审已经与选址意见书合并，由自然资源主管部门统一核发建设项目用地预审与选址意见书，不再单独核发建设项目选址意见书、建设项目用地预审意见。

采用备案制的新能源项目，在备案时可以不提供用地预审文件，但是建设单位仍需按照《建设用地审查报批管理办法》（2016 年修正）规定，在建设项目审批、核准、备案阶段，向建设项目批准机关的同级自然资源主管部门提出建设项目用地预审申请，否则会影响项目后续拿地流程。

新能源项目在项目动工前，必须完成用地审批程序，取得国有土地使用权证、建设用地规划许可证，因自然资源管理部门报批程序等原因暂时无法完成制证程序的，建设单位至少应取得正式有效的用地批准文件（自然资源部门出具的用地批准文件也具有证明建设项目合法性的效力），建设单位应至少在取得用地批准文件后，才能实际动工用地，否则将构成未批先建，违法用地。《建设用地审查报批管理办法》还要求项目施工期间，建设单位应当将建设用地批准书公示于施工现场。11 号文公布后，自然资

---

① 核准制相关政策文件：2017 年国家能源局《关于深化能源行业投融资体制改革的实施意见》（国能法改〔2017〕88 号）要求，“能源投资项目核准只保留选址意见和用地（用海）预审作为前置条件，除法律法规明确规定的，各级能源项目核准机关一律不得设置任何项目核准的前置条件，不得发放同意开展项目前期工作的‘路条’性文件”。“……严格按照《政府核准的投资项目目录》规定核准能源项目，目录范围外的项目，一律实行备案制，不得进行任何形式的审批”。备案制相关政策文件：国家能源局《光伏电站开发建设管理办法》（国能发新能规〔2022〕104 号）第 12 条规定，按照国务院投资项目管理规定，光伏电站项目实行备案管理。各省（区、市）可制定本省（区、市）光伏电站项目备案管理办法，明确备案机关及其权限等，并向社会公布。国家能源局《分布式光伏发电项目管理暂行办法》（国能新能〔2013〕433 号）第 10 条规定：“省级以下能源主管部门依据国务院投资项目管理规定和国务院能源主管部门下达的本地区分布式光伏发电的年度指导规模指标，对分布式光伏发电项目实行备案管理，具体备案办法由省级人民政府制定。”第 11 条规定：“项目备案工作应根据分布式光伏发电项目特点尽可能简化程序，免除发电业务许可、规划选址、土地预审、水土保持、环境影响评价、节能评估及社会风险评估等支持性文件。”

源主管部门已将建设用地规划许可证、建设用地批准书合并，统一核发新的建设用地规划许可证，不再单独核发建设用地批准书。

2. 矿产资源压覆审批是自然资源管理部门办理用地审批的前置程序

按照现行有效的自然资源管理政策，新能源项目最早应在用地预审阶段进行矿产资源压覆查询，并在核发建设用地使用权证前完成压覆补偿协议的签署甚至履行完毕。

137号文要求，建设项目选址前，建设单位需在省级自然资源部门查询拟建项目所在地区的矿产资源规划、矿产资源分布和矿业权设置情况；不压覆重要矿产资源的，由省级自然资源行政主管部门出具未压覆重要矿产资源的证明；确需压覆重要矿产资源的，建设单位应根据有关工程建设规范确定建设项目压覆重要矿产资源的范围，委托具有相应地质勘查资质的单位编制建设项目压覆重要矿产资源评估报告；所在已经设置矿业权的，项目建设单位还需与矿业权人就压覆问题达成补偿协议。

但在实践中，因压覆补偿涉及经济利益较大，建设单位和矿业权人很难在短时间内达成补偿协议，如果要达成补偿协议才核发用地预审意见，则必然影响建设项目进程。为兼顾效率与合规，国土资源部在2016年印发《关于改进和优化建设项目用地预审和用地审查的通知》（国土资规〔2016〕16号，2017年1月1日起施行，已失效）规定，为切实提高建设用地审批效率，用地预审阶段不再对单独选址的审批类建设项目是否压覆重要矿产资源进行审查。在用地报批阶段，建设项目涉及压覆重要矿产资源的，在建设单位说明已与矿业权人就压矿补偿问题进行协商、有关市县人民政府承诺做好压矿补偿协调工作的前提下，可办理用地审批手续；同时，省级自然资源主管部门应督促建设单位与矿业权人签订补偿协议，按规定办理压覆矿产资源审批和登记手续。未签订补偿协议、未办理压覆矿产资源审批登记手续的，省级人民政府不得转发用地批复、市（县）人民政府不得供地。

国土资规〔2016〕16号的有效期为5年，期满后自然资源部没有出台后续新文件，但因该文件建立的土地审批模式仍被地方政府沿用，即建设项目压覆重要矿产资源时，未完成压覆审批手续的，不影响办理用地报批，只影响供地——建设单位最后获得建设用地使用权，以签订压覆补偿协议并办理完毕压覆审批手续为前提。

（三）现阶段办理矿产资源压覆审批的基本流程

1. 申请查询压覆矿产资源情况

新能源项目单位在选址前，应主动向自然资源主管部门查询所在地区的矿产资源规划、矿产资源分布和矿业权设置情况。按照137号文，省级自然资源管理部门是查询单位，但近年来，部分地方政府实行查询属地管理，县级自然资源管理部门也可以查询，由县级或市级自然资源主管部门出具查询意见。经查询不涉及重要矿产资源上表单元或矿业权的，查询意见作为建设用地报批的依据性材料。

2. 编制评估报告并将报告评审备案

查询结果显示新能源项目建设用地范围涉及重要矿产资源上表单元或矿业权的，新能源项目单位需主动委托矿业权评估机构编制建设项目压覆重要矿产资源评估（调查）报告，对建设项目必要性、压覆重要矿产资源不可避免性、项目社会经济效益等进行充分论证和评价。《自然资源部办公厅关于做好建设项目压覆重要矿产资源审批服务的通知》（自然资办函〔2020〕710号）规定，经国务院或省级人民政府已批准设立的各类开发区、国务院已批准的自由贸易试验区等特定区域内，由省级自然资源主管部门负责组织压覆重要矿产资源情况的统一调查评估和录入矿产资源储量数据库工作，不再对区域内的项目建设主体单独提出评估要求。

评估报告编制完成后，新能源项目建设单位应主动申请开展压覆矿产资源储量评审程序，取得储量评审意见书。2020年5月19日，《自然资源部办公厅关于矿产资源储量评审备案管理若干事项的通知》（自然资办发〔2020〕26号）第3条第2款进一步规定了建设单位申请储量评审备案时应提交的具体材料，为矿产资源储量登记并入评审备案提供操作指引。压覆石油、天然气、页岩气、天然气水合物和放射性矿产资源的，由自然资源部负责评审备案；压覆其他重要矿产资源的，由省级自然资源主管部门负责评审备案。

需要特别注意的是，实践中，建设单位为了启动建设用地报批程序，疏于对评估机构编制评估结论的科学性、严谨性进行严格审核，导致一些可不作压覆处理的情形被错误认为构成压覆，损害了建设单位的合法权益。按照 137 号文等现行政策的规定，在评估报告的编制、备案环节，建设项目不影响矿产资源勘探开采，符合可不作压覆处理的情形。建设单位可主张不作压覆处理，经省级或市级自然资源主管部门认定后，出具不作压覆处理情形的审查意见。建设单位可凭据此意见，申请启动供地程序。

在白山市大通矿业有限责任公司与吉林省高速公路集团有限公司侵权责任纠纷案①中，司法鉴定机构出具鉴定结论，认为矿体最大塌陷半径为 56 米，拟建公路中心线距矿区边界最近距离 122 米，所以没有相互影响。报告载明："白山市大通矿业集团有限责任公司赵家沟铁矿矿区范围位于该项目压覆矿产资源调查区内，拟建公路中心线距矿区边界最近距离 122m。经查阅吉林省地质资料馆馆藏资料，该区由吉林省通化地质矿产勘察开发院于 2008 年 3 月提交了《吉林省白山市赵家沟铁矿详查报告》，参照该详查报告，区内主要由 7 条矿体组成，其中距离公路最近的可采矿体为 6 号矿体，赋存标高 518m—659m，总体走向 80°，倾向北西，倾角 70°—80°。根据《建筑物、水体、铁路及主要井巷煤柱留设与压煤开采规程》，结合吉林省采矿经验，在赋存 518m 处，上山角及下山角为 70°，计算 6 号矿体最大塌陷半径为 56m。目前该矿山的采矿方式为地下开采，所以矿山的开采活动对拟建公路没有影响，故不做压覆矿产资源处理"，法院据此驳回原告压覆赔偿的诉讼请求。

目前，部分地方政府出台的自然资源管理政策，涉及可不作压覆处理的情形，如《河北省建设项目压覆重要矿产资源管理办法（试行）》第 10 条规定，"符合下列条件之一的可视为不压覆：（一）压覆地热、矿泉水等流体矿产地的；（二）压覆埋深大于 1200 米矿产地的；（三）建设单位与矿业权人协商，依法签署互不影响协议的；（四）拟建建筑物保护等级为Ⅲ、Ⅳ级，由乙级以上资质的矿山设计单位出具不影响矿产资源勘查开发利用论证意见，同时建设单位书面承诺不干涉矿业权设置的"。

① 参见（2018）吉 0602 民初 2003 号。

《陕西省自然资源厅关于进一步推进“放管服”改革做好建设项目压覆重要矿产资源审批服务工作的通知》（陕自然资规〔2023〕1号）规定，市级自然资源主管部门负责不作压覆处理情形的审查。市级自然资源主管部门出具的《不作压覆处理的意见》作为办理用地报批手续的依据。可不作压覆处理的情形包括：（1）建设项目压覆区与已批复的压覆区重叠的。（2）矿山企业在其本矿区范围内进行建设，压覆重要矿产资源的。（3）建设项目压覆区与上表单元、矿业权范围重叠，建设单位编制的《建设项目压覆重要矿产资源评估（调查）报告》，经专家评审后结论为无查明重要矿产资源分布、建设项目不影响矿产资源正常勘查开发利用的。涉及矿业权的，建设单位应与矿业权人签订《互不影响协议》。《互不影响协议》可进行公证。（4）压覆地热、矿泉水、煤层气等流体矿产，但不影响矿产资源正常开发利用的，可不作压覆处理。涉及矿业权的，建设单位应与矿业权人签订《互不影响协议》。《互不影响协议》可进行公证。（5）县级自然资源主管部门以县（市、区）行政区划为单位对辖区内重要矿产资源情况进行调查，确认辖区内无查明重要矿产资源，或者查明重要矿产资源已采空的，纳入“白名单”，“白名单”可不作压覆处理。

3. 签署压覆补偿意向协议、补偿协议或互不影响协议

编制评估报告的同时，新能源建设单位与矿业权人展开沟通谈判，并签署压覆补偿意向协议、压覆补偿协议或互不影响协议。

（1）压覆补偿意向协议。

2012年5月，国土资源部印发《关于进一步改进建设用地审查报批工作提高审批效率有关问题的通知》（国土资发〔2012〕77号，2012年5月5日起施行，已失效）规定，“建设项目用地压覆已设置矿业权重要矿产资源时，对于建设单位与矿业权人在短期内难以签订补偿协议的，建设单位与矿业权人可先签订意向性协议，协议应包括建设单位承诺按有关规定给予矿业权人合理补偿、矿业权人同意压覆等内容”。虽然该通知在5年有效期满后已失效，但在其生效的5年时间内，意向性协议被广泛适用，且部分协议在履行中出现了争议，甚至进入了司法程序。目前，部分地方政府的自然资源管理政策仍然适用意向性协议，如山东省人民政府网公示的

《建设项目压覆重要矿床（矿产资源）审批》办事流程中要求所申请材料应包括“建设单位与矿业权人的补偿协议、矿业权人同意项目建设的意向书”。

压覆补偿意向协议的主要作用是确立矿业权人同意压覆、建设单位承诺补偿。因此，协议通常不会涉及补偿标准、补偿范围、补偿款支付方式等主要实质内容，这些内容将待压覆价值评估、储量鉴定、评估备案等程序完毕后，再进一步约定。按照合同原理，意向协议的法律性质有可能属于预约合同，也可能因不具备合同成立要件，不受民事法律约束。

第一，意向协议的性质是磋商性文件。

关于意向性协议的法律性质，一般遵循“形式＋实质”的判断标准。形式上，意向性协议应具备合同成立的基本要素，包括约定形式典型、内容确定，具备合同双方名称或者姓名，双方合作的标的、数量等基本信息。[①] 实质上，合同双方应有受该意向协议约束的明确意思表示，如在澳华资产管理有限公司与洋浦经济开发区管理委员会建设用地使用权纠纷案[②]中，最高人民法院认为，“如果意向书的‘标的、数量’不确定，缺少当事人受其约束的意思表示，一般应认定为磋商性文件”。

磋商性文件不是合同法意义上的民事合同。例如，在张家界金秋铁矿有限公司与沪昆铁路客运专线湖南有限责任公司、黔张常铁路有限公司合同纠纷案[③]中，法院认为，“被告与原告签订的《压覆矿业权补偿协议》，只是前期的框架性质的协议，具有协商性、动态性特点，是签订正式合同的信用基础，双方的权利、义务不明确、不具体，不属于合同法意义上的民事合同，不具有法律约束力”。在中卫市源盛矿业有限责任公司与银西铁路有限公司侵权责任纠纷案[④]中，法院认为，“本案《框架协议》涉及内容不具备上述合同的一般性条款，仅为双方上诉人在本案所涉铁路建设项

① 《最高人民法院关于适用〈中华人民共和国民法典〉合同编通则若干问题的解释》（法释〔2023〕13号）第3条第1款规定，“当事人对合同是否成立存在争议，人民法院能够确定当事人姓名或者名称、标的和数量的，一般应当认定合同成立。但是，法律另有规定或者当事人另有约定的除外”。

② 参见（2014）民申字第263号。

③ 参见（2018）湘0822民初906号。

④ 参见（2017）宁民终81号。

目工程实施前进行相关准备工作的意向性协议……因此，原审法院依据《中华人民共和国合同法》的有关规定，确认该《框架协议》合法有效，并信赖铁路改建已压覆矿区为由，判决银西公司赔偿源盛公司经济损失无事实依据，属于适用法律错误”。

第二，意向协议的性质是预约合同。

预约合同是当事人在本约达成一致前作出的对双方有约束力的意思表示。《民法典》第495条规定，“当事人约定在将来一定期限内订立合同的认购书、订购书、预订书等，构成预约合同。当事人一方不履行预约合同约定的订立合同义务的，对方可以请求其承担预约合同的违约责任”。通常情况下，如意向协议中明确约定在未来一定期限内签署正式的补偿协议并完成补偿，则该协议可被认定为预约合同。

预约合同对合同双方有约束力，但如在压覆补偿协议正式签署前，矿业权人丧失矿业权，则可能因为补偿的事实前提已消失，矿业权人丧失提起补偿的权利基础，而难以主张履行意向协议。在福建省矿业开发有限公司与京福闽赣铁路客运专线有限公司财产损害赔偿纠纷案①中，矿业权人与建设单位签署的《探矿权压覆补偿意向书》约定，“如甲方（建设单位）施工阶段实施的项目确实压覆了乙方（矿业权人）矿权区块，乙方同意对方进行相应补偿后放弃压覆部分区块的探矿权”。意向书签订后，建设单位未与矿业权人签署正式的补偿协议，且在此期间，矿业权人压覆部分区块的探矿权许可到期未延续。法院认为，“意向书仅是意向协议，其前提条件有二：原告拥有探矿权是首要条件，其次是被告施工阶段实施的项目确实压覆原告矿权区块……由于在原、被告签订意向协议之日至探矿权届满之日期间，被告并未实际压覆原告的矿权区块，根据意向协议，被告无需赔偿”，并据此驳回原告要求支付矿业权补偿的全部诉讼请求。当然，本案涉及矿区压覆案件的另一个典型问题，即矿业权证过期后，原矿权人是否有权主张矿业权证存续期间矿权被压覆的损失。②

---

① 参见（2014）南铁中民终字第11号。

② 参见刘占国、赵亚：《矿业权证过期后，矿业权人是否有权主张压覆的损失》，载微信公众号“雨仁矿业律师”2019年11月28日。

（2）压覆补偿协议。

正式的压覆协议的性质是本约合同，应对建设单位和矿业权人的具体权利义务进行详细约定。137号文的要求是“协议应包括矿业权人同意放弃被压覆矿区范围及相关补偿内容”。实践中，补偿协议应包括合同主体、价款、违约责任、争议解决条款等全部要素，同时矿业权人还需明确同意建设单位在矿业权范围内进行建设。具体来说，至少应包括以下条款：①矿业权人同意压覆，放弃重叠区内被压覆矿产资源的勘查开采。②建设项目信息，包括项目类型、建设单位、建设周期、投资规模、基本规划、审批程序进展等。③压覆的坐标、压覆范围。通过固定压覆范围限制双方行为，为补偿、评估设定前提。④补偿标准或评估标准。明确补偿的金额或者评估标准、方法，甚至是直接约定评估机构，缩短评估环节的时间。⑤支付时间、评估时间。明确补偿金支付的时间节点或者评估程序的时间节点，实现各方预期利益。

（3）互不影响协议。

新能源项目不影响矿业权开采，建设单位与矿业权人协商不作压覆处理的情况下，双方签署《互不影响协议》。

《互不影响协议》的法律性质为本约合同，对双方具有强制约束力。《互不影响协议》的目的是表明建设用地使用权和矿业权不存在权利冲突，但因建设项目和矿山开采是动态的过程，协议还需双方的安全防护责任等进行约定。至少应包括以下条款：①建设项目基本情况。项目名称、区域、建设周期等。②双方一致认可建设项目和矿业权开采互不影响，一致同意重叠区矿产资源不作压覆处理。③建设单位和矿业权人相互保证安全生产的防护义务。如约定，新能源项目建设单位对拟建项目应采取必要的安全技术措施，在工程设计时采取适当的抗变形措施，减少地表变形对建筑物的危害，确保拟建项目对矿业权不产生不利影响；矿业权人应严格根据开发利用方案及相关设计开采矿产资源，如变更开采方案，则须和建设单位沟通协商，确保新开采方式不会影响新能源项目安全。

4. 申请压覆评审意见备案和压覆审批

压覆评估报告编制完成并通过评审，建设单位和矿业权人签署压覆协议（意向协议或补偿协议）后，进入申请办理压覆评审备案和审批环节，由新能源项目建设单位向地方省级自然资源管理部门申请。近年来，一些地方政府出台文件，对于仅涉及压覆上表单元、不涉及矿业权的，或虽涉及矿业权但已与矿业权人签订《压覆协议》的，可将压覆重要矿产资源评审备案、审批手续合并办理。例如，《陕西省自然资源厅关于进一步推进"放管服"改革做好建设项目压覆重要矿产资源审批服务工作的通知》（陕自然资规〔2023〕1号）规定，"对于仅涉及压覆上表单元、不涉及矿业权的，或虽涉及矿业权但已与矿业权人签订《压覆协议》的，可将压覆重要矿产资源评审备案、审批手续合并办理，统一通过省政务服务中心报送评审备案和压覆审批申请"。

需要注意的是，完成压覆评审备案后，压覆评估报告具有较强的公信力和权威性，在司法诉讼中，有效的、经评审备案的压覆评估报告的证明力会高于非经评审备案的评估报告。例如，在大足新生煤业有限公司与重庆渝蓉高速公路有限公司财产损害赔偿纠纷案①中，重庆渝蓉高速公路有限公司主张，其委托的唐山研究院编制的评估报告认为成渝高速公路复线（重庆境）压覆新生公司的煤炭资源可不作压覆处理，重庆市煤管局也曾函告重庆渝蓉高速公路有限公司认为可不作压覆处理，但因其在重庆市国土资源局已经办理了压覆评审备案，法院认为，"压覆重要矿产资源的审批和登记机关应当是省级以上国土房管部门。故无论是唐山研究院的报告，还是市煤管局的函件，均不能作为认定是否压覆新生公司矿产资源的依据"。

5. 启动用地报批程序

压覆审批通过后，新能源项目建设单位申请办理用地报批手续，不再压覆矿产资源储量登记。《自然资源部办公厅关于做好建设项目压覆重要矿产资源审批服务的通知》（自然资办函〔2020〕710号）第2条规定，压覆审批通过后，由自然资源主管部门将压覆信息录入矿产资源储量数据库，建设单位凭此证明办理用地报批手续，实现了取消压覆登记后与用地

① 参见（2016）渝01民初357号。

报批的衔接。137 号文规定，压覆审批通过后，建设单位要另行办理压覆矿产资源储量登记。为缩减办理环节和要件，提高行政效率，《自然资源部关于推进矿产资源管理改革若干事项的意见（试行）》（自然资规〔2019〕7 号，已失效）第 9 条、第 10 条规定，自 2020 年 5 月 1 日起，取消矿产资源储量登记，将矿产资源储量登记书内容纳入评审备案管理，且明确压覆重要矿产（油气和放射性矿产资源除外）的评审备案工作由省级自然资源主管部门负责。压覆审批通过后，建设单位无须另行办理压覆资源储量登记手续。2023 年 7 月 26 日，自然资源部印发《自然资源部关于深化矿产资源管理改革若干事项的意见》（自然资规〔2023〕6 号），该文件自印发之日生效，《自然资源部关于推进矿产资源管理改革若干事项的意见（试行）》（自然资规〔2019〕7 号）同时废止。自然资规〔2023〕6 号文件同时要求，“实施前已印发的其他文件与本意见规定不一致的，按照本意见执行”。因此，虽然〔2019〕7 号已失效，但实践中，一些管理部门保留了〔2019〕7 号文关于压覆评审登记的做法。

矿业权人申请调整矿区范围。省级自然资源主管部门负责将相关信息录入矿产资源储量数据库，并同时发送给建设单位、相关矿业权人和市、县级自然资源主管部门。相关矿业权人需在 45 个工作日内到原发证机关办理相应的勘查区块或矿区范围变更手续。逾期不办理的，由原发证机关直接进行勘查区块或矿区范围调整。

（四）构成矿产资源压覆的司法裁判规则

虽然矿产资源压覆是重要的自然资源管理政策，但自然资源管理部门并没有专门就如何认定构成矿产资源压覆出具专门性标准，相关的政策文件仅是概括性表述为“重叠但不影响矿产资源开采的不作压覆处理”，对如何认定构成“影响”没有统一的标准或规范，司法部门也未就“重叠但不影响”出具相关解释。这一情形导致矿产资源压覆纠纷进入司法诉讼程序后，关于建设项目限制矿产资源开采的因果关系认定十分困难。综合近年来矿产资源压覆纠纷的相关案例，关于矿产资源“相互影响”的司法鉴定或裁判规则，地表变形值、矿层深度、开采方式等多种因素都有应用于案例中。

1. 按地表变形值鉴定是否构成“相互影响”

在法学意义上，矿产资源压覆的实质是矿业权和建设项目用地使用权的权利冲突，在建设项目有规定的禁止开采区域时，禁止开采区确实限制了矿业权人的权利行使，但在禁止开采区域外，建设项目是否限制矿业权的权利行使，是否削弱了矿业权人的利益空间，取决于建设项目和矿业权受限之间是否存在直接因果关系。因果关系的证明，可以通过地表变形值来实现。

2017 年 5 月，国家安全监管总局、国家煤矿安监局、国家能源局和国家铁路局联合签署《建筑物、水体、铁路及主要井巷煤柱留设与压煤开采规范》（原《建筑物、水体、铁路及主要井巷煤柱留设与压煤开采规程》，以下简称《三下开采规范》）。该规范涉及煤矿区建筑物（构筑物）、水体、铁路和主要井巷保护煤柱（安全煤柱）的留设原则和设计方法，压煤开采原则与方法等重要内容。该规范要求煤矿矿区总体设计、矿井设计、矿井建设等涉及压覆问题时需强制执行，矿区内工农业建设涉及压覆问题时需参照执行。《三下开采规范》逐渐成为评审矿区开采设计方案合规与否的重要文件，进而直接影响到煤矿企业安全生产许可证的取得、变更、注销。虽然《三下开采规范》的层级是部门规范性文件，法律效力低于《公路法》《铁路安全管理条例》等，但实际上，地质勘查、矿山设计、安全监管等行业部门及其技术人员在处理压覆问题时，普遍采用《三下开采规范》。

按照《三下开采规范》的立法精神，建筑物、构筑物引发的地表变形值在煤矿开采设计方案允许的变形值以内时，不会影响矿山勘查开采，可以不作压覆处理。《三下开采规范》第 21 条、第 42 条、第 50 条规定，在预计的地表变形值小于建筑物、构筑物允许地表变形值；预计的地表变形值超过建筑物、构筑物允许地表变形值，但矿区已取得试采经验，经维修能够满足安全使用要求；预计的地表变形值超过建筑物允许地表变形值，但经采取本矿区已有成功经验的开采措施和建筑物、构筑物加固保护措施后能满足安全使用要求，这三种情形下，矿山企业可继续从事开采作业，但需单独编制压煤开采方案，建设单位做好地表监测工作。

地表变形值鉴定方法的基本逻辑，是以矿产资源正常开采情况为前提，测算其可能引发的地表移动变形情况，以及发生该地表变形情况时，建设项目能否仍在其安全范围内。在司法诉讼时，司法鉴定机构应根据建设项目内容、矿山企业开采设计方案等确定具体的鉴定方案，鉴定方案的确定对鉴定结论的形成有着十分重要的影响。

在淄博淄川鸿丰矿业有限公司与国网山东省电力公司侵权责任纠纷案[①]中，被告国网山东省电力公司委托济南设计院经研究出具《榆横－潍坊1000kV特高压交流输变电工程鸿丰煤矿段开采沉陷影响分析与评价报告》，报告采用地表变形值的技术方法，认为“按照地表倾斜变形值计算：利用概率积分预计方法，结合MAPGIS、SURFER、CAD等绘图软件，对影响区域地表沉陷情况进行计算，根据地表移动变形计算结果，一、二、三、四不同的开采阶段，输电线路杆塔基础沿线最大倾斜值均未超过13mm/m。因此，华东电力设计院设计杆塔基础采用加长地脚螺栓＋防护大板的防护措施，符合《采动影响区输电线路勘测设计导则》及关于榆横－潍坊1000kV特高压交流输变电工程线路工程（设计包13）涉及鸿丰煤矿段铁塔抗地表倾斜允许值的说明中最大允许地表倾斜变形值15.0mm/m”的要求，对矿业权不造成影响。法院摇号委托天地科技股份有限公司负责鉴定工作，天地科技股份有限公司的鉴定报告同样采用地表变形值方法，但形成不同结论，该鉴定报告认为“在各煤层开采过程中，在最不利情况下，塔M019RA－M021RA、塔M019LA－M021LA所处地表可能发生的最大倾斜量为10.5—12.6mm/m，在最大限度地调整地脚螺栓后，塔M020RA、塔M020LA、塔M021LA共3基塔的倾斜仍超出《1000kV交流架空输电线路运行规程》（DL/T 307—2010）对高度小于100m的铁塔倾斜度最大允许值3‰（对应地表倾斜3.0mm/m）的变形要求。榆横－潍坊1000kV特高压输电线路对鸿丰矿业公司正常生产产生影响”。两份鉴定报告的鉴定思路相同，先测算出煤矿开采造成的铁塔地表倾斜值，如果该倾斜值在安全范围之内，就说明煤矿开采不会影响铁塔安全，反之亦然。两份报告关于地表变形值的测算结果基本相同，但对倾斜值是否在安全范围以内，采用不同的参照标准。国网山东省电力公司委托济南设计院采用的

---

① 参见（2018）鲁03民初15号。

是《采动影响区输电线路勘测设计导则》以及线路工程设计方案，法院委托天地科技股份有限公司采用的是《1000kV 交流架空输电线路运行规程》（DL/T 307—2010），导致鉴定结论截然不同。

2. 根据矿层深度、开采方式、建设项目和矿区的空间距离等因素判断是否相互影响

除地表变形值外，鉴定机构也可单独或综合采用矿层深度、建设项目和矿区的空间距离等方法，对建设单位和矿产资源勘探开采是否相互影响以及是否需作压覆处理，编制鉴定方案并出具结论。

矿层深度也称埋深、开采深度，因矿业权人仅能按照采矿许可证载明的开采标高从事开采作业，矿层深度越大，对地表影响越小。一些地方政府明确将深度纳入不作压覆处理的判断因素，如《河北省自然资源厅关于印发〈河北省建设项目压覆重要矿产资源管理办法（试行）〉的通知》（冀自然资发〔2022〕30 号）规定，压覆埋深大于 1200 米矿产地的，没有影响，不作压覆处理。

建设项目和矿区的水平距离。《矿产资源法》第 20 条规定，非经国务院授权的有关主管部门同意，不得在重要工业区、大型水利工程设施、城镇市政工程设施附近“一定距离以内”，铁路、重要公路两侧“一定距离以内”，重要河流、堤坝两侧“一定距离以内”开采矿产资源。禁止开采矿产资源的“一定距离”也称为安全距离，是法定禁止开采区域。当矿产资源勘探开采区域内新增建设项目后，受制于建设项目两侧法定禁止开采区域的要求，矿业权人必须停止该区域的开采活动。因此，安全距离内的矿产资源应作压覆处理，建设单位需给予矿业权人相应补偿。

现行《公路法》《铁路安全管理条例》等部分法律、行政规范对建设项目安全距离有明确规定，细分为绝对禁止开采和可协商开采。

（1）关于绝对禁止开采的安全距离。

《公路法》第 47 条、《公路安全保护条例》第 17 条规定，在大中型公路桥梁和渡口周围 200 米，公路隧道上方和洞口外 100 米，国道、省道、县道的公路用地外缘起向外 100 米，乡道的公路用地外缘起向外 50 米等范围内，不得挖砂、采石、取土、倾倒废弃物，不得进行爆破作业及其他危

及公路、公路桥梁、公路隧道、公路渡口安全的活动。

《铁路安全管理条例》第 27 条、第 34 条等规定，从铁路线路路堤坡脚、路堑坡顶或者铁路桥梁（含铁路、道路两用桥）外侧起向外的距离内，城市市区高速铁路 10 米，其他铁路 8 米；城市郊区居民居住区高速铁路 12 米，其他铁路 10 米；村镇居民居住区高速铁路 15 米，其他铁路 12 米；其他地区高速铁路 20 米，其他铁路 15 米，为法定的最低距离，如最低距离不能满足铁路运输安全保护需要的，可由铁路监督管理机构或者县级以上地方人民政府依法划定，安全保护区内禁止从事任何有可能危害铁路安全的行为。

《石油天然气管道保护法》规定，管道线路中心线两侧各 5 米地域范围内，禁止从事危害管道安全的行为；除特殊情形外，在穿越河流的管道线路中心线两侧各 500 米地域范围内，禁止抛锚、拖锚、挖砂、挖泥、采石、水下爆破。

《电力设施保护条例实施细则》（2024 年修订）规定了架空电力线路保护区、地下电力电缆保护区、江河电缆保护区的宽度，保护区内以及保护区周边法定区域内禁止使用机械掘土、种植林木；禁止挖坑、取土、兴建建筑物和构筑物；不得堆放杂物或倾倒酸、碱、盐及其他有害化学物。电力设施周围 500 米范围内（指水平距离），原则上禁止进行爆破作业。

（2）关于协商开采的安全距离。

协商开采的安全距离与禁止开采的安全距离的区别是，禁止开采的安全距离具有法律强制力，是矿业权人必须承担的权利限制，建设单位不得自行免除；双方协商的开采安全距离，则是法律强制和权利主体自由意志的结合，在法律划定的距离内，建设单位和矿业权人的义务是必须进行协商，建设单位可根据建设项目生产方案自行确定保障项目安全所需的距离。

《铁路安全管理条例》规定，在铁路线路路堤坡脚、路堑坡顶、铁路桥梁外侧起向外各 1000 米范围内，以及在铁路隧道上方中心线两侧各 1000 米范围内，原则上不能从事采矿、采石或者爆破作业，确需从事的，除应当遵守有关采矿和民用爆破的法律法规，符合国家标准、行业标准和铁路安全保护要求外，还应当与铁路运输企业协商一致，依照有关法律法规的规定报县级以上地方人民政府有关部门批准，采取安全防护措施后方可进行。

《石油天然气管道保护法》规定，穿跨越管道的施工作业，在管道线路中心线两侧各5米至50米和管道附属设施周边100米地域范围内、在管道专用隧道中心线两侧各1000米地域范围内从事采石、采矿、爆破作业的，施工单位向管道所在地县级人民政府主管管道保护工作的部门提出申请。县级人民政府主管管道保护工作的部门接到申请后，应当组织施工单位与管道企业协商确定施工作业方案，并签订安全防护协议；协商不成的，主管管道保护工作的部门应当组织进行安全评审，作出是否批准作业的决定。

《电力设施保护条例实施细则》（2024年修订）规定，电力设施周围500米范围内（指水平距离），原则上禁止进行爆破作业。因工作需要必须进行爆破作业时，应当按国家颁发的有关爆破作业的法律法规，采取可靠的安全防范措施，确保电力设施安全，并征得当地电力设施产权单位或管理部门的书面同意，报经政府有关管理部门批准。在规定范围外进行的爆破作业必须确保电力设施的安全。

3. 适用法律还是《三下开采规范》的争议

《三下开采规范》是现阶段矿山企业安全设计遵循的关键标准，但是在安全距离的设置上，《三下开采规范》和《公路法》等法律行政法规的规定并不相同。

《三下开采规范》的立法目的是在充分保障煤矿生产安全的前提下，尽可能实现资源最大化利用。《三下开采规范》要求矿区内的建筑物、构筑物、铁路、河流、村庄等都必须划定保护煤柱，保护煤柱采用垂线法或垂直剖面法并留设边界角、移动角，保护煤柱划定地面受护范围形成的带性区域称为围护带。按照重要性、用途以及受开采影响引起的不同后果，矿区范围内的建筑物、构筑物、铁路等分为五个等级，对于不同等级的建筑物、构筑物，围护带宽度有不同要求。如高速公路为一级构筑物，围护带宽度是20米；一级公路为二级构筑物，围护带宽度为15米；国家高速铁路为特级，围护带宽度是50米；特级保护等级的有砟轨道铁路，特殊情况下围护带宽度可适当减少，但不得少于30米。围护带内的矿产资源不能勘探开采，因此，围护带的作用相当于安全距离，必须按照压覆处理。虽然《三下开采规范》规定的围护带宽度是原则性要求，在编制压覆评估报告时，技术人员还需结合实际地质结构情况确定建设项目实际所需的围护带宽度，但通常情况下，围护带宽度会小于法律安全距离，两个数据并不相同。

对此矛盾，一些地方政府出台文件规定处理办法，如《河北省建设项目压覆重要矿产资源管理办法（试行）》第4条规定，“建设项目压覆矿产资源范围的确定，涉及露天开采的应遵循相关行业规定，无行业规定或行业规定小于300米的，按建设项目用地边界外扩300米；涉及地下开采的按《建筑物、水体、铁矿及主要井巷煤柱留设与压煤开采规范》（安监总煤装〔2017〕66号）确定压覆范围”。但对于有类似规定的地区，究竟是依据《三下开采规范》还是法律行政法规来确定安全距离，缺少权威依据。

《三下开采规范》作为地质勘查设计的行业规范，其法律效力低于法律行政法规。因此，关于安全距离的确定，法律行政法规有明确规定的安全距离应从其规定，以法定禁止开采区域边界为基线，而非以建筑物、构筑物边界为基线，确定围护带宽度；法律行政法规无明确规定，以及可协商的安全距离内，可依据《三下开采规范》确定安全距离，以建筑物、构筑物边界为基线确定围护带宽度。

对以风电光伏为代表的新能源项目而言，建筑设施是否需要设置安全距离、安全距离为多少米，都没有可直接适用的法律依据，实践中，需结合矿区开采设计、建设项目内容、设计施工等因素，类推性质相近的法律规范，协商确定、综合判定。如本案中，从裁判文书披露的信息看，风电项目的压覆区域是双方协商确定的，包括4个风机位、场内道路、集成线路配套设施，风机位的压覆面积为平台面积（100米×100米）。风电项目施工完成并投入运营后，矿业权人主张在风电场周边100米之外进行爆破作业，而依据《电力法》第52条、《电力设施保护条例实施细则》（2024年修订）第10条之规定，任何单位和个人不得在距电力设施周围500米范围内（指水平距离）进行爆破作业，在电力设施周围进行爆破及其他可能危及电力设施安全的作业的，应当按照国务院有关电力设施保护的规定，经批准并采取确保电力设施安全的措施后，方可进行作业。风电项目单位依据此规定，不同意矿业权人的作业请求，矛盾由此产生。根据现行法律法规，电力设施周围500米范围为可协商的安全距离，风电项目建设单位有权利缩短或维持此安全距离。

（五）矿产资源压覆补偿金额的计算

1. 补偿金额的确定

原则上，双方有补偿协议的，以补偿协议确定的金额为准。在没有补偿协议的情况下，人民法院可依据以下方式确定补偿金额。

（1）双方委托了评估机构的，以评估报告为准。

由建设单位和矿业权人共同或单独委托评估机构，依据评估报告结论协商确定。需要注意的是，2022年5月，新的矿业权评估师职业制度出台，矿业权评估机构应在中国矿业权评估师协会登记备案，评估机构中出具评估报告的技术人员应具备评估师职业资格，方可从事矿产资源压覆评估工作。

2021年11月，《国家职业资格目录》（2021年版）发布，矿业权评估师职业资格名列其中，矿业权评估师职业资格成为我国地质矿产领域唯一的国家职业资格。2022年5月30日，自然资源部印发《矿业权评估师职业资格制度暂行规定》《矿业权评估师职业资格考试实施办法》，明确国家设立矿业权评估师水平评价类职业资格制度并作出相关规定要求。在新的矿业权评估师职业制度下，矿业权评估为社会提供矿产资源资产实物量和价值量评估服务两个方面的主要任务。一方面，通过矿产勘查、资源储量估算、矿产储量评估等工作，提供矿产资源储量报告等专业意见，解决矿产资源资产实物量的问题；另一方面，通过矿业权价值评估等工作，解决矿产资源资产和矿业权及相关权益的价值量问题。①

按照《矿业权评估师职业资格制度暂行规定》要求，职业资格证书实

① 《矿业权评估师职业资格迎来新变革——中国矿业权评估师协会有关负责人解读新政策》，载微信公众号“中国矿业权评估师协会”2022年7月27日。

行登记服务，取得职业资格证书并经登记的，依法开展矿产地质勘查、储量报告编制、矿山设计、矿业权价值评估等相关工作并按有关规定的职业能力要求从事相关业务、签署报告。2022 年 5 月 30 日之前取得矿业权评估师执业资格证书、助理矿业权评估师职业资格证书和矿业权评估师职业资格证书的，继续有效，应登记专业为矿业权价值评估；取得矿产储量评估师执业资格证书的，可登记专业为固体矿产资源勘查与实物量估算或油气矿产资源勘查与实物量估算。

（2）在部分压覆不影响矿区其他区域继续生产，不需要矿区全部作废的情况下，判定按储量压覆比或矿区压覆比确定补偿金额。

在丰宁保利隆盛矿业有限公司（以下简称丰宁保利公司）、蒙冀铁路有限责任公司（以下简称蒙冀公司）财产损害赔偿纠纷案[①]中提出了“按比例补偿”原则。本案的争议焦点为矿区被部分压覆时，设备设施等资产投入损失的补偿标准。丰宁保利公司主张张唐铁路项目的修建导致其享有的采矿权被压覆，部分矿产资源不能继续开采利用。法院认为，被压覆矿产储量只占全部储量一部分，而设备设施等资产应有大量可以在将来同类生产活动中继续使用。蒙冀公司辩称，根据核实报告，被压覆矿产储量的压覆比例仅占全部储量的一小部分，且大量资产可重复利用，大量设备设施可搬迁，因此应仅针对压覆部分的矿区进行损失的计算。本案一审法院综合考虑被压覆矿产储量的压覆比例、矿产现状等因素确定设备设施等资产投入损失按评估资产总额的 25% 计算。最高人民法院认为，在固定时间点难以逐一确定矿区生产设备哪些将来可以利用及可利用价值，因此按被压覆矿产储量的压覆比例结合矿区评估总资产来确定补偿金额，予以支持。

2. 损失范围的确定

关于压覆补偿的损失范围，137 号文规定“建设项目压覆已设置矿业权矿产资源的，新的土地使用权人还应同时与矿业权人签订协议，协议应包括矿业权人同意放弃被压覆矿区范围及相关补偿内容。补偿的范围原则上应包括：1. 矿业权人被压覆资源储量在当前市场条件下所应缴的价款

① 参见（2019）最高法民终 1793 号。

（无偿取得的除外）；2. 所压覆的矿产资源分担的勘查投资、已建的开采设施投入和搬迁相应设施等直接损失”。按此要求，压覆补偿金额的确定分为“量”“价”两个层面，首先是确定被压覆资源储量，其次是确定被压覆储量的直接经济损失。因137号文是国土资源部出台的规范性文件，且补偿的前提是建设项目压覆矿产资源不属于非法侵权。建设单位承担的是补偿责任而非侵权赔偿责任，因此围绕压覆补偿纠纷能否直接适用137号文，司法实践形成了两种观点，且两种观点都有相当数量的司法裁判支持。但仔细了解两种裁判规则就会发现，二者其实并没有根本矛盾，关于矿产资源压覆补偿纠纷，能否直接适用137号文将损失范围确定在直接损失，应视建设单位承担的是补偿责任还是赔偿责任来判断。

2020年，最高人民法院发布了2019年民商事案例裁判要旨汇总，其中的丰宁保利公司、蒙冀公司财产损害赔偿纠纷案件，对如何适用137号文进行了释明。最高人民法院在判决书中写道，“该规范性文件确立了矿业权压覆补偿范围原则上应包括的损失项目，尽管没有排除其他可能的损失，但蕴含着以直接损失为补偿的一般原则。考虑到铁路等相关建设项目往往涉及国家安全和发展利益，由此导致的矿业权压覆在某种意义上可以认定为系为了公共利益的需要。在矿业权被合法压覆且对压覆补偿标准以及范围尚无法律、行政法规明确规定的情况下，参照137号文规定的精神，原则上将对矿业权人造成的直接损失作为补偿的范围符合我国当前阶段的基本国情，至于具体的补偿损失项目可结合具体个案各自的案情综合考虑予以确定”。

（1）新能源建设项目具备合法手续，承担补偿责任时，应适用137号文，损失范围为直接损失。

在建设项目依法承担补偿责任的情况下，应按137号文精神，压覆补偿范围为成本补偿而非价值补偿。一些地方政府文件对此有明确规定，如《湖南省人民政府办公厅关于做好压覆矿产资源补偿工作的通知》（湘政办发〔2015〕17号）规定，“压覆矿产资源补偿依成本补偿原则进行，不得依资源价值进行补偿”。其中，探矿权的损失范围为：压覆范围应分摊的已缴纳探矿权价款；压覆范围应分摊的地质勘查投入。采矿权的损失范围为：①所压覆矿产资源应分摊的已缴采矿权价款。②压覆范围的生产勘查投入。③压覆范围的直接损失，包括办理采矿权许可证的相关费用，受压覆影响无法继续使用的已建地表建筑物、构筑物、矿山开采专用设备、通用设备、压覆的开拓工程及采准（采剥）工程费用，整合矿山支付的成本等（以县市区人民政府提供的证明为依据）。

2021 年 9 月 29 日，最高人民法院在开阳县禾丰乡连利硅矿（以下简称连利硅矿）、贵州高速公路集团有限公司（以下简称高速公路公司）物权保护纠纷案[①]中认为，关于二审判决对连利硅矿矿业权下矿产资源被压覆的损失范围的认定是否正确问题，本案公路建设项目已经依法取得了立项和压覆本案矿产资源的批准，高速公路公司的建设行为合法，对连利硅矿矿业权下矿产资源的压覆不具有主观过错。但该压覆行为事实上损害了连利硅矿合法取得的采矿权，高速公路公司应当进行相应补偿。考虑到高速公路等相关建设项目往往涉及发展利益，由此导致的矿产资源压覆在某种意义上可以认定为系为了公共利益的需要。在矿产资源被合法压覆且对压覆补偿标准以及范围尚无法律、行政法规明确规定的情况下，二审判决为了合理平衡个人利益及公共利益，认定连利硅矿获得的补偿"应限于其被压覆资源储量在当前市场条件下所应缴的价款，以及所压覆的矿区分担的勘查投资、已建的开采设施投入和搬迁相应设施等直接损失"，并无不当。

（2）建设单位有过错，应承担侵权责任的情况下，不适用 137 号文，损失范围包括直接损失和间接损失。

137 号文本身对补偿范围的规定也仅是"原则上应包括"，其应为指导性规定，而非强制执行。在构成侵权损害的情况下，137 号文以投入资金等直接损失为限与法律规定不符，《民法典》第 1184 条规定"侵害他人财产的，财产损失按照损失发生时的市场价格或者其他合理方式计算"。例如，在长治市福瑞农业科技发展有限公司、山西潞安环保能源开发股份有

① 参见（2021）最高法民申 5618 号。

限公司王庄煤矿财产损害赔偿纠纷案[①]中认为，侵权损害赔偿采用填平原则，目的在于使被侵权人尽可能恢复到未遭受加害行为之前应有的状态。根据《侵权责任法》（已失效）第 19 条规定，侵害他人财产的，财产损失按照损失发生时的市场价格或者其他方式计算。财产损失是指实际损失，包括直接损失（现有财产的减少）和间接损失（可得利益的丧失）。最高人民法院在广元市茂成商贸有限责任公司与兰渝铁路有限责任公司探矿权纠纷案[②]中认为，“侵害探矿权应补偿或赔偿其相应财产价值，137 号文强调的是行政审批管理职责，不能直接作为处理民事主体之间民事权益纠纷的依据”。

承担赔偿责任的情形下，赔偿范围可能包括：①137 号文规定的损失范围，包括所压覆资源储量在当前市场条件下所应缴的价款（探矿权、采矿权收益），已建的开采设施投入包括井巷系统、工业场地、房屋建筑物、公路、电力系统、供水系统、采矿选矿设备等直接损失。②137 号文之外的损失范围内容，常见的有压覆而导致开采方式或位置发生变更而重新编制有关报告而产生的报告编制和评审等费用，压覆导致的企业停产停业损失，停产停业期间应支付的员工工资及补偿金等费用，压覆导致的闭坑及其治理等需支付的费用等。

（3）最高人民法院有裁判文书认为，只要建设项目符合公共利益性质，不管建设项目手续是否合法，均应对矿业权人的赔偿、补偿请求予以限制，以平衡项目建设单位和矿业权人之间的利益。

2020 年 12 月 25 日，最高人民法院在国网辽宁省电力有限公司（以下简称电力公司）与建昌县金钻矿业有限公司侵权责任纠纷案[③]中认为，案涉工程对矿产资源构成压覆，且该线路建设未取得相关国土资源部门出具的压覆矿产资源审批手续，致使矿业权人的探矿权无法继续开发利用，应当承担相应的赔偿责任。尽管鉴定结论认定案涉探矿权的价值是 3366.45 万元，但电力公司架设高压线路亦是国家基础建设，有利于社会经济的发

① 参见（2019）最高法民终 289 号。

② 参见（2017）最高法民终 493 号。

③ 参见（2020）最高法民申 6762 号。

展，酌定应赔偿损失为1200万元。

在贵州华鼎王家坝煤业有限公司、中国南方电网有限责任公司超高压输电公司等物权保护纠纷案[①]中，最高人民法院认为，“案涉输电工程建设使得原本属于王家坝煤业公司的探矿权让位于输电工程所保障的公共利益。因此，对于南方电网超高压公司应当承担何种责任，应当着眼于公共利益与私人利益的平衡，以实际投入成本为依据据实补偿”。

（4）压覆是基于政策等不可抗力原因或者矿业权人自身过错，司法机关可免除或减少建设单位的赔偿、补偿义务。

在中国石油化工股份有限公司（以下简称中石化公司）、中国石油化工股份有限公司（以下简称中石化管道分公司）天然气川气东送管道分公司等财产损害赔偿纠纷案[②]中，A隧道工程开工时，评估报告认定中石化管道分公司修建的A隧道线路对煤矿不构成压覆。《石油天然气管道保护法》施行后，中石化管道有限公司向斌丰公司发函称斌丰公司应该依法禁止在管道专用隧道1000米范围内进行开采。四川省人民政府安全生产委员会办公室要求斌丰公司终止川气东送管道专用A隧道中心线两侧各1000米地域范围内采石、采矿、爆破等危及隧道安全的违法行为。宣汉县人民政府要求斌丰公司在2020年6月20日前关闭到位，并提出煤矿自愿放弃撤除井下设备，按相关规定予以专项补贴。斌丰公司不服而诉至法院，主张中石化管道分公司、中石化公司对斌丰公司的合法矿业权已构成侵害，应当共同赔偿斌丰公司为此遭受的全部损失。最高人民法院认为，中石化公司修建A隧道线路时，确定60米的安全高度（2004年）符合当时的法律规定，但因2010年法律变化，管道两侧1000米划入安全范围，中石化公司对此无过错。斌丰公司无法开工生产的原因在于《石油天然气管道保护法》的实施限制了采矿权，其可要求行政机关给予相应的补偿，但无权向享有在先权利的主体请求任何赔偿或补偿。

在富宁县剥隘平年石料场（以下简称剥隘石料场）、中国石化销售股

① 参见（2020）最高法民终1217号。
② 参见（2020）最高法民终1062号。

份有限公司华南分公司（以下简称中石化华南分公司）财产损害赔偿纠纷案[①]中，剥隘石料场主张中石化华南分公司铺设的管道距其矿区最近的一个拐点仅有80.98米，位于其矿区警戒范围内，是导致其办理安全生产许可证延期手续未获批准，矿区停产、关闭的直接原因和唯一原因。最高人民法院支持原审法院判决，认为根据《石油天然气管道保护法》第35条的规定，距离管道线路中心两侧各200米范围内的爆破、采矿行为并不禁止，因此不能仅依据最近拐点仅有80.98米，就认定管道对矿产资源生产造成影响，限制了矿业权行使。更重要的是，从查明的事实看，剥隘石料场于2011年3月8日取得安全生产许可证，有效期自2011年3月8日至2014年3月7日，但剥隘石料场并未在安全生产许可证到期前申请办理延期，而是直至2015年3月13日，才向富宁县安全生产监督管理局提交节后基础设施建设及设备改造申请，剥隘石料场未对此作出合理解释，剥隘石料场对矿区被关闭存在自身过错，因此不能支持剥隘石料场的压覆赔偿请求。

（六）重复起诉[②]的认定

1. “后诉与前诉的当事人相同”的认定

（1）当事人包括实质当事人。

《最高人民法院第二巡回法庭法官会议纪要》（第1辑）（人民法院出版社2019年版），讨论了“后诉与前诉当事人相同”应当如何认定的问题。最高人民法院会议纪要认为，在性质上，当事人可以分为形式当事人和实质当事人。形式当事人是指与作为诉讼标的的实体权利义务或实体法律关系没有直接关联，但以自己名义起诉或被诉的主体。形式当事人是引起诉讼程序开始的当事人，是纯粹的诉讼法上的概念。实质当事人即正当当事人或适格的当事人，是作为诉讼标的实体法律关系主体或与实体法律关系有直接关联主体的当事人，有诉讼实施权的当事人的资格，也有学者

---

① 参见（2020）最高法民申6843号。

② 《最高人民法院关于适用〈中华人民共和国民事诉讼法〉的解释》（2022年修正）第247条第1款规定：“当事人就已经提起诉讼的事项在诉讼过程中或者裁判生效后再次起诉，同时符合下列条件的，构成重复起诉：（一）后诉与前诉的当事人相同；（二）后诉与前诉的诉讼标的相同；（三）后诉与前诉的诉讼请求相同，或者后诉的诉讼请求实质上否定前诉裁判结果。”

将其解释为作为当事人对诉讼标的的特定权利或者法律关系进行诉讼并能够要求获得本案判决的资格。实质当事人或正当当事人与形式当事人的区别在于，形式当事人解决的是谁是诉讼中的当事人的问题，而正当当事人所要解决的是谁应当成为当事人的问题。“一事不再理”原则具有防止重复诉讼、避免矛盾判决的功能，因此“后诉与前诉当事人相同”的当事人首先包括形式当事人。但一事不再理原则本身也是既判力消极效力的体现，在当事人范围上应当与既判力主观范围保持一致。既判力主观范围既包括形式当事人，也包括例外情形下，既判力所及的诉讼担当人、继受人等实质当事人。

（2）当事人相同不受诉讼地位变化影响。

当事人相同，不受当事人在前诉与后诉中的诉讼地位的影响，即使前后诉原告和被告地位完全相反，也应当认定当事人为同一。典型案例如信文资产管理（江苏）有限公司、恒丰银行股份有限公司温州乐清支行委托合同纠纷案①，苏州工业园区新光冶金机械有限公司与无锡市可伟电梯部件有限公司纠纷案②，丁世萍、黄凤等物权确认纠纷案③。

2.“后诉与前诉的诉讼标的相同”的认定

关于诉讼标的同一性的判断，我国司法实践目前采取实体法诉讼标的理论，将诉讼标的理解为当事人之间所争议的需要通过法院审判予以解决的民事实体法律关系，也就是当事人之间需要法院审判解决的民事权利义务关系，系双方当事人争议的对象，法院对审理范围的认定十分明确。

3.“诉讼请求相同，或后诉的诉讼请求实质上否定前诉裁判结果”的认定

诉讼请求是建立在诉讼标的基础上的具体声明，在采旧实体法说理解诉讼标的的前提下，具体的请求内容对于诉讼中识别诉讼标的及厘清其范围具有实际意义。因此，(《最高人民法院关于适用〈中华人民共和国民事

① 参见（2022）最高法民申65号。
② 参见（2016）苏02民终2411号。
③ 参见（2021）黔26民终1827号。

诉讼法〉的解释》第247条）将诉讼请求的同一性也作为“一事不再理”原则适用的判断标准，此处的“后诉的诉讼请求实质上否定前诉裁判结果的”主要是指后诉提起相反请求的情况。当事人就已经提起的诉讼的事项在裁判生效后再次起诉，后诉的诉讼请求实质上系否定前诉裁判结果的，即使当事人起诉的请求权基础不同，仍应认定该后诉的请求实质上违反了“一事不再理”原则，构成重复起诉。人民法院应根据《民事诉讼法》第127条第5项“对判决、裁定、调解书已经发生法律效力的案件，当事人又起诉的，告知原告申请再审”的规定，告知当事人对已经提起诉讼的裁判申请再审。

在九江经济技术开发区融和小额贷款股份有限公司（以下简称融和公司）、江西美庐乳业集团有限公司保证合同纠纷案①中，最高人民法院认为，融和公司的起诉构成重复起诉，理由是：本案诉讼标的均是基于借款及担保协议的借款及利息债权债务争议。又因本诉与前诉的诉讼请求均是基于相同当事人之间形成的有关借款及担保协议，前诉中形成的调解协议是对各方借款及担保纠纷的解决，在该调解协议中又没有就展期逾期后的利息产生新的事实约定。因此，本诉的诉讼请求实质上构成对前诉的裁判结果的否定。

四、法条索引

1.《中华人民共和国民法典》（主席令第45号，2021年1月1日起施行）

第三百二十九条　依法取得的探矿权、采矿权、取水权和使用水域、滩涂从事养殖、捕捞的权利受法律保护。

2.《中华人民共和国煤炭法》（主席令第57号，2016年11月7日起施行）

第二十二条第一款　开采煤炭资源必须符合煤矿开采规程，遵守合理的开采顺序，达到规定的煤炭资源回采率。

---

① 参见（2016）最高法民申2873号。

3.《建设项目用地预审管理办法》（国土资源部令第68号，2017年1月1日起施行）

第五条　需审批的建设项目在可行性研究阶段，由建设用地单位提出预审申请。

需核准的建设项目在项目申请报告核准前，由建设单位提出用地预审申请。

需备案的建设项目在办理备案手续后，由建设单位提出用地预审申请。

第七条　申请用地预审的项目建设单位，应当提交下列材料：

（一）建设项目用地预审申请表；

（二）建设项目用地预审申请报告，内容包括拟建项目的基本情况、拟选址占地情况、拟用地是否符合土地利用总体规划、拟用地面积是否符合土地使用标准、拟用地是否符合供地政策等；

（三）审批项目建议书的建设项目提供项目建议书批复文件，直接审批可行性研究报告或者需核准的建设项目提供建设项目列入相关规划或者产业政策的文件。

前款规定的用地预审申请表样式由国土资源部制定。

第八条　建设单位应当对单独选址建设项目是否位于地质灾害易发区、是否压覆重要矿产资源进行查询核实；位于地质灾害易发区或者压覆重要矿产资源的，应当依据相关法律法规的规定，在办理用地预审手续后，完成地质灾害危险性评估、压覆矿产资源登记等。

第十五条　建设项目用地预审文件有效期为三年，自批准之日起计算。已经预审的项目，如需对土地用途、建设项目选址等进行重大调整的，应当重新申请预审。

未经预审或者预审未通过的，不得批复可行性研究报告、核准项目申请报告；不得批准农用地转用、土地征收，不得办理供地手续。预审审查的相关内容在建设用地报批时，未发生重大变化的，不再重复审查。

4.《国土资源部关于进一步做好建设项目压覆重要矿产资源审批管理工作的通知》（国土资发〔2010〕137号，2010年9月8日起施行）

二、严格管理范围

凡建设项目实施后，导致其压覆区内已查明的重要矿产资源不能开发利用的，都应按本通知规定报批。未经批准，不得压覆重要矿产资源。

建设项目压覆区与勘查区块范围或矿区范围重叠但不影响矿产资源正常勘查开采的，不作压覆处理。矿山企业在本矿区范围内的建设项目压覆矿产资源不需审批。

重要矿产资源是指《矿产资源开采登记管理办法》附录所列34个矿种和省级国土资源行政主管部门确定的本行政区优势矿产、紧缺矿产。

炼焦用煤、富铁矿、铬铁矿、富铜矿、钨、锡、锑、稀土、钼、铌钽、钾盐、金刚石矿产资源储量规模在中型以上的矿区原则上不得压覆，但国务院批准的或国务院组成部门按照国家产业政策批准的国家重大建设项目除外。

三、明确管理分工

建设项目压覆重要矿产资源由省级以上国土资源行政主管部门审批。压覆石油、天然气、放射性矿产，或压覆《矿产资源开采登记管理办法》附录所列矿种（石油、天然气、放射性矿产除外）累计查明资源储量数量达大型矿区规模以上的，或矿区查明资源储量规模达到大型并且压覆占三分之一以上的，由国土资源部负责审批。

四、规范报批要求

按本通知规定由国土资源部负责审批的，建设单位应履行以下手续：

（一）建设项目选址前，建设单位应向省级国土资源行政主管部门查询拟建项目所在地区的矿产资源规划、矿产资源分布和矿业权设置情况，各级国土资源行政主管部门应为建设单位查询提供便利条件。不压覆重要矿产资源的，由省级国土资源行政主管部门出具未压覆重要矿产资源的证明；确需压覆重要矿产资源的，建设单位应根据有关工程建设规范确定建设项目压覆重要矿产资源的范围，委托具有相应地质勘查资质的单位编制建设项目压覆重要矿产资源评估报告。

（二）有关材料经建设项目所在省（区、市）国土资源行政主管部门初审同意后，将以下材料（纸质和电子版各1套）报国土资源部：

1. 关于××××压覆重要矿产资源的申请函（编写提纲见附件1）；

2. 关于××××压覆重要矿产资源的评估报告（编写提纲见附件2）

及评审意见书；

3. 省级国土资源行政主管部门出具的《关于对××××压覆重要矿产资源初审意见》（编写提纲见附件 3）；

4. 国土资源行政主管部门要求提交的其他有关资料。

（三）建设项目压覆已设置矿业权矿产资源的，新的土地使用权人还应同时与矿业权人签订协议，协议应包括矿业权人同意放弃被压覆矿区范围及相关补偿内容。补偿的范围原则上应包括：

1. 矿业权人被压覆资源储量在当前市场条件下所应缴的价款（无偿取得的除外）；

2. 所压覆的矿产资源分担的勘查投资、已建的开采设施投入和搬迁相应设施等直接损失。

（四）建设单位应在收到同意压覆重要矿产资源的批复文件后 45 个工作日内，到项目所在地省级国土资源行政主管部门办理压覆重要矿产资源储量登记手续。45 个工作日内不申请办理压覆重要矿产资源储量登记手续的，审批文件自动失效。

5.《自然资源部办公厅、国家林业和草原局办公室、国家能源局综合司关于支持光伏发电产业发展规范用地管理有关工作的通知》（自然资办发〔2023〕12 号，2023 年 3 月 20 日起施行）

二、光伏发电项目用地实行分类管理

光伏发电项目用地包括光伏方阵用地（含光伏面板、采用直埋电缆敷设方式的集电线路等用地）和配套设施用地（含变电站及运行管理中心、集电线路、场内外道路等用地，具体依据《光伏发电站工程项目用地控制指标》的分类），根据用地性质实行分类管理。

（一）光伏方阵用地。光伏方阵用地不得占用耕地，占用其他农用地的，应根据实际合理控制，节约集约用地，尽量避免对生态和农业生产造成影响。光伏方阵用地涉及使用林地的，须采用林光互补模式，可使用年降水量 400 毫米以下区域的灌木林地以及其他区域覆盖度低于 50% 的灌木林地，不得采伐林木、割灌及破坏原有植被，不得将乔木林地、竹林地等采伐改造为灌木林地后架设光伏板；光伏支架最低点应高于灌木高度 1 米以上，每列光伏板南北方向应合理设置净间距，具体由各地结合实地确定，并采取有效水土保持措施，确保灌木覆盖度等生长状态不低于林光互补前水平。光伏方阵按规定使用灌木林地的，施工期间应办理临时使用林地手续，运营期间相关方签订协议，项目服务期满后应当恢复林地原状。光伏方阵用地涉及占用基本草原外草原的，地方林草主管部门应科学评估本地区草原资源与生态状况，合理确定项目的适建区域、建设模式与建设要求。鼓励采用“草光互补”模式。

光伏方阵用地不得改变地表形态，以第三次全国国土调查及后续开展的年度国土变更调查成果为底版，依法依规进行管理。实行用地备案，不需按非农建设用地审批。

（二）配套设施用地管理。光伏发电项目配套设施用地，按建设用地进行管理，依法依规办理建设用地审批手续。其中，涉及占用耕地的，按规定落实占补平衡。符合光伏用地标准，位于方阵内部和四周，直接配套光伏方阵的道路，可按农村道路用地管理，涉及占用耕地的，按规定落实进出平衡。其他道路按建设用地管理。

典型纠纷3

分布式光伏项目EPC工程总承包合同纠纷

参考案例　陕西 A 光伏能源有限公司与山西 B 建筑安装有限责任公司建设工程合同纠纷

一、案情介绍

A 光伏能源有限公司（甲方）与 B 建筑安装公司（乙方）签订了《某分布式电站项目合作框架协议》（以下简称《框架协议》）。《框架协议》约定，乙方负责代表项目公司办理电力接入审批等行政审批手续，相关费用由乙方承担，乙方承诺并网时间、接入许可上网电价。《框架协议》同时约定，该协议是双方进行项目合作的指导性文件，《项目 EPC 工程总承包合同》签订需遵循该协议的相关约定。之后，A 光伏能源公司与 B 建筑安装公司签订《某 30MWp 分布式光伏发电项目 EPC 总承包合同》（以下简称《EPC 总承包合同》）。由 B 公司负责项目（含电站红线范围内所有设备和建筑物）有关的所有勘查、设计、采购、施工、屋顶业主的协调工作和试运行工作，在电站移交前，提供一个设施配套和功能完整，可以正式投产运行的项目，并对工程的手续、资料、安全、工期、造价等全面负责。《EPC 总承包合同》约定了总承包方 B 公司的开工时间，并网发电时间。同时，就 A 公司预付款金额以及 B 公司应当按照总承包合同提供预付款保函进行了约定。

《EPC 总承包合同》签订后，A 公司按约定向 B 公司支付预付款，B 公司开始办理项目外线设计、接入工作的审批等事宜最终批复接入的时间严重滞后。A 公司与 B 公司又签订了《EPC 总承包合同之补充协议》（以下简称《补充协议》），重新约定并网发电期限，以及逾期责任，即约定时间内未完成并网部分，每逾期一日则按照未并网容量理论发电量的 50% 进行处罚。最终，项目仍未能在《补充协议》约定时间前完成并网发电。

由于 A 公司、B 公司对违约责任的承担问题及损害赔偿问题无法达成一致，A 公司提起仲裁，请求裁决依法解除双方签订的《EPC 总承包合同》；B 公司返还 A 公司已付工程款及自付款之日起至 B 公司实际返还之日止的利息（按银行同期贷款利率计算）；B 公司向 A 公司支付因迟延取得电力接入批复的违约金。

庭审过程中，B 公司提出反请求，请求裁决 A 公司向 B 公司支付结算工程款，赔偿 B 公司的停工、窝工损失。

仲裁庭最终裁决《EPC 总承包合同》及《补充协议》合法有效，自裁决生效之日解除。B 公司向 A 公司返还已付工程款，A 公司向 B 公司支付已完成工程量工程款，驳回其他仲裁请求。

A 公司向某市中级人民法院申请强制执行，B 公司向执行法院提交不予执行仲裁裁决申请书。理由为：本案仲裁的程序不合法。（1）本案仲裁过程中，仲裁委员会主任直接变更首席仲裁员剥夺了 B 公司选择或推荐首席仲裁员的法定权利，仲裁机构对边裁仲裁员王某的回避申请未作回复，明显程序违法，损害了 B 公司的合法权益。（2）B 公司多次提出对已完工程量进行司法鉴定，仲裁庭未说明理由，拒绝对已完工程量进行司法鉴定，损害了 B 公司的合法权益，属明显的程序违法。

某市中级人民法院审理后，最终作出不予执行的裁定书。

二、案例解读

随着人类对美好生活环境的需求不断提升以及传统能源的“告急”，世界各国逐渐将目光转向新能源的开发与利用，并制定一系列政策予以支持，这也为新能源的开发与利用提供了广阔的发展空间。2020 年，中国率先提出碳达峰与碳中和目标，在实现“双碳”目标以及构建新型电力系统的背景之下，新能源的装机规模迅猛增长，新能源行业进入了高速发展时期。光伏 EPC 项目作为新兴科技和新兴产业深度结合的产物，相较一般的基础设施项目有其特殊之处，如项目建设周期较长、易受国家相关政策影响等特点。在上述案件中，主要涉及两个实体焦点问题：一是 EPC 光伏项目是否必须经过招投标；二是本案是否适用情势变更制度。两个仲裁程序焦点问题：一是申请仲裁员回避及重新选定程序是否合法；二是仲裁庭未组织对案涉工程已完工程量进行鉴定是否违反法定程序。

（一）新能源项目EPC工程总承包合同需经过招投标

在实践中，应经而未经招投标程序已经成为光伏企业在开发建设新能源项目中常见且重点关注的问题之一，对于光伏EPC项目是否必须进行招投标，应根据招投标的相关法律规定进行判断。在研究光伏项目EPC合同是否必须进行招标前，首先需明确光伏项目EPC合同的性质。对于该问题，实践中观点不一。第一种观点认为，光伏项目中的EPC合同集勘察、设计、采购、施工于一体，综合性较强，将其界定为承揽合同；第二种观点，即我国法院的主流裁判观点，将光伏EPC合同界定为建设工程合同；第三种观点则认为，光伏项目EPC合同属于无名合同。

本案中，A公司向发改部门提交的项目备案资料载明：A公司主动向某县发展改革局承诺了进行委托公开招标的形式进行项目的建设。A公司同时向发展改革局提交了《屋顶租赁合同》。A公司认为，《EPC总承包合同》属于承揽合同，不受招标影响。虽然《屋顶租赁合同》显示甲方已经将房屋出租给第三方经营销售石材使用，但实际出租给第三方的是屋内使用权，屋顶使用权并没有出租给第三方，且乙方在进入项目后，已经实际施工。B公司认为，A公司未履行招标程序，关于《EPC总承包合同》的合同效力，请求仲裁庭予以审查，若仲裁庭认为《EPC总承包合同》有效，则按照该合同约定，A公司给予B公司进入和占用现场各部分的权利。若A公司造成项目延误，或A公司方无法提供施工作业面导致B公司无法进场施工，则依据合同应允许B公司顺延工期并支付其合理利润和费用。

仲裁庭认为，合同性质是指合同属于什么类型的合同以及合同具有什么法律特征。通常情况下，合同的性质是由当事人在合同中所约定的权利义务确定的，即不同的权利义务关系往往决定了合同具有不同的法律性质。从本案《EPC总承包合同》及《补充协议》的名称来看，主合同名称为“EPC总承包合同”，而“EPC”系英文“engineering procurement construction”的缩写，一般是指总承包人按照合同约定对工程建设项目的设计、采购、施工、试运行等实行全过程或若干阶段的承包，且在总价合同条件下，对其所承包工程的质量、安全、费用和进度进行负责。从本案

《EPC总承包合同》及《补充协议》所约定的权利义务来看，B公司负责项目（含电站红线范围内所有设备和建筑物）有关的所有勘察、设计、采购（除组件和逆变器）、施工、屋顶业主的协调工作和试运行工作，在电站移交前，提供一个设施配套和功能完整，可以正式投产运行的项目，并对工程的手续、资料、安全、工期、造价等全面负责。光伏项目并网电站等勘察、设计、四通一平（水、电、路、通讯、场地平整等），所有材料、设备的采购（组件和逆变器除外），土建工程、安装工程的施工、调试、试运行、项目验收、投产和顺利移交而必须完成的工作；B公司负责在项目实施期间与屋顶业主的协调工作。B公司应完成项目所有工程量的并网发电。基于上述合同名称、合同具体权利义务内容，仲裁庭认为，本案《EPC总承包合同》及《补充协议》的性质应当属于工程总承包合同而非建设工程施工合同。

本案中，仲裁庭并未明确《EPC总承包合同》及《补充协议》属于建设工程合同，亦未明确其属于承揽合同，仅认为其不属于建设工程施工合同，将其定性为单独的工程总承包合同（但目前法律规范并未将工程总承包合同作为典型合同类型加以规定）。笔者认为，仲裁庭的本意应是将工程总承包合同与建设工程施工合同作区分，但不否认工程总承包合同是建设工程合同的一种。仲裁庭认定，根据《招标投标法》规定，建设工程施工合同中，对于大型基础设施、公用事业等关系社会公共利益、公共安全的建设项目，全部或者部分使用国有资金投资或者国家融资的项目，使用国际组织或者外国政府贷款、援助资金的项目，必须依法进行招投标。因此，在建设工程合同类型下，如果未依法进行招投标，则有可能会影响合同效力，损害当事人权益。在审理过程中，依据双方提交的证据及发表的质证意见，仲裁庭认为A公司已经完成了委托公开招标，不影响合同效力。

（二）本案不适用情势变更原则

在新能源领域，新能源项目的建设施工合同履行周期较长，受到国家政策调整、法律法规变化和市场环境变化影响较大。因此，在合同履行中产生争议的，当事人常常主张适用情势变更原则抗辩以达到变更或者解除合同的目的。然而，在理论与实务中，对于情势变更的理解与适用问题均存在诸多争议，法院对于适用情势变更也秉持审慎的态度。因此，在新能源合同纠纷中讨论情势变更制度的理解与适用具有重要的现实意义。

在本案中，A 公司认为，由于 B 公司未按照《EPC 总承包合同》及《补充协议》约定，按期向 A 公司提交一个满足使用功能、具备使用条件的工程项目，其行为已经构成根本违约，因此请求解除合同。B 公司抗辩：其同意解除合同，但不承担违约责任。因为在 2017 年度，国家相关职能部门连续发布了有关光伏发电项目价格政策的通知、光伏发电光伏补贴新政策有关事项的通知以及有关光伏发电有关事项说明的通知。由于国家关于光伏发电项目政策条件发生了变化，案涉项目最终不能继续，应当适用情势变更原则解除案涉合同，且 B 公司不应当承担违约责任。

仲裁庭认为，因光伏发电项目受国家调控政策影响较大，合同双方当事人均应预计到相应的政策风险。从施工资质以及从事光伏发电项目的专业知识和经验来看，对于涉案合同签订及履行过程中可能出现的法律风险的预判，B 公司较之 A 公司应负有更高的注意义务。因此，对于 B 公司辩称国家政策条件发生变更导致项目最终不能继续的主张不予支持。

针对上述案例，仲裁庭对于 B 公司以情势变更解除合同的主张不予支持。仲裁庭将国家政策的调整视为新能源合同履行过程中正常的商业风险，这种风险是当事人在订立合同时应当预见的，因而不适用情势变更制度。在司法实务中，准确区分情势变更和商业风险是极为重要的，其本质区别在于是否具有可预见性。如果该风险是从事商业活动固有的且当事人应当预见的，即属于商业风险，如一般价格涨落、市场供求关系等；如果该风险变化是当事人订立合同时无法预见的，则适用情势变更。然而，如何准确认定“可预见性”一直是适用情势变更的难点，通过对相应司法案例的检索来看，不同法院对此也存在不同的认知。在此情形下，讨论情势制度的理解与适用具有重要的价值。

（三）仲裁庭未处理边裁的回避申请，仲裁程序不合法

仲裁实务中，当事人收到不利于其自身利益的裁决结果后，往往选择去法院申请撤销或不予执行该仲裁裁决书。本案中，在 A 公司向法院申请

强制执行过程中，B 公司同时向法院提出了不予执行的申请。法院最终以仲裁委员会对 B 公司提出的对仲裁员王某的回避申请未予处理，违反法定程序为由裁定不予执行。

在申请不予执行过程中，B 公司称：本案首席仲裁员的产生及回避程序违法。仲裁委员会指定张某担任首席仲裁员并向 B 公司发布组庭通知后，B 公司首次开庭前申请首席仲裁员张某回避，后仲裁委员会直接向 B 公司发布通知由李某担任首席仲裁员，并确定了仲裁庭首次开庭时间，未告知 B 公司决定原首席仲裁员张某回避的理由，亦未告知 B 公司需重新选定或委托仲裁委员会主任指定首席仲裁员。B 公司代理人提交了对已完成工程量进行造价鉴定申请和本案仲裁庭组成人员之间存在利益冲突的代理意见，该代理意见指出，组成仲裁庭的三名仲裁员与 A 公司的委托代理人均为仲裁委员会现任仲裁员，存在利益冲突。后 B 公司在庭审过程中提出对首席仲裁员李某和边裁仲裁员王某同时回避的申请，亦在代理词中多次书面申请仲裁员李某和王某回避，但首席仲裁员李某在开庭时回复称是否回避由仲裁委员会主任决定，仲裁庭未休庭处理回避事宜，直接要求双方当事人继续开庭。之后，B 公司再次向仲裁委员会提交回避申请书，要求李某和王某回避，回避事由为：李某与代理人为同窗同学的关系，王某是另一家仲裁机构工作人员，存在利益冲突，应当回避。上述仲裁请求，均被仲裁委员会驳回，仲裁委员会的决定书，对李某成为首席仲裁员的产生程序是否违法进行认定回复，未对边裁仲裁员王某的回避申请作出答复和决定。

法院认为，基于《仲裁法》第 35 条、第 36 条之规定，当事人只要在最后一次开庭终结前知道仲裁员有应当回避的事由就可以申请仲裁员回避。因此，B 公司在庭审过程中提出申请首席仲裁员李某和仲裁员王某回避，属于在法定期限内提出的回避申请，仲裁委员会对此应依法予以处理。仲裁委员会驳回了 B 公司对首席仲裁员李某的回避申请，但对仲裁员王某的回避申请未予处理，属于程序违法。

《民事诉讼法》（2023 年修正）第 248 条第 2 款（2017 年第 237 条第 2 款）规定，“被申请人提出证据证明仲裁裁决有下列情形之一的，经人民法院组成合议庭审查核实，裁定不予执行……（三）仲裁庭的组成或者仲裁的程序违反法定程序的”。《最高人民法院关于人民法院办理仲裁裁决执行案件若干问题的规定》（法释〔2018〕5 号）第 14 条第 1 款规定：“违反仲裁法规定的仲裁程序、当事人选择的仲裁规则或者当事人对仲裁程序的特别约定，可能影响案件公正裁决，经人民法院审查属实的，应当认定为民事诉讼法第二百三十七条第二款第三项规定的‘仲裁庭的组成或者仲裁的程序违反法定程序的’情形。”本案中，当事人在法定期限内申请首席仲裁员李某和仲裁员王某同时回避，但仲裁机构仅对 B 公司提出首席仲裁员李某回避申请作出回复，并未对边裁仲裁员王某的回避申请进行处理，违反了仲裁程序。

（四）仲裁庭未组织对已完工程量进行鉴定不属于程序违法

鉴于建设工程领域纠纷具有极强的专业性和复杂性，法院或仲裁机构对于工程造价、工程质量等专业问题往往倾向于通过司法鉴定来解决，而鉴定程序的启动和审查涉及当事人的程序权利和实体利益，影响案件进展和处理结果。

上述案例在仲裁程序上的焦点是仲裁庭未组织对案涉工程已完工程量进行鉴定是否违反法定程序。B 公司认为，在仲裁过程中多次提出对已完工程量进行司法鉴定，但仲裁庭未说明原因，拒绝对已完工程量进行司法鉴定，仅在裁决书中表述造价鉴定结果对仲裁庭处理本案并无影响，极大地损害了 B 公司的合法权益，属明显的程序违法。因此，B 公司申请不予执行该裁决书。

法院认为：虽然 B 公司在仲裁庭首次开庭调查过程中，当庭提交了对已完成工程量进行鉴定的申请，但根据《仲裁委员会仲裁规则》第 33 条的规定，就案件涉及的专门性问题，当事人申请鉴定且经仲裁庭同意的，或者仲裁庭认为需要鉴定的，由仲裁庭通知当事人在仲裁庭限定的期限内共同选定仲裁司法鉴定机构或者鉴定人。因此，对于是否需要对已完成工程量进行造价鉴定，属于仲裁庭的裁量权限，仲裁庭在其作出的裁决书中，已对不予支持 B 公司提出的工程造价鉴定请求的理由进行了阐述，符合法定程序。基于此认定，仲裁庭未组织对案涉工程已完工程量进行鉴定并不违法。

通过对相关案例检索发现，对于该问题在实务中存在不同的认识。一种观点认为，仲裁庭在没有对专业问题进行鉴定情况下作出仲裁裁决，违反了程序。另一种观点认为，仲裁庭在仲裁规则允许的范围内有权决定是否启动鉴定程序，这属于仲裁庭的自由裁量权，不属于程序违法。笔者认为，对于该问题产生分歧主要是因为对违反法定程序的理解不同。狭义上的程序违法只需要符合形式要件即可。广义上的程序违法不仅要符合形式要件，更要符合实质要件。从《仲裁法》及相关司法解释规定来看，目前法院在对仲裁裁决进行司法审查时，更倾向于采用广义的理解，以此保护当事人的合法利益。因此，从该角度出发，如果仲裁庭未启动鉴定程序，在不影响案件公正裁决的情况下，则不属于程序违法。

三、焦点分析

（一）未经招投标程序对光伏项目 EPC 合同效力的影响

1. 光伏项目 EPC 工程总承包合同性质

对于新能源光伏项目 EPC 总承包合同的性质，主要存在三种观点。

第一种观点认为：新能源光伏项目 EPC 总承包合同属于建设工程合同。《民法典》第 788 条对于建设工程合同的定义为“承包人进行工程建设，发包人支付价款的合同。建设工程合同包括工程勘察、设计、施工合同”。新能源光伏项目 EPC 合同内容一般包括建筑工程、土建工程、安装工程施工等，合同目的是向发包人交付满足竣工验收条件的工程项目。实践中，大部分法院会将新能源光伏项目 EPC 合同的性质认定为建设工程合同，适用原建设工程施工合同司法解释进行审理。例如，在中利腾晖光伏科技有限公司与青海世纪能源科技发展有限公司建设工程施工合同纠纷案[①]中，一审法院认为：世纪能源公司作为发包方与中利腾晖公司作为承包方签订的《光伏发电项目总承包合同》，约定总承包范围为共和 30MWp 光伏发电项目工程的设计、建筑工程、安装工程等全过程的总承包，属于合同法所规定的承包人进行工程建设，发包人支付价款的建设工程合同性

---

① 参见（2015）民一终字第 144 号。

质，双方约定了该光伏发电项目工程的设计、建筑工程、安装工程等EPC总承包，且合同最终目的是要实现该光伏发电项目竣工并网发电，因此，本案应为建设工程施工合同纠纷而非加工承揽合同纠纷。

第二种观点认为：新能源光伏项目EPC总承包合同属于加工承揽合同。该合同的主要工作内容可能超出建设工程施工合同的范围，更符合承揽合同所要求的承揽人按照定作人的要求完成工作，交付工作成果，定作人给付报酬的特征，如设备采购、服务等内容。新能源光伏项目EPC总承包应为承揽合同，按照承揽合同的法律规定裁判。例如，在江苏省高级人民法院（2018）苏民再261号案中，法院认为："湛蓝公司与南瑞公司签订的《光伏并网发电项目设备及施工承包合同》，约定工作范围为整套完整的光伏电站项目建设及其服务。双方约定的工作范围虽包含了土建施工、设备安装施工等工程建设内容，但除此之外仍包含大量采购、调试、服务等内容，且约定包工、包指定材料、包验收通过，该合同主要工作内容已超出建设工程施工合同范围，符合承揽合同所要求的承揽人按照定作人的要求完成工作，交付工作成果，定作人给付报酬的特征，应认定为承揽合同。故南瑞公司主张双方所签订合同为建设工程合同，理由不成立。"

第三种观点认为：新能源光伏项目EPC总承包合同属于无名合同。《民法典》第788条对建设工程合同的定义为"承包人进行工程建设，发包人支付价款的合同。建设工程合同包括工程勘察、设计、施工合同"。因EPC总承包合同包含的内容广泛，也有个别法院认为将EPC总承包合同定性为建设工程合同或承揽合同均不准确，应将其按无名合同进行审理。在山东博恩投资有限公司与惠州天能源科技有限公司合同纠纷案①中，法院认为：从双方合同约定的内容来看，涉案《光伏电站承包合同》不仅包括电站设计、施工等建设类项目，还包括设备采购、系统安装、调试维护等承揽类项目，因此，无论将本案定性为建设工程施工合同纠纷还是承揽合同纠纷都失之偏颇，采用二者共同的上一级案由即合同纠纷更为妥当。

---

① 参见（2018）鲁民终2002号。

根据目前公开的裁判文书，各地法院对新能源光伏项目EPC总承包合同的性质认定总体上以建设工程合同为主。绝大多数的新能源EPC合同都采取设计、采购、施工一体的模式，规模较大且包含大量基础设施的建设，最终建设成果亦大多是向发包人移交包含地上建筑物、构筑物的项目成果，合同范围远超过一般的承揽合同。在工程法律实务中，大多数人认为新能源建设工程总承包合同属一种特殊的建设工程合同，究其原因，大多认为在工程总承包合同中，设计、买卖、施工等形成有机整体，不可分割，且设计和买卖的最终目的在于为建设施工服务，并不因为工程总承包合同中含有设计、买卖等内容就改变了其以施工为核心的根本属性。

2. 新能源项目EPC工程总承包合同必须招标

司法实务中，对于光伏EPC项目是否必须经过招投标问题，一种审判观点认为，光伏EPC项目不属于必须进行招标的项目，总承包合同不因未招标而无效；另一种审判观点认为，总承包合同可能会因光伏EPC项目未经招投标程序而无效。由此可见，对于新能源EPC项目是否必须经过招投标尚存争议，不同法院的判决结果不一致，主流观点认为新能源项目若达到法定规模标准则属于法定必须招标项目。若属于应当履行招投标程序的强制性范畴而未依法进行招投标的项目，即使当事人已经签订甚至履行了EPC承包合同，也将面临合同被认定为无效的法律后果。

为保护国家利益、社会公共利益和招投标活动当事人的合法权益，2000年《招标投标法》颁布施行，主要明确了对于大型基础设施、公用事业等关系社会公共利益、公众安全的项目，全部或者部分使用国有资金投资或者国家融资的项目，使用国际组织或者外国政府贷款、援助资金的项目，在项目工程建设中，对项目的勘察、设计、施工、监理以及与工程建设有关的重要设备、材料等的采购，必须进行招标。应当招标的项目的具体范围和规模标准散见于《必须招标的工程项目规定》和《必须招标的基础设施和公用事业项目范围规定》之中。

《招标投标法》（2017年修正）第3条第1款规定："在中华人民共和国境内进行下列工程建设项目包括项目的勘察、设计、施工、监理以及与工程建设有关的重要设备、材料等的采购，必须进行招标：（一）大型基础设施、公用事业等关系社会公共利益、公众安全的项目；（二）全部或者部分使用国有资金投资或者国家融资的项目；（三）使用国际组织或者外国政府贷款、援助资金的项目。”《必须招标的工程项目规定》（国家发展和改革委员会令第 16 号）对上述规定进行了细化。此外，《国家发展改革委关于印发〈必须招标的基础设施和公用事业项目范围规定〉的通知》第 2 条第 1 项明确规定，“不属于《必须招标的工程项目规定》第二条、第三条规定情形的大型基础设施、公用事业等关系社会公共利益、公众安全的项目，必须招标的具体范围包括：（一）煤炭、石油、天然气、电力、新能源等能源基础设施项目”。

从上述规定可以看出，新能源项目由于具有“基础设施和公用事业项目”的公益性质，属于《必须招标的工程项目规定》第 4 条规定的“大型基础设施、公用事业等关系社会公共利益、公众安全的项目”，根据前述规定，新能源项目无论规模大小，亦无论是否系国有资金投资的项目，都因其关系社会公共利益而被划定为必须进行招投标的项目。据此，光伏项目属于新能源项目的一种，是关系社会公共利益、公众安全的基础设施项目和公用事业项目，亦必须进行招标。在建设工程实务中，对于必须进行招标的项目，当事人应严格履行招投标程序，公告获取招标文件或者资格预审文件的地点和时间。本案双方在签订《EPC 总承包合同》前进行招标属于必经程序，双方当事人约定的光伏发电项目 EPC 总承包，承包范围包括涉及该项目所需的设计、采购及施工，属于关系社会公共利益、公众安全的基础设施项目和公用事业项目，且作为承包合同总价达 9000 万元，应属于《招标投标法》第 3 条所规定依法必须招标的工程项目。

3. 新能源项目通过招标方式选定工程总承包单位后，后续分包可以不再招标

《招标投标法实施条例》第 29 条规定：“招标人可以依法对工程以及与工程建设有关的货物、服务全部或者部分实行总承包招标。以暂估价形式包括在总承包范围内的工程、货物、服务属于依法必须进行招标的项目范围且达到国家规定规模标准的，应当依法进行招标。前款所称暂估价，是指总承包招标时不能确定价格而由招标人在招标文件中暂时估定的工

程、货物、服务的金额。”

《国务院办公厅关于促进建筑业持续健康发展的意见》第3条规定：“……除以暂估价形式包括在工程总承包范围内且依法必须进行招标的项目外，工程总承包单位可以直接发包总承包合同中涵盖的其他专业业务。”

住房和城乡建设部、国家发展改革委印发的《房屋建筑和市政基础设施项目工程总承包管理办法》第21条规定：“工程总承包单位可以采用直接发包的方式进行分包。但以暂估价形式包括在总承包范围内的工程、货物、服务分包时，属于依法必须进行招标的项目范围且达到国家规定规模标准的，应当依法招标。”

例如，在科左中旗国电中兴光伏科技有限公司（以下简称国电中兴公司）、南京东送电力科技有限公司（以下简称南京东送公司）建设工程施工合同纠纷案①中，最高人民法院认为：根据已查明的有关事实，国电中兴公司与海润光伏公司就案涉通辽国电中兴30MWp光伏电站项目签订《EPC总承包合同》。后海润光伏公司与南京东送公司签订《工程承包合同》，将其与国电中兴公司签订的EPC合同中的主体结构、关键性工作的范围包括组件、支架的安装及工程整体竣工验收调试分包给南京东送公司。因案涉工程为必须招标的项目，且海润光伏公司缺乏总承包资质，国电中兴公司未经招投标程序与海润光伏公司签订的《EPC总承包合同》以及海润光伏公司与南京东送公司就案涉工程的主体结构、关键性工作的范围进行分包所签订的《EPC工程承包合同》违反了法律的规定，依法应为无效。

综上所述，通过招标方式选定EPC方后，该EPC合同的计价方式以“暂估价”进行报价的，对于该合同项下对应的单项工程、采购、服务等分包采购达到国家规定规模标准的，应当依法进行招标。但是，对于新能源项目开发中常用的固定总价类合同，EPC方对总承包范围内的工程、货物、服务进行分包的，尚无明确规定。

① 参见（2020）最高法民申6978号。

4. 未按法律规定履行招标程序的 EPC 工程总承包合同无效

光伏项目属于涉及公共利益、公众安全的基础设施项目，属于必须进行招标的项目。《招标投标法》第 3 条为强制性法律规定，应招标却未招标而直接签署的合同由于违反强制性规定，存在根据《民法典》第 153 条而被认定无效的风险。实践中，法院的主流观点是将光伏 EPC 合同认定为建设工程施工合同，根据《最高人民法院关于审理建设工程施工合同纠纷案件适用法律问题的解释（一）》第 1 条第 1 款第 3 项的规定，建设工程必须进行招标而未招标或者中标无效的，建设工程施工合同认定无效。法院在审理过程中，一般会审查项目的总投资额等事实，若判定光伏项目属于必须招标的工程项目，则未进行招投标程序而签订的合同属于无效合同。

在民丰县昂立光伏科技有限公司、正信光电科技股份有限公司建设工程施工合同纠纷案①中，最高人民法院认为："案涉光伏发电新能源项目总投资额远超 3000 万元，属于上述法律法规明确规定必须进行招标的项目。而本案《总承包合同》《补充合同》均未依法履行招标投标程序，依据《最高人民法院关于审理建设工程施工合同纠纷案件适用法律问题的解释》第一条关于'建设工程施工合同具有下列情形之一的，应当根据合同法第五十二条第（五）项的规定，认定无效：……（三）建设工程必须进行招标而未招标或者中标无效'的规定，原审判决认定《总承包合同》《补充合同》均违反法律、行政法规的强制性规定，从而判定上述合同为无效合同，进而作出相应判决，适用法律并无不当。"

（二）情势变更制度在新能源 EPC 工程总承包合同履行中的理解与适用

相对一般的建设工程而言，新能源项目建设周期较长，且易受国家政策调整、法律法规变化和市场环境变化等因素影响，因此，在合同履行中产生争议时，当事人倾向于主张适用情势变更进行抗辩以达到变更或者解除合同的目的。然而，在司法实践中，对情势变更制度的适用条件存在不

① 参见（2020）最高法民申 4661 号。

同的理解与认知，导致适用上存在各种难点。因此，探讨情势变更制度在新能源合同履行过程中的理解与适用，具有重要的现实意义。

1. 情势变更的适用条件

情势变更制度是指合同有效成立后，因不可归责于双方当事人原因发生了不可预见的情势变更，致使合同的基础动摇或者丧失，若继续履行合同将会显失公平，因此允许变更合同或解除合同的制度。[①]

情势变更制度是我国民法中的一项重要制度，在最高人民法院颁布实施《关于适用〈中华人民共和国合同法〉若干问题的解释（二）》[②]（已失效，以下简称《合同法司法解释（二）》）之前，法院在司法实践中通过判例或者函件回复的方式确认了情势变更制度的适用，直到2009年《合同法司法解释（二）》颁布，才在司法解释的层面正式确立了情势变更制度。2021年我国颁布了《民法典》，吸收了《合同法司法解释（二）》第26条的规定，在总结近年来司法实践经验的基础上，以立法的形式规定了情势变更制度，为情势变更制度的适用提供了法律依据。相较《合同法司法解释（二）》第26条的规定，《民法典》第533条对情势变更制度的规定作出重大修改，这种修改主要体现在五个方面：（1）将“客观情况”修改为“合同的基础条件”；（2）将不可抗力视为情势变更事由；（3）删除了“不能实现合同目的”，将适用情势变更制度的条件修改为“继续履行合同对于当事人一方明显不公”；（4）增加了再次协商义务；（5）增加仲裁机构为裁决机构。基于上述法律规定，对情势变更制度的适用要件分析如下所述。

（1）应当存在情势变更的事实。

适用情势变更制度首先要存在情势变更的事实。所谓情势，是指合同

---

① 参见最高人民法院民法典贯彻实施工作领导小组主编：《中华人民共和国民法典合同编理解与适用（一）》，人民法院出版社2020年版，第477页。

② 《合同法司法解释（二）》（已失效）第26条规定：“合同成立以后客观情况发生了当事人在订立合同时无法预见的、非不可抗力造成的不属于商业风险的重大变化，继续履行合同对于一方当事人明显不公平或者不能实现合同目的，当事人请求人民法院变更或者解除合同的，人民法院应当根据公平原则，并结合案件的实际情况确定是否变更或者解除。”

赖以订立的客观基础事实。[①] 判断客观情况变化是否属于情势变更的事实主要依据以下三点标准：首先，情势变更的事实应当是客观的，若因当事人主观认识错误而发生变化则不属于情势变更。其次，该情势属于合同订立基础条件的客观情况。在《合同法司法解释（二）》第26条中将“情势”表述为“客观情况”，在《民法典》第533条将“情势”表述为“合同的基础条件”。这两种表述的变化表明，适用该制度的前提应当是作为合同成立基础条件的客观情况发生了变化，若与合同订立无关的客观情况发生变更，则不会导致合同双方的权利义务失衡，因此也就不适用情势变更制度。最后，合同基础条件的变更应当是当事人在订立合同时无法预见的、不属于商业风险的重大变化。

值得注意的是，《民法典》颁布前，基于《合同法司法解释（二）》的规定，在实践中形成的观点认为不可抗力和情势变更是截然不同、相互排斥的两种制度。《民法典》对此作出重大改变，不再将不可抗力排除在外，而将其作为情势变更的事由之一。

（2）情势变更的事实应当发生在合同成立之后、合同义务履行完毕之前。

若在合同成立前已发生客观情况的变化，则不属于情势变更适用范围，应当属于当事人自担风险的范围。以长春市成捷汽车销售服务有限公司与吉林省陆辉投资咨询有限公司合同纠纷案[②]为例，在该案中，案涉土地使用权证被声明作废、福某德集团欠缴土地出让金以及案涉办公楼上设定抵押权的事实均发生于双方当事人2010年9月30日签订《资产转让合同》之前，不属于合同成立以后发生的客观情况，不存在适用情势变更的前提条件。

如果合同义务已经履行完毕，发生了客观情况变更的事实，因该事实不会影响合同的基础，也不会出现继续履行合同对当事人明显不公的情形，则不属于情势变更。值得注意的是，合同履行完毕之前是指依照约定

① 参见最高人民法院民法典贯彻实施工作领导小组主编：《中华人民共和国民法典合同编理解与适用（一）》，人民法院出版社2020年版，第480页。

② 参见（2020）最高法民再102号。

或法定的履行期限完毕之前。如果当事人一方延期履行，在延迟履行期间发生了情势变更，则亦不适用情势变更制度。

（3）重大变化是当事人在订立合同时无法预见的。

该要件是区分情势变更和商业风险的主要特征之一，也是适用情势变更制度的难点。对于情势变更而言，不可预见性强调当事人在订立合同时不可能预见情势变更的发生，因而未将其作为订立合同的基础，通常表现为自然灾害、政府行为、战争等；商业风险则是交易人在商业活动过程中固有的、潜在的、具有可预见的风险，即交易人基于商业经验、行业主体身份等要素可以预先对未来可能发生的风险，具体表现为市场供求变化、一般价格涨落等情形。如果该变化的发生是当事人在缔约时可预见或应当预见的，当事人仍然选择订立合同，则重大变化属于商业风险。

关于如何判断当事人对风险是否应当具有可预见性，法律并未予以明确规定。法院对于判断是否具有可预见性也没有统一标准，而是采取个案各议原则。这是由于在2009年最高人民法院印发了《关于当前形势下审理民商事合同纠纷案件若干问题的指导意见》，其为司法实践中适用情势变更制度提供了指导意见。该意见明确指出："人民法院要合理区分情势变更和商业风险……衡量风险类型是否属于社会一般观念上的事先无法预见、风险程度是否远远超出正常人的合理预期、风险是否可以防范和控制、交易性质是否属于通常的'高风险高收益'范围等因素，并结合市场的具体情况，在个案中识别情势变更和商业风险。"即便如此，在司法实践中，各地法院对可预见性的判断认知也存在差异，甚至出现对于同一政策变化的认定得出完全相反的结果。例如，"双减"政策是否属于当事人可预见范围的风险，在南某1、南某2等租赁合同纠纷案①中，二审法院认为，国家"双减"政策是可以预见的商业经营风险，不符合情势变更原则适用的情形。在赵某贝等与北京乐壳投资管理有限公司房屋租赁合同纠纷案②中，法院则认为，在合同履行过程中，"双减"政策是双方在签订合同

① 参见（2022）闽01民终4118号。
② 参见（2023）京01民终42号。

时不可能预见的，亦不属于从事商业活动的固有风险，“双减”政策对本案合同履行构成情势变更，应适用情势变更制度予以调整。

基于上述两种截然相反的裁判观点，笔者认为，实务中可预见性的判断标准应当是主观标准，即以受不利影响的一方当事人的实际情况为准，结合案件具体情况综合考量。

（4）发生情势变更具有不可归责性。

不可归责性是指情势变更的发生不能归责于合同当事人，对于该事实的发生，合同主体均无过错。若合同的双方或一方当事人干扰或自己主动创造一些情势变更来达到适用该制度的目的，则由其承担风险或违约责任。例如，在哈尔滨市阿城区人民政府、东方（厦门）高尔夫乡村俱乐部综合旅游有限公司合同纠纷案①中，最高人民法院认为，各方在签订合作协议时应当明知政府限制、清理、整顿高尔夫球场的政策导向，对高尔夫球场经营风险应该能预料到，因此主张情势变更导致协议不能继续履行的观点不能成立。商业经营中，因罔顾政策，肆意投资、违规经营，致使合同不能继续履行的，应按各自过错程度担责。在该案例中，法院认为案涉情况变更属于订立合同时可以预见的商业风险，当事人对此具有一定的过错，因而不适用情势变更。

（5）继续履行合同对当事人一方明显不公平。

该要件为适用情势变更制度的核心要件，适用情势变更前提是继续履行合同会对当事人造成明显不公平。如果仅是轻微程度，对合同主体不会造成重大损害，则不能适用情势变更。情势变更制度的立法目的就是消除合同因情势变更所产生的不公平后果。因此，发生情势变更后，如果继续履行合同将会导致当事人权利义务失衡，则有违公平原则。

在理论和实务中，该要件适用难点是缺乏对“明显不公”的判断标准，即达到什么样的程序才构成“明显不公平”。有观点认为，是否构成“显失公平”应当按照理性人的看法加以判断，包括履行特别困难、债权

---

① 参见（2019）最高法民终1709号。

人受领严重不足、履行对债权人无利益。[①] 也有观点认为，“明显不公平”主要是指当事人一方履行合同的代价或者成本显著增大，至于履行的成本增大到多大程度才算明显不公平，需要法官依具体情况来决定。[②] 根据最高人民法院民事审判第二庭、研究室编著的《最高人民法院民法典合同编通则司法解释理解与适用》的观点可以看出，最高人民法院认为，在审判实践中应以达到双方权利义务明显违反公平、等价有偿原则为标准。

2. 新能源合同履行过程中，国家政策调整不当然适用情势变更制度

国家政策并不是一个法律概念，但由于其权威性和规范性，因此对民商事交易活动具有重要的指导意义。虽然《民法典》中并未出现这一概念，但其存在于大量的法律规范之中，有学者将其称为“补充性法源”[③]，由此可见，国家政策对民事活动具有规范作用。然而，国家政策是国家在一定时期内为达成某一目标而制定的方针政策，具有一定的灵活性，这导致在实践中因国家政策变化引起的民商事合同纠纷并不少见。针对此类纠纷，《民法典》并未明确国家政策的变动是否适用情势变更，在司法实践中裁判机构对于该问题的认定也存在较大差异，甚至对于同一种情形的认定出现完全相反的结果。通过检索相关裁判文书，目前法院或仲裁机构对此类案件主要存在以下三种立场。

第一种立场认为，相关政策的调整属于当事人在订立合同时应当预见或属于风险范围之内的变化，此类变化应属于商业风险，不适用情势变更制度。例如，在淮北矿业（集团）有限责任公司与新光集团有限公司（以下简称新光集团）股权转让纠纷案[④]中，最高人民法院认为，在新光集团作为从事煤矿经营的企业对经营煤矿的商业风险应有所了解，其所提出的国家关于煤炭行业化解过剩产能的政策变化，并不属于案涉《股权转让协议书》履行过程中发生的无法预见的、非不可抗力造成的情形，而是新光

① 参见崔建远主编：《合同法》（第3版），法律出版社2003年版，第93页。

② 参见朱广新：《合同法总则研究》（下册），中国人民大学出版社2018年版，第472页。

③ 徐国栋：《民法基本原则解释——成文法局限性之克服》，中国政法大学出版社2001年版，第163页。

④ 参见（2018）最高法民终387号。

集团受让金石公司股权后在经营过程中的商业风险。因此，该政策的变化不构成情势变更。

第二种立场认为，国家政策的变化属于当事人订立合同时无法预见的，应适用情势变更。例如，在中国电力工程顾问集团中南电力设计院有限公司与艾博特（厦门）设备工程有限公司建设工程合同纠纷案①中，最高人民法院认为："在《施工总承包合同》履行过程中，厦门市人民政府宣布缓建案涉项目、国家相关部委批准案涉项目搬迁，该事件属于各方当事人在订立合同时无法预见、无法防止的情势变更，已经导致合同基础动摇，案涉合同事实上已经无法履行。双方当事人对此均没有过错，该情形符合《最高人民法院关于适用〈中华人民共和国合同法〉若干问题的解释（二）》第二十六条规定的情形。因此，案涉《施工总承包合同》应予解除。"

第三种立场认为，虽然合同主体在订立合同时无法预见政策的调整，但其对合同影响程度较轻，不足以导致继续履行合同对一方当事人明显不公或不能实现合同目的，不构成情势变更。以郑州兴盛房地产开发有限公司、刘某中等房屋买卖合同纠纷案②为例，最高人民法院认为，情势变更的适用目的是在合同订立后因客观情势发生重大变化、导致当事人之间权利义务严重失衡的情形下，通过变更或者解除合同以消弭合同因情势变更所产生的不公平后果。该案中，虽然政府规划调整导致房产成本价大幅提升，但并不足以导致继续履行合同对兴盛公司明显不公平或者不能实现合同目的，兴盛公司将整体项目利润下降等同于不能实现合同目的，因此不予支持。

面对上述问题在司法实践中的认定差异，最高人民法院于2023年12月5日颁布的《关于适用〈中华人民共和国民法典〉合同编通则若干问题的解释》（法释〔2023〕13号）第32条第1款规定："合同成立后，因政策调整或者市场供求关系异常变动等原因导致价格发生当事人在订立合同

① 参见（2018）最高法民终105号。
② 参见（2021）最高法民申7056号。

时无法预见的、不属于商业风险的涨跌，继续履行合同对于当事人一方明显不公平的，人民法院应当认定合同的基础条件发生了民法典第五百三十三条第一款规定的‘重大变化’。但是，合同涉及市场属性活跃、长期以来价格波动较大的大宗商品以及股票、期货等风险投资型金融产品的除外。”该款规定为因政策调整而适用情势变更提供认定标准，即法院或仲裁机构在裁判过程中主要通过两个方面来判定，一是当事人对于政策的调整是否具有可预见性。若该政策的变化属于当事人订立合同时应当预见的，则属于商业风险范畴，不构成情势变更。二是政策的调整对继续履行合同产生的影响。当事人在订立合同时无法预见政策的调整，但政策调整并不会对继续履行合同的当事人明显不公或不能实现合同目的，亦不构成情势变更。

综上而言，国家政策的调整并不必然导致情势变更的适用，只有政策调整是当事人在订立合同时无法预见的且不属于商业风险，继续履行合同对于当事人一方明显不公平的，才适用情势变更。

3. 因国家政策调整适用情势变更而产生的法律后果

根据《民法典》第533条的规定，发生情势变更后会有两个法律效果：一是产生再协商的义务；二是协商不成后请求法院或仲裁机构变更或解除合同。

（1）再协商义务。

《民法典》颁布后，在适用情势变更制度中新增加了当事人重新协商的义务。该条规定的目的是最大可能地维持合同效力，促进合同继续履行。在重新协商过程中产生的几个法律实务问题值得关注。第一，在重新协商期间，居于不利位置的一方当事人认为继续履行该合同将会对其明显不公，该当事人是否有权中止履行合同；第二，该中止履行合同的行为是否构成违约。

目前，无论是《民法典》还是《最高人民法院关于适用〈中华人民共和国民法典〉合同编通则若干问题的解释》对于上述两个问题都没有明确规定，在实践中形成两种不同的观点。一种观点认为，情势变更事由出现后，居于不利地位的当事人可以行使中止履行抗辩权，中止履行原合同，并不会构成违约；但是依据公平原则其应当分担因该中止履行合同的行为对守约方造成的损失。另一种观点认为，原则上不能中止履行原合同，因为依据法律规定是否构成情势变更事由人民法院或者仲裁机构进行判断，在裁判机构作出裁判结果前，原合同对双方仍具有约束力。为防止当事人滥用情势变更，需要与对方进行协商，在对方不同意的情况下，不能停止履行原合同，但有充分证据证明继续履行显失公平的除外。对于是否构成违约，该观点认为，情势变更制度的重点在于通过变更或解除合同实现风险的公平分担，并不当然产生违约责任免除的效果，因此，不利位置一方的当事人未征得对方同意就中止履行合同的行为构成违约，应当承担违约责任，以免滥用情势变更制度扰乱交易秩序。

对于上述问题，笔者认为，发生情势变更后，受不利影响的一方有权中止履行合同。理由如下：从情势变更制度的立法目的来看，其目的是在合同订立后因客观情势发生重大变化、导致当事人之间权利义务严重失衡的情形下，通过变更或者解除合同以消弭合同因情势变更所产生的不公平后果。如果情势变更发生后，在未取得对方同意的前提下，居于不利方的当事人仍要继续履行原合同，则将会对该当事人造成明显不公平的结果，也失去了法律赋予的双方重新协商权利的意义。

当然，对于上述第二种观点，也不必过分担忧。这是因为不利地位的当事人以情势变更为由中止履行合同后，经人民法院或仲裁机构审理认为不构成情势变更的，原合同继续履行，因其中止行为对于守约方造成的损失应当承担违约责任。人民法院或仲裁机构经审理最终认定案件情况适用情势变更制度而变更或解除案涉合同的，虽然中止履行合同的一方不承担违约责任，但并非不承担任何责任。对于其中止履约行为造成守约方的损失，应当按照公平原则予以分担。

（2）协商不成后请求法院或仲裁机构变更或解除合同。

《民法典》第 533 条规定，发生情势变更后，合同双方重新协商，若未达成合意，则当事人可以请求人民法院或者仲裁机构变更或者解除合同。人民法院或者仲裁机构应当结合案件的实际情况，根据公平原则变更或者解除合同。关于该条法律规定，实务中需要注意两点：一是需要当事人向法院或者仲裁机构请求变更或解除；二是解除合同后的损失责任承担问题。

关于第一个问题，发生情势变更后，需要当事人明确向法院或仲裁机构提出因情势变更的发生需要变更或解除合同，人民法院才能根据公平原则，并结合案件的实际情况确定是否变更或者解除。人民法院不能直接审查认定情势变更事由的发生，并确认是否变更或解除合同。在法律实务中，这一适用条件极容易被忽略而导致败诉，因此值得注意。这一点在张某新、河南省江涛实业有限公司分期付款买卖合同纠纷案①中有明确体现。根据《最高人民法院关于适用〈中华人民共和国民法典〉合同编通则若干问题的解释》第32条第2款规定，合同的基础条件发生了《民法典》第533条第1款规定的重大变化，当事人请求变更合同的，人民法院不得解除合同；当事人一方请求变更合同，对方请求解除合同的，或者当事人一方请求解除合同，对方请求变更合同的，人民法院应当结合案件的实际情况，根据公平原则判决变更或者解除合同。

实务中，关于损失分担的问题存在较多争议。如前文所述，适用情势变更解除合同不可归责于合同主体，当事人无须承担违约责任，但因合同解除产生的损失应当由谁承担，当事人是否有权请求赔偿或补偿等损失承担责任问题，我国现行法律并未明文规定。对相关案例进行检索可以看出，目前法院对于该问题的认定主要依据的是公平原则，认为在一方当事人因合同解除消除了不利后果的同时，不能使对方当事人遭受不合理的损害。因此，适用情势变更制度解除合同虽不构成违约，但对于因合同解除给对方造成的损失，要根据公平原则予以分担损失。以吴某福与肖某福、肖某生合同纠纷案②为例，法院认为，《关于进一步减轻义务教育阶段学生作业负担和校外培训负担的意见》（以下简称《双减意见》）属于对于教育培训行业的整体行业规范，不属于商业风险，在订立商铺租赁合同时双方当事人并不可能预见政策调整。据此情势变更下，教育培训服务无法继

---

① 参见（2020）最高法民终234号。
② 参见（2021）赣0821民初3035号。

续开展，原告的合同目的无法实现，《双减意见》发生在订立合同后租期届满前，因政策原因原告无法通过教育培训的审批、资质，继续履行合同会使原告蒙受较大损失、显失公平，故原告诉请要求解除原被告之间签订的租赁合同书符合法律规定，法院予以支持。基于情势变更解除合同的，无须承担违约责任。依据《民法典》规定，合同解除后，尚未履行的，终止履行。根据履行情况、合同性质及公平原则，法院酌定被告应退还给原告租金。此外，《最高人民法院关于适用〈中华人民共和国民法典〉合同编通则若干问题的解释》（法释〔2023〕13号）中的观点也认为，情势变更制度旨在平衡双方当事人的利益以消除了不利结果的同时，不能使对方当事人因其提出的主张遭受不合理损失，因此对于因适用情势变更解除合同给对方当事人造成损失的，要根据公平原则考虑损失的分担。

（三）关于仲裁员的回避问题

仲裁员在仲裁程序中起到关键作用，直接决定仲裁案件的公正性和快捷性。无论当事人选定的仲裁员还是仲裁委员会主任指定的仲裁员，都不是当事人的利益代言人，都应当公正、独立地审理案件。在仲裁程序中，申请仲裁员回避是当事人的重要权利。仲裁员回避是指发现仲裁员具有可能影响案件公正裁决的情形后，依照法律规定，自行申请退出仲裁庭或者根据当事人的申请退出仲裁庭的制度。

关于仲裁员的回避的具体要求，如仲裁员回避的处理程序等问题，《民事诉讼法》和《仲裁法》第34条、第35条作了相对概括的规定。实践中，裁决作出后，一些当事人会对仲裁员的公正性和独立性产生怀疑，以仲裁员违反披露或回避义务为由，主张仲裁员回避违反法定程序，从而申请法院撤销仲裁裁决或不予（承认）执行仲裁裁决。不同法院对于仲裁员是否违反回避义务的审查尺度不一。

1. 首席仲裁员与涉案代理人为同窗同学的关系，不必然构成回避情形

仲裁员与双方当事人及其代理人均不认识的，一般而言，不存在回避的问题；仲裁员与一方当事人认识或有交往的，往往会让另一方当事人疑虑可能会影响案件审理的公正性。但实际上，因工作、生活、学习等社会活动需要，人与人之间的交往不可避免，仲裁员在工作、生活、学习中都

会与人接触、交往，一方选定完全不认识的仲裁员，反而不太常见。仲裁员和一方代理人可能同属于某一领域或同为某一区域的法律专家，毕业于同一学校，或者是参加过同一学术交流、研讨会、沙龙等活动的，也是很大概率可能会发生的。那么，此种情形下，仲裁员是否需要回避？

《仲裁法》第34条概括性地列举了四种仲裁员回避的情形：（1）是本案当事人或者当事人、代理人的近亲属；（2）与本案有利害关系；（3）与本案当事人、代理人有其他关系，可能影响公正仲裁的；（4）私自会见当事人、代理人，或者接受当事人、代理人的请客送礼的。实践中，对于“有利害关系”及“可能影响公正仲裁的”其他关系并无统一标准，立法上也没有详细规定，较难认定。当事人申请仲裁员回避时，除要说明仲裁员与当事人、代理人存在某种关系之外，还需证明此种关系存在“可能影响公正仲裁”的情形。如果当事人无法提出相关证据的，则可能面临回避申请被驳回的风险。

我国有部分仲裁机构在其仲裁规则中对仲裁员应回避的“利害关系”及“其他关系”进行了规定。如《广州仲裁委员会仲裁规则》第38条规定，“其他关系”指：“1. 与本案当事人、代理人有咨询与被咨询、管理与被管理关系，或者担任本案当事人、代理人的代理人、顾问的，但至组庭之日有关关系已经结束超过二年的除外；2. 与本案当事人、代理人现在同一单位工作的；3. 对本案所涉争议向当事人推荐、介绍过代理人的；4. 对本案所涉争议提供过咨询，或者担任过与本案所涉争议有关案件的证人、鉴定人、勘验人、翻译人员、辩护人、代理人的；5. 在本会正在审理的其他案件中，与本案当事人、代理人同为仲裁员的；6. 在本案当事人、代理人担任仲裁员的案件中，本案仲裁员恰好是该案当事人、代理人的，但至组庭之日案件已经审结超过二年的除外；7. 其他可能影响公正仲裁的情形。”《珠海国际仲裁院仲裁规则》第35条规定，“其他关系”包括：“1. 为当事人就本案事先提供过咨询；2. 与当事人之间有顾问关系或有其他聘任关系，且该顾问关系或其他聘任关系未结束，或虽已结束但未满两年；3. 曾担任当事人的代理人、辩护人，且结案未满两年；4. 与任何一方当事人、代理人为同事关系或曾为同事关系，且该同事关系结束不满两年；5. 为本案当事人推荐、介绍代理人；6. 担任过本案或与本案有关联的案件的证人、鉴定人、勘验人、辩护人或代理人；7. 本人或者其近亲属持有本案非上市公司当事人的股份或者股权。"

本案中，虽然首席仲裁员李某与一方当事人的代理人均毕业于同一大学，是同学关系，但原告未提交证据证明二者存在需要回避的情形。在提出申请的当事人没有提出任何证据能够证明同学关系可能影响到案件公正性裁判的情况下，仲裁机构一般不会作出仲裁员回避的决定。实务中，大多数法院也认为，仲裁员与仲裁当事人的委托代理人之间存在同学、校友关系并非必须回避的情形。

例如，在北京保利国际拍卖有限公司（以下简称保利拍卖公司）与张某福申请撤销仲裁裁决案①中，保利拍卖公司主张仲裁庭组成违反法定程序。对争议的拍品《董其昌草书诗卷》，北京仲裁委员会先后作出两次仲裁裁决，两次仲裁庭组成均有翟某虎仲裁员并均为张某福一方选定的仲裁员，其 1991 年毕业于四川大学法律系，以上两次仲裁裁决中张某福的代理人均有赵某成律师，其 1990 年毕业于四川大学法律系。两人系校友、同学关系，可能影响公正裁决，翟某虎应当回避而没有回避。关于保利拍卖公司主张的仲裁庭组成违反法定程序、仲裁违反仲裁员披露制度问题，北京市第四中级人民法院认为，保利拍卖公司的主要理由为仲裁员翟某虎与张某福的委托代理人赵某成系同学、校友关系，但保利拍卖公司并未进一步提供证据证明该关系可能影响案件公正处理，也未提供证据证明仲裁庭组成人员存在仲裁法、仲裁规则规定的应当回避情形。

2. 若仲裁机构无明确的限制性规定，律师可在其担任仲裁员的仲裁机构代理案件

仲裁机构聘任的仲裁员中很大一部分是从事律师工作的，如果律师被某仲裁机构聘任为仲裁员，其能否代理该仲裁机构的案件？实践中，对于该类问题一直存在争议，大多数仲裁机构对该问题未进行明确。

根据《仲裁法》第 34 条、第 58 条及《最高人民法院关于适用〈中华

---

① 参见（2018）京 04 民特 325 号。

人民共和国仲裁法〉若干问题的解释》第20条的规定，如果仲裁程序违反回避制度，则属于“违反法定程序”，应撤销裁决。《律师执业管理办法》第28条第3款规定，律师不得担任所在律师事务所其他律师担任仲裁员的案件的代理人。曾经或者仍在担任仲裁员的律师，不得承办与本人担任仲裁员办理过的案件有利益冲突的法律事务。该款规定仅禁止律师在担任仲裁员期间承办与其本人担任仲裁员办理过的案件有利益冲突的法律事务。律师仲裁员可以在其担任仲裁员的仲裁机构代理案件。

类似的案例如，在刘某与大连保税区珠江村镇银行股份有限公司申请撤销仲裁裁决案①中，刘某申请撤销仲裁裁决理由之一为大连保税区珠江村镇银行股份有限公司的代理人王某妮律师是大连仲裁委员会的仲裁员，其与大连仲裁委员会存在隶属关系，本身具有仲裁员的身份，却作为被申请人的代理人参与案件，与本案有直接的利益冲突，应当回避。辽宁省大连市中级人民法院认为：根据《律师执业管理办法》的规定，仅禁止律师在担任仲裁员期间承办与其本人担任仲裁员办理过的案件有利益冲突的法律事务。也就是说，仍在担任仲裁员的律师，如果不违反《律师执业管理办法》第28条第3款的规定、仲裁机构的仲裁规则等关于利益冲突的规定，可以代理现任职的仲裁机构的案件。据此，关于被申请人的代理律师代理所在仲裁机构受理的案件，与案件有利益冲突，属于仲裁员回避事由，程序违法的主张不成立，法院不予支持。

司法实践中，大部分法院认为律师作为兼职仲裁员时，可以代理其所在仲裁委员会受理的仲裁案件。大多数仲裁机构对仲裁员能否代理仲裁机构受理的仲裁案件未进行明确规定；少数仲裁机构明确规定仲裁员不得代理所在仲裁机构受理的仲裁案件。比如，北京仲裁委员会在其《仲裁员守则》第9条中规定，“仲裁员不得在本会的仲裁案件（包括申请撤销或不予执行本会仲裁裁决的案件）中担任代理人，亦不得代人打听案件情况或代人向仲裁庭成员、秘书实施请客送礼或其他提供好处和利益”。因此，仲裁机构明确规定仲裁员不得代理本机构的案件的，应依照该机构的仲裁

① 参见（2022）辽02民特70号。

员管理办法规定行事，否则在司法审查过程中法院可能会认定仲裁程序违反法定程序从而撤销裁决。

3. 申请仲裁员回避的时间限制

仲裁员回避事关仲裁案件是否得到公平审理，是仲裁程序中当事人的重要权利。关于仲裁员回避的程序，《仲裁法》第35条规定，当事人提出回避申请，应当说明理由，在首次开庭前提出。回避事由在首次开庭后知道的，可以在最后一次开庭终结前提出。第36条规定，仲裁员是否回避，由仲裁委员会主任决定；仲裁委员会主任担任仲裁员时，由仲裁委员会集体决定。第37条规定，仲裁员因回避或者其他原因不能履行职责的，应当依照《仲裁法》规定重新选定或者指定仲裁员。因回避而重新选定或者指定仲裁员后，当事人可以请求已进行的仲裁程序重新进行，是否准许，由仲裁庭决定；仲裁庭也可以自行决定已进行的仲裁程序是否重新进行。法律不保护躺在权利上的人，上述规定是当事人提出回避的法律依据，也是当事人提出回避的明确的程序要求。

对于仲裁员回避申请的提出，《仲裁法》有明确的规定，即时间要件为“首次开庭前”。若因仲裁员未进行信息披露，当事人无从知道仲裁员存在回避情形的，当事人在首次开庭后知道回避事由的，可以在“最后一次开庭终结前”提出。当事人应当在法律规定的期限内提出回避申请。以李某麟等与泰隆国际有限公司申请撤销仲裁裁决案[①]为例，在该案中，仲裁委员会作出的《关于S20180255号仲裁案苏绍聪首席仲裁员不予回避的决定》中称：根据《中国国际经济贸易仲裁委员会仲裁规则》（2015年版）第32条第2款的规定，对仲裁员的回避请求应在收到组庭通知后15天内以书面形式提出；在此之后得知要求回避事由的，可以在得知回避事由后15天内提出，但应不晚于最后一次开庭终结。该案已于2019年1月11日开庭，而申请人对首席仲裁员的回避申请系于2019年8月16日提出，也不符合《中国国际经济贸易仲裁委员会仲裁规则》对于回避申请提出的程序要求。北京市第四中级人民法院查明，仲裁委员会主任已经审查

① 参见（2020）京04民特11号。

了回避申请，认为不能证明存在影响仲裁员公正性和独立性的事项，亦没有影响公正仲裁的事由，且申请时间不符合仲裁规则的规定，因此不予准许回避。对此，北京市第四中级人民法院认为，仲裁委员会主任的决定符合《仲裁规则》第 32 条第 6 款规定，不存在违反法定程序之情形。上述案例中，无论是仲裁委员会还是法院，都认为仲裁员回避申请应在首次开庭前提出，最迟不晚于最后一次开庭终结，超期提出仲裁员回避申请的，不符合仲裁程序。因此，当事人在仲裁程序中一定要掌握好申请仲裁员回避的时间节点。

4. 仲裁委员会主任决定仲裁员回避后，仲裁员的更换程序

仲裁委员会主任决定仲裁员回避后的程序如何进行，涉及一些具体问题，如一方当事人提出仲裁员回避后，仲裁机构未书面回复回避申请，即更换被申请回避的仲裁员是否违反法定程序？更换仲裁员必须经过当事人的同意才是组庭合法吗？

《仲裁法》第 37 条规定："仲裁员因回避或者其他原因不能履行职责的，应当依照本法规定重新选定或者指定仲裁员。因回避而重新选定或者指定仲裁员后，当事人可以请求已进行的仲裁程序重新进行，是否准许，由仲裁庭决定；仲裁庭也可以自行决定已进行的仲裁程序是否重新进行。"该条规定了重新确定仲裁员的情况，但并未具体列明如何操作。一般情况下，仲裁委员会会在仲裁规则中对具体的操作进行规定。大多规定替换仲裁员的产生方式与原仲裁员的产生方式保持一致。例如，《北京仲裁委员会仲裁规则》第 24 条"仲裁员更换"规定，"被更换的仲裁员由当事人选定的，当事人应当自收到通知之日起 5 日内重新选定；由主任指定的，主任另行指定"。《深圳国际仲裁院仲裁规则》第 34 条"仲裁员替换"规定，"被替换的仲裁员原来由当事人指定的，当事人应当按原指定仲裁员的方式自收到通知之日起 5 日内重新指定，逾期未重新指定的，由仲裁院院长指定；原来由仲裁院院长指定的，由仲裁院院长另行指定"。《上海仲裁委员会仲裁规则》第 35 条"仲裁员更换"规定，"回避的仲裁员或据前款规定被更换的仲裁员原系当事人指定的，当事人应当按原指定仲裁员的方式自收到通知之日起 5 日内重新指定，逾期未重新指定的，由主任指定；原

系其他两名仲裁员指定的，由其他两名仲裁员在仲裁委规定的期限内另行指定，其他两名仲裁员无法达成一致的，由主任指定；原系主任指定的，由主任另行指定”。

本案中因首席仲裁员回避，原首席仲裁员需要被替换，因双方当事人未在规则规定的期限内共同选定或者共同委托仲裁委员会主任指定，原首席仲裁员的产生方式由仲裁委员会主任指定。根据该仲裁委员会仲裁规则规定，本会主任决定更换仲裁员的参照原仲裁庭的规定重新选定或指定仲裁员。因此，仲裁委员会主任直接指定新的首席仲裁员并无不妥。

例如，在云南省机电设备总公司（云南省汽车摩托车贸易总公司）与杰西博工程机械（上海）有限公司申请撤销仲裁裁决案①中，云南省机电设备总公司认为：依据《中国国际经济贸易仲裁委员会仲裁规则》，当仲裁员不能履行职责时，当事人应当重新选定或指定替代仲裁员，只有在当事人未选定或指定的情况下，才能由仲裁委员会主任重新指定。而仲裁委员会仅在2021年9月8日通过（2021）中国贸仲京（沪）字第006045号《关于SHDX20190384号保证函争议案》告知云南机电因原首席仲裁员不能履行首席仲裁员的职责，便由仲裁委员会主任重新指定了新的替代的首席仲裁员，当事人重新选定或指定仲裁员的程序并未实际履行，违反《中国国际经济贸易仲裁委员会仲裁规则》的相关规定，属于程序违法，（2021）中国贸仲京（沪）裁字第0228号裁决依法应予撤销。对此主张，北京市第四中级人民法院认为：“由于双方未在规定期限内共同选定或共同委托仲裁委员会主任指定首席仲裁员，仲裁委员会主任根据《中国国际经济贸易仲裁委员会仲裁规则》之规定，指定胡某光先生担任本案首席仲裁员。双方对此均无异议，据此可认定双方当事人均同意仲裁委员会主任指定首席仲裁员的方式。假如胡某光先生是双方按照仲裁协议的程序共同选定的首席仲裁员，则胡某光先生不能履行首席仲裁员职责后，仍应按照仲裁协议的程序先由双方共同选定新的首席仲裁员。由于双方当事人之前并未能共同选定第三位仲裁员担任首席仲裁员，因此，在胡某光先生不能

① 参见（2021）京04民特939号。

履行首席仲裁员职责后，仲裁委员会主任直接指定新的首席仲裁员并无不妥。”

（四）仲裁庭未组织鉴定是否违反法定程序

1. 我国现行法律对于仲裁程序违法的认定

程序违法是撤销仲裁裁决的情形之一。《仲裁法》第58条规定，仲裁庭的组成或者仲裁的程序违反法定程序的，当事人可以向仲裁委员会所在地的中级人民法院申请撤销裁决。对于违反法定程序的界定，则规定在《最高人民法院关于人民法院办理仲裁裁决执行案件若干问题的规定》（法释〔2018〕5号）第14条和《最高人民法院关于适用〈中华人民共和国仲裁法〉若干问题的解释》第20条，是指违反仲裁法规定的仲裁程序和当事人选择的仲裁规则可能影响案件正确裁决的情形。就该条规定而言，程序违法需要同时满足形式要件和实质要件，形式要件是指违反仲裁法规定的仲裁程序和当事人选择的仲裁规则，而实质要件则是可能影响案件公正裁决。基于上述规定，对仲裁庭未组织鉴定是否违反法定程序进行分析。

从仲裁法规定来分析，《仲裁法》第44条第1款规定，仲裁庭对专门性问题认为需要鉴定的，可以交由当事人约定的鉴定部门鉴定，也可以由仲裁庭指定的鉴定部门鉴定。单从该款规定来看，是否组织鉴定属于仲裁庭自由裁量权范围，当仲裁庭认为没有鉴定的必要时未启动鉴定程序并不违反仲裁法的规定。

从当事人选择的仲裁规则的规定来分析，当前多数机构的仲裁规则都将是否组织鉴定确认为仲裁庭自由裁量权的范围，仲裁庭认为当事人申请进行鉴定的事项与待证事实无关联或者对证明待证事实无意义的，仲裁庭可以不予准许，在此情形下，仲裁庭未组织鉴定并不违反法定程序。

从仲裁法司法解释规定来看，对仲裁裁决结果公正性的影响是认定程序违法的关键要件。然而，关于“可能影响案件正确裁决”的认定标准，《仲裁法》及相关司法解释均未予以明确，这导致实践中法院在司法审查时更注重对形式要件审查，即对仲裁法规定的仲裁程序和当事人选择的仲裁规则的审查，而对“可能影响案件正确裁决”这一关键要件的理解与适用存在分歧，从而对同一法律问题持不同的裁判观点。

2. 司法实践中法院关于仲裁庭未组织鉴定的认定现状

关于仲裁庭未组织鉴定是否违反法定程序，当前司法实践中主要存在三种观点。第一种观点认为，是否启动鉴定程序属于仲裁庭的自由裁量权范畴，仲裁庭未启动鉴定并不构成程序违法；第二种观点认为，仲裁庭未启动鉴定程序，违反法定程序；第三种观点认为，仲裁庭未启动鉴定程序，若对仲裁裁决的公正性产生影响，则违反法定程序。

第一种观点认为，是否启动鉴定程序应属仲裁庭自由裁量，仲裁庭不启动鉴定程序并不构成程序违法情形。以某科技公司与荷兰某公司申请撤销仲裁裁决案①为例，针对某科技公司提出仲裁庭没有就案涉门架式焊接机器人系统的软件部分的成本价进行专门的司法鉴定而构成仲裁程序违法的主张，北京市第四中级人民法院认为，根据《最高人民法院关于适用〈中华人民共和国仲裁法〉若干问题的解释》第 20 条、《仲裁法》第 44 条第 1 款以及《中国国际经济贸易仲裁委员会仲裁规则》第 44 条第 1 款的规定，对专门性问题是否需要鉴定属于仲裁庭自由裁量范围内的事项。仲裁庭在双方当事人均未申请鉴定的情况下，根据案件情况，综合考虑评估报告、荷兰某公司的主张等，酌定损失金额，不违反仲裁法和贸仲规则。对于某科技公司关于仲裁的程序违反法定程序的主张，法院不予支持。

第二种观点认为，仲裁庭未启动鉴定程序，违反法定程序。以海南椰卉园艺有限公司（以下简称椰卉公司）与海南热带花卉发展有限公司案②为例，海口市中级人民法院认为，仲裁庭未能按照法定程序，委托专业鉴定机构对房屋面积和经济损失的具体数额进行鉴定，违反了法定程序，该裁决应予撤销。椰卉公司以仲裁程序违反法定程序为由申请撤销该仲裁裁决，具有事实依据和法律依据，法院予以支持。依据《仲裁法》第 58 条第 1 款第 3 项之规定，撤销海南仲裁委员会（2017）海仲字第 307 号裁决书。

① 参见（2023）京 04 民特 1316 号。

② 参见（2018）琼 01 民特 25 号。

第三种观点认为，如果仲裁庭未启动鉴定的情形下作出的裁决可能影响案件公正，则构成程序违法。以贾某庆与华融天泽（香港）投资合伙企业申请撤销仲裁裁决案[①]为例，贾某庆、黄某申请称：仲裁庭未对专门性问题进行鉴定直接作出裁决，请求人民法院依法撤销中国国际经济贸易仲裁委员会作出的〔2022〕中国贸仲京裁字第0040号裁决书。北京市第四中级人民法院认为，对于仲裁庭在仲裁规则允许范围内作出的程序安排，在不影响正确裁决的情况下，不宜认定为违反法定程序。北京市第四中级人民法院认为，贾某庆、黄某申请撤裁理由均属于仲裁权自由裁量的范围，并非人民法院审查涉外仲裁裁决的事项。相反，在东营华凯伟业房地产开发有限公司与山东海利丰地源热泵有限责任公司申请撤销仲裁裁决案[②]中，东营市中级人民法院认为，双方当事人在涉案空调设备耗电量存在争议的情况下，特别是申请人反请求诉请因设备质量问题不能实现合同目的而解除合同的情况下，产品质量问题成为本案的焦点，不能简单推定产品质量合格与否，此时，鉴定问题较为关键。本案申请人在仲裁庭三次庭审中均提出了鉴定或继续鉴定的申请，在第三次仲裁庭审中还要求另行委托其他鉴定机构进行鉴定。仲裁庭在没有对鉴定问题进行答复及说明的情况下作出仲裁裁决，违反了程序。

如果仅存在程序瑕疵并不影响当事人的实质性的程序权利，则不认定为程序违法。以开封建业森林半岛置业有限公司（以下简称建业公司）与河南泰通企业发展有限公司（以下简称泰通公司）申请撤销仲裁裁决案[③]为例，建业公司称：在仲裁案件审理过程中，建业公司明确申请对涉嫌造假的证据进行笔迹鉴定，但中国国际经济贸易仲裁委员会未进行任何实体和程序处理，在裁决书中采纳涉嫌造假的证据却未给予任何解释与说理，严重违背了仲裁程序，人民法院应予撤销。北京市第四中级人民法院经审理认为，《仲裁法》第58条规定的“违反法定程序”是指违反仲裁法规定的仲裁程序和当事人选择的仲裁规则可能影响案件正确裁决的情形，应当

① 参见（2022）京04民特454号。
② 参见（2014）东仲撤字第5号。
③ 参见（2022）京04民特959号。

以违反法定程序达到严重影响当事人程序权利且实质性影响案件正确裁决为标准。泰通公司在仲裁中为证明其主张的现场签证及设计变更事项，提交了证据二《开封大宏万达广场消防工程结算》及证据十三《签证变更（一）、（二）》，但仲裁庭审查后未将证据十三作为认定案件事实的证据。因此，仲裁庭未对建业公司的该项鉴定申请作出程序性或实体性回应，并未影响仲裁案件的正确裁决，故法院对建业公司关于仲裁程序违法的主张不予支持。

从上述判例来看，虽然多数法院认为仲裁庭未组织鉴定不违反法定程序，但也有部分法院持相反意见。通过对相关案例的检索来看，实践中法院多采纳第一种观点和第三种观点，少数法院采取第二种观点，在此不予探讨。笔者认为，对于该问题的分歧主要是法院对“可能影响案件正确裁决”的理解与适用存在差异。第一种观点侧重对形式要件的审查，认为只要不违反仲裁规则的规定和当事人选择的仲裁规则，就不属于“可能影响案件正确裁决”的情形。因此，仲裁委员会是否启动鉴定属于仲裁庭对案件的实体处理，属于仲裁庭自由裁量范畴，未启动鉴定程序不构成违反法定程序的情形。第三种观点认为，对于程序违法的审查既要注重形式要件，更要注重实质要件，程序瑕疵和“可能影响案件正确裁决”之间的关联性，是认定违反法定程序的关键。只有因程序瑕疵造成仲裁裁决结果存在明显的不公或者对当事人的实质权利有明显影响时才构成程序违法。因此，仲裁庭未启动鉴定是否违反法定程序取决于其对仲裁案件正确裁决的影响。

针对上述不同观点，笔者认为第三种观点更为全面、合理。如果对程序违法的审查仅限于形式要件，即只对仲裁法规定的仲裁程序和当事人选择的仲裁规则进行审查，这可能会导致裁判结果严重不公，当事人没有救济途径，冤假错案无法被纠正。因此，对于违反法定程序的审查，要兼顾形式要件和实质要件。综上而言，仲裁庭未组织鉴定并不当然违反法定程序，还应当判断其是否可能影响案件的公正裁决。

四、法条索引

1.《中华人民共和国民法典》（主席令第45号，2021年1月1日起施行）

第五百三十三条　合同成立后，合同的基础条件发生了当事人在订立合同时无法预见的、不属于商业风险的重大变化，继续履行合同对于当事人一方明显不公平的，受不利影响的当事人可以与对方重新协商；在合理期限内协商不成的，当事人可以请求人民法院或者仲裁机构变更或者解除合同。

人民法院或者仲裁机构应当结合案件的实际情况，根据公平原则变更或者解除合同。

2.《中华人民共和国仲裁法》（主席令第76号，2018年1月1日起施行）

第三十四条　仲裁员有下列情形之一的，必须回避，当事人也有权提出回避申请：

（一）是本案当事人或者当事人、代理人的近亲属；

（二）与本案有利害关系；

（三）与本案当事人、代理人有其他关系，可能影响公正仲裁的；

（四）私自会见当事人、代理人，或者接受当事人、代理人的请客送礼的。

第五十八条　当事人提出证据证明裁决有下列情形之一的，可以向仲裁委员会所在地的中级人民法院申请撤销裁决：

（一）没有仲裁协议的；

（二）裁决的事项不属于仲裁协议的范围或者仲裁委员会无权仲裁的；

（三）仲裁庭的组成或者仲裁的程序违反法定程序的；

（四）裁决所根据的证据是伪造的；

（五）对方当事人隐瞒了足以影响公正裁决的证据的；

（六）仲裁员在仲裁该案时有索贿受贿，徇私舞弊，枉法裁决行为的。

人民法院经组成合议庭审查核实裁决有前款规定情形之一的，应当裁定撤销。

人民法院认定该裁决违背社会公共利益的，应当裁定撤销。

3.《中华人民共和国招标投标法》（主席令第86号，2017年12月28日起施行）

第三条　在中华人民共和国境内进行下列工程建设项目包括项目的勘察、设计、施工、监理以及与工程建设有关的重要设备、材料等的采购，必须进行招标：

（一）大型基础设施、公用事业等关系社会公共利益、公众安全的项目；

（二）全部或者部分使用国有资金投资或者国家融资的项目；

（三）使用国际组织或者外国政府贷款、援助资金的项目。

前款所列项目的具体范围和规模标准，由国务院发展计划部门会同国务院有关部门制订，报国务院批准。

法律或者国务院对必须进行招标的其他项目的范围有规定的，依照其规定。

4.《最高人民法院关于适用〈中华人民共和国民法典〉合同编通则若干问题的解释》（法释〔2023〕13号，2023年12月5日起施行）

第三十二条　合同成立后，因政策调整或者市场供求关系异常变动等原因导致价格发生当事人在订立合同时无法预见的、不属于商业风险的涨跌，继续履行合同对于当事人一方明显不公平的，人民法院应当认定合同的基础条件发生了民法典第五百三十三条第一款规定的“重大变化”。但是，合同涉及市场属性活跃、长期以来价格波动较大的大宗商品以及股票、期货等风险投资型金融产品的除外。

合同的基础条件发生了民法典第五百三十三条第一款规定的重大变化，当事人请求变更合同的，人民法院不得解除合同；当事人一方请求变更合同，对方请求解除合同的，或者当事人一方请求解除合同，对方请求变更合同的，人民法院应当结合案件的实际情况，根据公平原则判决变更或者解除合同。

人民法院依据民法典第五百三十三条的规定判决变更或者解除合同的，应当综合考虑合同基础条件发生重大变化的时间、当事人重新协商的情况以及因合同变更或者解除给当事人造成的损失等因素，在判项中明确合同变更或者解除的时间。

当事人事先约定排除民法典第五百三十三条适用的，人民法院应当认定该约定无效。

5.《最高人民法院关于适用〈中华人民共和国仲裁法〉若干问题的解释》（法释〔2006〕7号 2006年9月8日起施行）

第二十条 仲裁法第五十八条规定的“违反法定程序”，是指违反仲裁法规定的仲裁程序和当事人选择的仲裁规则可能影响案件正确裁决的情形。

6.《最高人民法院关于人民法院办理仲裁裁决执行案件若干问题的规定》（法释〔2018〕5号，2018年3月1日起施行）

第十四条 违反仲裁法规定的仲裁程序、当事人选择的仲裁规则或者当事人对仲裁程序的特别约定，可能影响案件公正裁决，经人民法院审查属实的，应当认定为民事诉讼法第二百三十七条第二款第三项规定的“仲裁庭的组成或者仲裁的程序违反法定程序的”情形。

当事人主张未按照仲裁法或仲裁规则规定的方式送达法律文书导致其未能参与仲裁，或者仲裁员根据仲裁法或仲裁规则的规定应当回避而未回避，可能影响公正裁决，经审查属实的，人民法院应当支持；仲裁庭按照仲裁法或仲裁规则以及当事人约定的方式送达仲裁法律文书，当事人主张不符合民事诉讼法有关送达规定的，人民法院不予支持。

适用的仲裁程序或仲裁规则经特别提示，当事人知道或者应当知道法定仲裁程序或选择的仲裁规则未被遵守，但仍然参加或者继续参加仲裁程序且未提出异议，在仲裁裁决作出之后以违反法定程序为由申请不予执行仲裁裁决的，人民法院不予支持。

7.《必须招标的工程项目规定》（国家发展和改革委员会令第16号，2018年6月1日起施行）

第四条 不属于本规定第二条、第三条规定情形的大型基础设施、公用事业等关系社会公共利益、公众安全的项目，必须招标的具体范围由国务院发展改革部门会同国务院有关部门按照确有必要、严格限定的原则制订，报国务院批准。

第五条　本规定第二条至第四条规定范围内的项目，其勘察、设计、施工、监理以及与工程建设有关的重要设备、材料等的采购达到下列标准之一的，必须招标：

（一）施工单项合同估算价在400万元人民币以上；

（二）重要设备、材料等货物的采购，单项合同估算价在200万元人民币以上；

（三）勘察、设计、监理等服务的采购，单项合同估算价在100万元人民币以上。

同一项目中可以合并进行的勘察、设计、施工、监理以及与工程建设有关的重要设备、材料等的采购，合同估算价合计达到前款规定标准的，必须招标。

8.《必须招标的基础设施和公用事业项目范围规定》（发改法规〔2018〕843号，2018年6月6日起施行）

第二条　不属于《必须招标的工程项目规定》第二条、第三条规定情形的大型基础设施、公用事业等关系社会公共利益、公众安全的项目，必须招标的具体范围包括：

（一）煤炭、石油、天然气、电力、新能源等能源基础设施项目；

（二）铁路、公路、管道、水运，以及公共航空和A1级通用机场等交通运输基础设施项目；

（三）电信枢纽、通信信息网络等通信基础设施项目；

（四）防洪、灌溉、排涝、引（供）水等水利基础设施项目；

（五）城市轨道交通等城建项目。

典型纠纷4

风电场建设项目的居间服务纠纷

参考案例　榆林 A 劳务公司与西安 B 电力工程公司的技术服务合同纠纷

一、案情介绍

申请人榆林 A 劳务公司（以下简称 A 公司）与被申请人西安 B 电力工程公司（以下简称 B 公司）签订《技术服务合同》。该合同约定，A 公司自 2020 年 3 月 15 日起向 B 公司承建的某工程项目提供协调村、乡、县有关部门的协调工作，临时用地的租赁、地面附着物及青苗赔偿、临时征地工作，配合电网验收等。B 公司分期支付服务费。之后，双方签订了《工程技术服务合同补充协议》，变更服务费的金额，其他权利义务继续执行原合同。

仲裁庭审理后，将本案争议点总结为：（1）公司是否已经完全履行了《技术服务合同》中所约定的义务。（2）申请人在实际施工过程中占用的土地与审批可使用的临时用地范围不一致给被申请人造成经济损失，被申请人是否可以申请人履行合同出现瑕疵为由拒付合同款。

仲裁庭认为，判断双方的权利义务应当遵守意思自治原则，回归双方的合同约定。虽然庭审中 B 公司辩称 A 公司并未完成合同约定的义务即并未配合电网验收、未承担任何现场外围关系协调工作、未按照规定办理相关手续破坏草地等，并且表示相当一部分的工作都是由被申请人自行施工完成的；同时表示 A 公司未经批准破坏草地的行为给 B 公司造成了损失，应当无权索要工程款并应该承担赔偿责任。但是该项目出具了竣工验收报告，该报告表明项目质量合格，并且在此期间，B 公司并未向 A 公司出具任何书面文件主张其未履行《技术服务合同》等相关服务内容。所以基于双方签订的《技术服务合同》和《工程技术服务合同补充协议》、竣工验收报告以及《民法典》第 579 条“当事人一方未支付价款、报酬、租金、利息，或者不履行其他金钱债务的，对方可以请求其支付”的规定，A 公司有权要求 B 公司支付工程款。

根据 B 公司提供的其与业主方 C 新能源发电有限公司分公司（以下简称 C 公司）在《施工合同》中约定的相关内容，B 公司的工作内容中包括植被表皮剥离土的保存及恢复。B 公司提供的证据显示，申请人的施工范围和实际的审批路径不一致，确实违反了双方签订的《技术服务合同》的约定，A 公司的义务履行属于瑕疵履行，B 公司是可以就损失问题向申请人主张赔偿损失的，综合申请人因履约行为所造成的林地破坏与项目总体林地破坏的情况，裁定由申请人酌情承担部分直接经济损失。

仲裁庭裁决：B 公司向 A 公司支付服务费用，驳回 A 公司、B 公司的其他仲裁请求。

二、案例解读

（一）本案的可仲裁性

新能源建设项目专业性强、标的额大、法律关系复杂、法律法规繁杂，是当前法学研究和实务探索的重点之一。当新能源建设项目出现纠纷时，有诉讼、仲裁、调解三种解决争议的途径可供选择，而因商事仲裁具有灵活性、专业性、高效性的优势，越来越多的新能源建设项目单位愿意优先适用商事仲裁。但是，除当事人自身的主观意愿与选择外，纠纷能否通过商事仲裁解决，还需要争议具备“可仲裁性”，如不具有可仲裁性，纠纷就只能通过法院诉讼程序解决争议。

本案中，A 公司、B 公司签订《技术服务合同》。该合同约定，“A 公司为 B 公司提供就该工程项目与村委/乡/县等有关部门的协调工作”，双方的权利义务性质是服务，在法律上属于服务合同。服务合同是指服务提供者与服务接受者之间约定的有关权利义务关系的协议。服务合同的标的是提供服务而不是物的交付。[①] 本案的服务合同，与承揽合同、委托合同存在一定的模糊和交叉之处。本案的后续的合同义务约定了部分工程承包的内容，如临时征地工作和配合电网验收、临时用地的租赁、地面附着物

---

① 参见最高人民法院研究室编著：《最高人民法院新民事案件案由规定理解与适用》，人民法院出版社 2021 年版，第 388 页。

及青苗赔偿等。因此，本案技术服务合同属于服务合同和工程承包合同的竞合，而服务合同和工程承包合同均属于民商事领域，符合《仲裁法》中规定的平等主体之间的合同纠纷和财产权益纠纷，本案具有可仲裁性。

（二）本案的申请人与被申请人

仲裁作为纠纷解决方式需要当事人一致的意思表示，在仲裁中只有签订包含仲裁条款合同的当事人才能成为仲裁案件中的申请人或者被申请人，其他任何和案件有联系的人都不能成为案件的当事人。法院诉讼程序有“第三人制度”，无论是有独立请求权的第三人还是无独立请求权的第三人都可以成为案件的当事人之一，这是仲裁与司法诉讼的重要区别之一。例如，在房屋租赁合同中，如果签订合同的是一方，但是实际租用的是两方主体，当租户没有按时缴纳房屋，而租赁合同约定的争议解决方式是仲裁时，那么房东只能将签订合同的一方主体列为被申请人；如果选择的争议解决方式是法院或者租赁合同中没有明确约定争议解决途径，那么房东在向法院提起诉讼时可以将签订合同一方的当事人列为被告，还可以选择将实际居住的一方当事人列为共同被告或者第三人。

在本案中，申请人 A 公司和 B 公司签订了《技术服务合同》，A 公司只能把 B 公司作为被申请人进行仲裁。同样，B 公司认为 A 公司的不当履行造成了损失，也可以将 A 公司作为案件的当事人，请求损失赔偿。B 公司答辩时称，“申请人并未完成《技术服务合同》约定的义务，不应该支付工程款”。通过审理查明，该答辩意见依据的是被申请人 B 公司和 C 公司签订的《施工合同》的约定，根据合同的相对性原理，仲裁庭不支持被申请人 B 公司的观点。

（三）本案的举证责任分配

举证责任又称证明责任，是指当事人对自己提出的主张有提供证据和进行证明的责任，即主张法律关系存在的当事人，应当对产生该法律关系的基本事实承担举证证明责任，主张法律关系变更、消灭或者权利受到妨害的当事人，应当对该法律关系变更、消灭或者权利受到妨害的基本事实承担举证证明责任。由此可知，我国民事诉讼举证责任分配采用法律要件分类说。根据《民事诉讼法》（2021 年修正）第 67 条第 1 款“当事人对自己提出的主张，有责任提供证据”的规定，如果当事人未能尽到上述责任，则有可能承担对其主张不利的法律后果。《最高人民法院关于适用〈中华人民共和国民事诉讼法〉的解释》第90条规定：“当事人对自己提出的诉讼请求所依据的事实或者反驳对方诉讼请求所依据的事实，应当提供证据加以证明，但法律另有规定的除外。在作出判决前，当事人未能提供证据或者证据不足以证明其事实主张的，由负有举证证明责任的当事人承担不利的后果。”在合同案件中，对合同是否履行发生争议的，由负有履行义务的当事人承担举证责任。

本案中，申请人A公司提出的仲裁请求是支付服务费本金和利息。A公司的举证责任是已经履行了合同约定的义务，B公司没有按照合同约定支付款项。A公司取得了竣工验收报告，该报告表明项目质量合格。根据我国《民法典》《建筑工程施工质量验收统一标准》（已失效）等建设工程相关法律，建筑工程质量竣工验收有着十分严格的要求。比如：（1）建筑工程施工质量应该符合建筑工程施工质量验收统一标准和相关专业验收规范的规定；（2）建筑工程施工质量应符合工程勘察、设计文件的要求；（3）参加工程施工质量验收的各方人员应具备规定的资格；（4）工程质量的验收均应在施工单位自行检查评定的基础上进行；（5）隐蔽工程在隐蔽前应由施工单位通知有关单位进行验收，并形成验收文件；（6）涉及结构安全的试块、试件以及有关资料，应按照规定进行见证取样检测；（7）检验批的质量应按照主控项目和一般项目验收；（8）对涉及结构安全和使用功能的重要分部工程应进行抽样检测；（9）承担见证取样及有关结构安全检测的单位应具有相应的资质；（10）工程的观感质量应由验收人员现场检查，并应该共同确认。现阶段，我国对工程质量的验收从人员身份、检测场地、方式流程以及相关配套制度都进行了严格的规定。A公司取得了竣工验收报告，完成了对合同义务履行完毕的举证责任。

庭审中，B公司辩称：A公司并未全部完成合同约定的义务，包括并未配合电网验收、未承担任何现场外围关系协调工作、未按照规定办理相关手续破坏草地等，并且表示相当一部分的工作都是由被申请人自行施工完成。但是，由于B公司并未向A公司出具过任何书面的文件，B公司主张A公司未完整履行《技术服务合同》的服务内容，要承担举证不能的责任。

被申请人B公司提出反请求，要求A公司承担破坏林地造成的损失，B公司要对A公司存在违约行为并造成B公司的经济损失进行举证。A公司的证明责任，则是其未实施破坏林地行为，与B公司的经济损失不存在直接因果关系。庭审中，A公司的证据不能达到证明目的，因此，A公司承担举证不能的责任。

（四）本案的行政罚款属于违约造成的损失

A公司在实际施工过程中，因与审批路径存在不一致的情况给B公司造成经济损失，该情况属于履行瑕疵，B公司是否可依此拒付合同款项？A公司未按规定提前审批即改变临时使用林地的范围，且未及时修复造成的罚款和复垦的支出，应当由谁承担？对此焦点问题，A公司认为，植被恢复治理的费用不在A公司履约的范围内，该费用不在合同约定之中。B公司认为，按照双方承揽合同约定，B公司应当承担障碍物拆除及恢复、青苗及坟墓迁移赔偿、树木砍伐补偿、临时租地的占地补偿等工作。A公司未经批准手续，也未通知B公司，擅自砍伐树木、破坏植被，造成植被直接损毁。事后，A公司既不整改被破坏的植被，也不配合林业部门和监督部门，任由其处罚。B公司除遭受工期延误损失外，还需承担恢复林地及行政处罚赔偿责任，由此还将面临更大的行政处罚等法律风险，请求A公司支付破坏林地被当地林业部门处罚、恢复林地花费、林业变更设计费、缴纳森林植被恢复费、植被恢复费、协调费等，以及其他由此产生的行政处罚及赔偿等。

仲裁庭认为，B公司提供的证据，项目范围内存在实际施工路径与审批路径不一致的情形，该合同确实存在履约不当的行为。根据《民法典》第577条的规定，当事人一方不履行合同义务或者履行合同义务不符合约定的，应当承担继续履行、采取补救措施或者赔偿损失等违约责任。本案中，根据双方签订的《技术服务合同》第2条的约定，申请人有责任按照临时用地相关法律规定，合法合规使用林地，因申请人违反行政法律规定而造成未经审批变更项目总体涉及林地而产生的罚款及恢复费用，应当承担相应的赔偿责任。仲裁庭支持赔偿责任一般遵循填平补偿原则，仅支持了已经产生的罚款及植被恢复费用，并未支持被申请人主张的潜在罚款及后续恢复责任。

三、焦点分析

（一）现阶段风电项目临时用地的有关规定

本案技术服务合同的服务内容之一，是协助新能源项目单位办理风电场项目临时用地手续，取得临时用地使用权。临时用地管理制度是我国《土地管理法》规定的重要制度之一。临时用地指在项目建设施工或勘察时临时使用，不修建永久性建筑物，在使用后可以恢复，或经过复垦恢复原有或可利用状态的土地。这类用地的突出特点是临时性和可恢复性。风电项目分为海上风电项目和陆上风电项目，因临时用地产生的法律问题多见于陆上风电项目。《自然资源部关于规范临时用地管理的通知》（自然资规〔2021〕2 号）中对临时用地的范围进行了列举，包括施工人员临时办公和生活用房、勘察期间生活与作业用地及符合法律、法规及规定的其他需要临时用地等。

1. 风电项目的用地类型

我国实行土地用途管理制度，按照用途可以分为农用地、建设用地和未利用地。当临时用地的用途是农用地分类下的耕地、林地和草地时，项目单位应当对这类土地的审批和使用予以特别关注。

我国对耕地一直采取特殊保护的态度，严格控制耕地转用，《民法典》、《土地管理法》及《土地管理法实施条例》等土地管理法律法规均有相关规定。制定并监督耕地开垦计划的负责单位为省一级政府，当能源建设项目使用的土地不在总体规划确定的城市建设用地范围内时，有关使用人应当及时向自然资源主管部门提出建设用地预审报告，项目用地申请经市、县人民政府审核同意后，层报有批准权的人民政府批准。风电项目建设占用的农用地也应按建设用地管理。

我国对基本农田实行永久保护制度。《基本农田保护条例》明确规定，基本农田保护区经依法划定后，任何单位和个人不得改变或者占用。如果能源建设项目选址确实无法避开基本农田保护区，在可行性研究阶段就应当由省级自然资源主管部门负责对其占用的必要性、合理性和补划方案的可行性进行论证，报自然资源部进行用地预审，农用地转用和土地征收则报国务院批准。有观点认为，随着《国务院关于授权和委托用地审批权的决定》（国发〔2020〕4 号）等文件的发布，基本农田的审批权限放松到试点地区省级人民政府。但是应当注意到，对基本农用地的审批流程等规定并没有随之放松。在唐河县国土资源局、华润新能源（唐河）有限公司（以下简称华润公司）非诉执行审查行政案[①]中，华润公司在唐河县的多个在建风力发电项目毁坏农田。该公司曾辩称其土地手续正在预审。后唐河县人民法院裁定，该公司未经县级以上人民政府批准，正在审批不能视为已经取得审批手续，华润公司擅自占用基本农田和耕地，准予限期拆除。

依法依规办理基本农田转用手续仍是建设项目不可逾越的红线。实践中，对该问题的审查应当包括：（1）建设项目环境影响报告书中是否有基本农田环境保护方案；（2）国家重点项目临时占用基本农田是否经省自然资源厅批准，并在自然资源部备案；（3）项目是否属于重大建设项目的范畴，是否持有经国务院批准（或所授权的省、直辖市人民政府）出具的土地预审文件；（4）土地占用的相关程序是否完善，征占地协议是否全部履行完毕。

林地转为非林地受到国家严格控制，在各类建设项目中，林地占用不得超过本行政区域内占用林地总量控制指标。林地的使用除需按《土地管理法》的相关规定办理建设用地审批手续外，还应当经县级以上人民政府林业草原主管部门审核同意。临时使用林地的期限一般为两年，在使用期满后一年内，使用林地的企业应当负责恢复植被和林业生产条件，并由县级以上人民政府林业草原主管部门进行验收。除了应当注意特殊区域，如自然保护区、森林公园及风景名胜等地的具体政策外，还应当注意地区差异，特别是内蒙古自治区及东北地区，属于我国草原及林地的重点保护地带，风电场项目严禁使用重点林区林地。[②] 另外，林地的保育也关系到动

---

① 参见（2017）豫 1328 行审 560 号。

② 参见《国家林业和草原局关于从严控制矿产资源开发等项目使用东北、内蒙古重点国有林区林地的通知》（林资发〔2018〕67 号）。

物的生存繁衍，鸟类主要迁徙通道和迁徙地等区域以及沿海基干林带和消浪林带也是风电场项目禁止建设区域。2019 年，国家林业部门出台的文件对风电项目中具体用地类型占用林地的情况进行了具体规定。《国家林业和草原局关于规范风电场项目建设使用林地的通知》（林资发〔2019〕17 号）强调风电施工及检修应当尽可能利用现有的森林防火道路、林区道路、乡村道路等道路，如有新建配套道路，则与风电场一同办理使用林地手续，并同步实施水土保持和恢复林业生产条件的措施。吊装平台、施工道路、弃渣场、集电线路等临时占用林地的，期满一年内建设企业应恢复植被、恢复林业生产条件。

未利用地一般指荒草地、盐碱地、沼泽地、沙地、裸土地、裸岩等尚未进行开发利用的土地。使用未利用土地需要关注未利用地的权属问题。风电项目使用国有未利用地，需要将土地用途转变为建设用地，应当按照项目所在地省级人民政府的要求办理；国家重点建设项目和跨省、自治区、直辖市行政区域的风电项目以及国务院规定的风电项目用地，应当报国务院批准。使用集体所有的土地时，任何单位和个人不得自行与农村集体经济组织签订未利用地转为建设用地的使用协议。符合规定的农村集体所有的未利用地应当权属明晰，土地的租赁或拍卖事项必须经村民会议 2/3 以上成员或村民代表同意，签订的合同须明确相关方的权利、义务和违约责任，使用期限最长不得超过 50 年，并经县级人民政府批准。不同于农业用地，风力发电等项目使用未利用土地，永久性建筑用地的部分应依法按建设用地办理手续，不占压土地、不改变地表形态的用地部分，可以不改变土地用途，在年度土地变更调查时作出标注，并报当地县级自然资源部门备案。

2. 风电场临时用地使用权的取得与使用

根据国家电力监管委员会负责编制的《电力工程项目建设用地指标（风电场）》[①]，风电项目的永久用地为建设用地，主要包括风电机组及机组变电站、集电线路、升压变电站及运行管理中心和交通工程的建设用地，

① 参见《电力工程项目建设用地指标（风电场）》（建标〔2011〕209 号）。

如风机基础、升压站及配套附属设施、进场道路、运营期检修道路、场外架空送出线路中的杆塔基础等；临时用地主要包括集电线路（直埋电缆用地）、风电机组拼装及安装场用地、施工期施工道路用地及其他施工用地，如集电线路（直埋电缆）、临时施工、风机组装等。

临时用地的使用应当遵循“用多少、批多少、占多少、恢复多少”的原则。对于临时用地，可以采取土地租赁、设置地役权、借用土地等方式。实践中，风电建设企业通常以征用或租赁的方式取得临时用地。与永久土地的使用方式有明显不同，临时土地的取得不改变原有土地的所有权，采取“不征不收”的流转方式。对集体所有的农用地、未利用地等非建设用地不予以征收，对国有土地使用权不予以收回，也不转为建设用地，由相关权利人按照规定使用，土地用途仍按照原用途管理的土地利用方式。征用的土地在施工期间需要按照规定与县级以上地方政府办理用地手续，虽然不改变土地原有权属，但是需要临时变更土地现状地类以用于施工，施工结束后复垦恢复原用途；土地租赁则不改变土地权属、土地地类，仅支付租金流转土地的经营权。

临时用地的使用需要经过审批和申请的程序。如上文所述，根据土地用途的不同，需向不同级别的主管行政机关进行申请，由相应的自然资源主管部门负责审批，涉及占用耕地和永久基本农田的，由市级或者市级以上的资源主管部门负责审批，负责审批的部门不得下放临时用地审批权或者委托相关部门行使审批权。申请临时用地应当提供临时用地申请书、临时使用土地合同、项目建设依据文件、土地复垦方案报告表、土地权属材料、勘测定界材料、土地利用现状照片及其他必要的材料。临时用地申请人根据土地权属，与县（市）自然资源主管部门或者农村集体经济组织、村民委员会签订临时使用土地合同，明确临时用地的地点、四至范围、面积和现状地类，以及临时使用土地的用途、使用期限、土地复垦标准、补偿费用和支付方式、违约责任等。临时用地申请人应当编制临时用地土地复垦方案报告表，由有关自然资源主管部门负责审核。其中，所申请使用的临时用地位于项目建设用地报批时已批准土地复垦方案范围内的，不再重复编制土地复垦方案报告表。

陆上风电项目多分布在地势较高的山脊或开阔的平原地带，常会涉及林地、草地的占用问题，风机基础的挖掘、场地平整及道路和集电线路施工等建设可能会大范围改变地表植被，如果没有有效监管极易造成水土流失等后果，影响森林、草原的生态功能。因此，当临时用地占用的是林地和草地时，应当予以特别关注。首先，就使用范围的认定问题。自然资源部门及林业和草原部门的认定可能存在差异，确定欲使用的土地是否属于林地或草地时，除查询自然资源部的规定外，还应当查询林业和草原部门的相关文件是否有细化的规定。其次，在审批权限及流程上，《森林法实施条例》及《草原法》均规定，除正常审批手续外，使用林地及草地前应及时向相关主管部门履行报批手续，并按照国家规定的标准预交林地或草原植被恢复费后办理建设用地审批手续。另外，有关林地及草原使用的规定可能存在地区差异，内蒙古、山东等地都曾出台过政府条例，暂停特定保护区内的建设及使用，违反相关管理办法的建筑均有被拆除的可能。

在取得临时用地的各项审批手续后，临时用地部分应严格按照临时用地审批手续确定的范围和用途进行使用，不得转让、出租、抵押临时用地，不得超过批准范围占地、不得在临时用地上建设永久性建（构）筑物。用地单位应当与土地所有权人签订临时使用土地合同（国有土地应与有关自然资源主管部门签订协议，集体土地应与农村集体经济组织、村民委员会签订协议），并按照合同的约定支付临时使用土地补偿费。《土地管理法》规定，临时用地使用期限一般不超过两年。《土地管理法实施条例》允许建设周期较长的能源、交通、水利等基础设施建设项目施工使用的临时用地期限不超过4年。《草原法》及《森林法》规定临时用地期限为2年，且并未延长临时使用草地和林地的期限。临时用地使用人应关注项目所获得的临时用地审批记载的用地期限，期限届满仍未能完工的，需要及时办理用地期限续期。在临时用地使用完毕后，应当自临时用地期满之日起一年内完成土地复垦，使其达到可供利用状态，其中占用耕地的应当恢复种植条件。生产建设活动损毁的土地按照“谁损毁，谁复垦”的原则，由生产建设单位负责复垦。土地复垦义务人不复垦，或者复垦验收中经整改仍不合格的，应当缴纳土地复垦费，由有关自然资源主管部门代为组织复垦。同时，土地复垦义务人不依法履行土地复垦义务的，在申请新的建设用地时，有批准权的人民政府不得批准。

临时用地虽然不需要转变土地所有权属性，但是在审批及使用上仍需要严格遵循土地用途管理制度的规定，注意耕地及生态保护。

3. 违反临时用地管理规定的法律后果

目前，陆上风电项目土地的获取、使用与管理的相关法律规定，分布在各法律和政策性文件中，呈现出“多、散、新、变”的特点。《土地管理法》、《民法典》、《第三次全国国土调查主要数据公报》[①] 及《农村土地经营权流转管理办法》[②] 共同构成了我国土地法律关系的总体背景。从政策性文件的角度来看，光伏项目用地政策正处于新旧交替的状态，《关于支持新产业新业态发展促进大众创业万众创新用地的意见》（已失效）、《关于支持光伏扶贫和规范光伏发电产业用地的意见》（已失效）及《光伏发电站工程项目用地控制指标》（已失效）等对实践有重要指导意义的文件逐步到期失效，新的用地政策尚未出台。新能源项目用地问题监管，已呈现从严从紧的趋势。《自然资源部、农业农村部、国家林业和草原局关于严格耕地用途管制有关问题的通知》（自然资发〔2021〕166 号）指出，从第三次全国国土调查、2020 年度国土变更调查和督察执法情况看，违法违规建设占用耕地等问题依然十分突出，严重冲击耕地保护红线。临时用地的使用存在临时用地范围界定不规范、超期使用、使用后复垦不到位及违规批准临时用地等问题。因此，用地单位在项目的规划及建设中应当及时关注政策变化，注意不同规范性文件规定的差异。

（1）民事责任。

未经合法审批或表决程序使用临时用地将会带来租赁协议无效的后果，如擅自占用他人土地、未按审批使用土地、租用集体所有的土地缺少

① 根据《土地管理法》《土地调查条例》有关规定，国务院决定自 2017 年起开展第三次全国土地调查，以 2019 年 12 月 31 日为标准时点汇总数据，2021 年 8 月 25 日，由国务院第三次全国国土调查领导小组办公室、自然资源部、国家统计局共同发布最终公报。

② 《农村土地经营权流转管理办法》（农业农村部令 2021 年第 1 号），自 2021 年 3 月 1 日起施行。农业部于 2005 年 1 月 19 日发布的《农村土地承包经营权流转管理办法》（农业部令第 47 号）同时废止。

村集体民主表决程序、与不享有权利的主体签署土地租赁协议等，用地人可能因此承担赔偿责任。

《民法典》第153条规定："违反法律、行政法规的强制性规定的民事法律行为无效。但是，该强制性规定不导致该民事法律行为无效的除外。违背公序良俗的民事法律行为无效。"涉及金融安全、市场秩序、国家宏观政策等公序良俗的一般会被认为是效力强制性规定。一般观点认为，土地用途管制制度属于国家土地管理的宏观政策，《土地管理法》第57条、《土地管理法实施条例》第20条关于临时用地的规定，是关于土地用途管理制度的具体规定，均属于效力性强制性规定，对于违反该规定的民事法律行为应当认定为无效。司法实践中，大部分法院认为，未经办理临时用地审批手续即使用临时用地的，应当属于无效合同。[①] 但也有司法实践认定上述规定为管理强制性规定，不必然导致合同无效。在（2020）皖0421民初590号案中，安徽省凤台县人民法院认为，"本案中，阳光电源股份有限公司租用张某卫提供的土地用作临时堆放物料的场地并签订物料堆放土地租赁协议，没有证据证明已经由土地行政主管部门批准，违反了上述法律规定，对此，阳光电源股份有限公司有过错。但是，根据《中华人民共和国合同法》第五十二条第五项的规定，并非所有违反法律规定的合同均无效，只有违反法律、行政法规的强制性规定所订立的合同无效。上述土地管理条款属于管理性规范，而非效力性规范，违反管理性规范的并不必然导致合同无效"。

需要特别注意的是，随着《最高人民法院关于适用〈中华人民共和国民法典〉合同编通则若干问题的解释》的发布，2023年12月5日起，不再以属于效力强制性规定还是管理强制性规定为判断合同是否有效的标准。该解释第16条列举了违反强制性规定不影响合同效力的五种情形，体现了比例原则在民法上的适用，并且更加注重合同本身的目的是否能够实现。在判断未经审批手续或表决程序的临时用地租赁合同是否有效的问题上，司法实践可能会全盘考量合同目的，及平衡合同的有效性对各方利益

① 参见（2021）渝0153民初7112号、7113号、7114号、7115号、7116号。

的影响。但是对土地使用人来讲，忽视审批问题仍会有较大风险，在该解释尚未在新能源用地案件中使用的情况下，仍应关注审批流程及表决程序，避免因此造成责任隐患。

（2）行政责任。

用地人的行政责任集中规定在《土地管理法》中，风电项目临时用地需要经过审批，并且严格按照审批内容使用土地，特殊用地在法律规定的期限内使用完毕后应当恢复土地原本的用途。风电场项目未批先占、少批多占、侵占永久基本农田、以其他名义骗取使用林地行政许可、使用后未按照规定进行修复等各类违法违规行为都会引发行政后果。用地单位除了面临罚款、限期拆除、没收等处罚外，用地单位直接负责的主管人员和其他直接责任人员也会被给予处分，而构成犯罪的，依法将被追究刑事责任。行政机关在进行行政处罚的过程中，如果发现违法用地行为达到或者可能达到刑事责任的追诉标准，就可能会将该犯罪线索移交公安机关处理。

涉及行政协议的纠纷是否能仲裁需要注意一个特殊的时间节点，2015年5月1日之前订立的行政纠纷理论上可以适用《仲裁法》。《最高人民法院关于审理行政协议案件若干问题的规定》（法释〔2019〕17号）第28条规定，“2015年5月1日后订立的行政协议发生纠纷的，适用行政诉讼法及本规定。2015年5月1日前订立的行政协议发生纠纷的，适用当时的法律、行政法规及司法解释”。《行政诉讼法》第12条规定了以诉讼方式解决行政协议纠纷的案件范围，但并没有明确能否适用民事非讼救济手段解决该类案件。根据《仲裁法》的规定，行政协议纠纷能否适用仲裁的前提是缔约双方地位是否平等，协议纠纷适用仲裁的可能性并未被绝对排除。随着行政协议兼具行政性和协议性双重属性的观点逐渐受到认可，学界也有观点认为行政协议本质上是一种对等性行政契约，是行政主体与相对人之间就行政事项互相达成的合意，满足缔约双方地位平等的仲裁主体要件。[1]《仲裁法（修订）（征求意见稿）》更是删除了《仲裁法》“平等

① 参见于鹏：《行政协议纠纷适用仲裁研究》，载《清华法学》2022年第5期。

主体”的限制性表述，为行政协议纠纷直接适用仲裁提供了法律依据。在风电场项目的建设、使用及维护中，基于我国的土地用途分类管理制度，围绕用地问题可能产生一系列行政协议，这些协议是否可以由仲裁管辖，或是否合适由仲裁管辖需要结合多种因素综合考虑。在笔者处理的案件中也曾出现签订于2013年的土地特许经营协议在仲裁庭的建议下由当事人申请中止仲裁程序，向法院确定行政协议中的仲裁条款效力，最终双方共同决定通过诉讼解决争议的情况。总之，围绕土地所产生的行政协议在纠纷处理的路径选择上需要各方当事人在综合考虑涉案利害关系人数量、法律关系的性质以及最终定分止争目的等多种因素的基础上合理决定。

（3）刑事责任。

如前文所述，当用地单位的行政责任达到一定程度时，可能引起刑事后果。《刑法》第342条规定：“违反土地管理法规，非法占用耕地、林地等农用地，改变被占用土地用途，数量较大，造成耕地、林地等农用地大量毁坏的，处五年以下有期徒刑或者拘役，并处或者单处罚金。”根据土地用途的不同，最高人民法院对“数量较大，造成耕地、林地等农用地大量毁坏”的条件有具体的规定。[①]

民事诉讼活动遵循“先刑后民”的原则，即当发现案件涉嫌刑事犯罪时，应当在侦查机关对涉嫌刑事犯罪的事实查清后，由法院先对刑事犯罪进行审理，再就涉及的民事责任进行审理，或者由法院在审理刑事犯罪的同时，附带审理民事责任部分，在此之前不应当单独就其中的民事责任进行审理判决。该原则在仲裁实践中常表现为，如任何一方当事人认为案件涉及刑事犯罪，则应当向公安机关或其他有管辖权的机关进行报案，在相关机关出具正式的立案通知后，仲裁庭或仲裁机构则会根据相关反馈及当事人提供的证据决定是否中止仲裁程序。商事仲裁在面临涉嫌刑事犯罪的处理时需要考虑的是程序正当问题，具体来说，就是是否应当中止案件等

① 相关规定参见《最高人民法院关于审理破坏土地资源刑事案件具体应用法律若干问题的解释》（法释〔2000〕14号）、《最高人民法院关于审理破坏草原资源刑事案件应用法律若干问题的解释》（法释〔2012〕15号）、《最高人民法院关于审理破坏森林资源刑事案件适用法律若干问题的解释》（法释〔2023〕8号）。

待刑事犯罪的处理结果。根据一些仲裁实践案例，法院认为是否中止取决于仲裁庭或仲裁机构的决定，仲裁庭或仲裁机构应当依其仲裁规则或仲裁庭所作的决定进行处理。另外，在这种情况下，如果双方共同要求或共同约定中止程序，则应当尊重当事人意思自治，中止仲裁程序。

（二）仲裁对临时用地使用权纠纷的处理

商事仲裁是处理平等主体的公民、法人和其他组织之间发生的合同纠纷和其他财产权益纠纷的非诉纠纷解决机制。当事人通过仲裁条款或单独的仲裁协议约定将符合《仲裁法》规定的具有可仲裁性的争议提交至明确的仲裁机构，仲裁机构依据仲裁规则组成仲裁庭，由仲裁庭按照《仲裁法》和仲裁规则规定的程序对案件进行处理。商事仲裁与法院诉讼有明显区别，其可仲裁性要求和相对性限制使两种程序在处理有关临时用地问题时不完全相同。以本案为例，本案系A公司与B公司就双方签订的《技术服务合同》引起的纠纷，申请人请求被申请人按照合同约定支付服务费，被申请人在答辩中除了提及工程案件常见的是否依约履行合同义务的意见外，还提出了被申请人未按规定恢复植被给被申请人带来损失，并提起反请求，要求申请人赔偿损失。仲裁庭在考量该问题时，首先，确定了植被恢复责任义务人应当是被申请人，因此被申请人有义务承担植被恢复的责任；其次，在施工的过程中，申请人的确未经审批更改施工线路导致被申请人承受经济损失，酌情支持被申请人的直接经济损失赔偿。结合本案的处理情况，仲裁案件中如果涉及临时用地问题，则需要回归当事人之间的合同约定判断责任主体。

1. 临时用地租赁及承包合同的可仲裁性

可仲裁性指依据相关法律规定可以通过仲裁解决的争议范围。国内仲裁可仲裁性问题主要依据《仲裁法》和相关司法解释规定，平等主体的公民、法人和其他组织之间发生的合同纠纷和其他财产权益纠纷，可以仲裁。陆上集中式风电项目开发建设过程中，临时用地的取得方式包括设置地役权、借用土地等，实践中比较常见的是通过租赁或承包的方式获得临时用地的使用权。在仲裁中即表现为围绕临时用地使用的承包或租赁合同或协议的成立、效力、变更、转让、履行、违约责任、解释、解除等纠纷是否可以通过仲裁解决。

根据我国《民法典》和《农村土地承包法》的规定，建设单位可以依法承租承包人出租的土地经营权。当临时用地性质属于农民集体所有和国家所有，依法由农民集体使用的耕地、林地、草地，以及其他依法用于农业的土地时，应当明确获取临时用地使用权的合同性质。农村土地租赁合同的本质是一种债权关系，指土地使用者将土地使用权单独或者随同地上建筑物或其他附着物租赁给他人使用，由承租人向其支付租金的合同。一般来说，出租是农户将土地承包经营权转让给本村经济合作社以外的个人或组织，承租人通过租赁合同取得土地使用权，并向出租的农户支付租金的行为。土地承包经营合同的本质是用益物权，根据我国《农村土地承包法》第3条①的规定，农村土地承包有家庭承包和以招标、拍卖、公开协商等方式承包两种方式。前者承包的对象是农用地中的耕地、林地、草地，只能由集体经济组织内部成员承包；后者以招标、拍卖、公开协商等方式获得承包经营权的主体可以为集体经济组织以外的其他单位和个人，但对象仅限于荒山、荒沟、荒丘、荒滩等。通过前文的分析，风电项目中临时用地的重要来源之一就是“四荒”土地。农村土地租赁合同作为债权合同，属于财产权益纠纷，如果没有影响合同各方法律地位的因素，则属于商事仲裁可以管辖的纠纷。农村土地承包经营合同尽管不改变土地的所有权性质，但就其性质而言仍然属于物权合同，不属于商事仲裁的管辖范围，② 当事人应当依据《农村土地承包经营纠纷调解仲裁法》，向农村土地承包仲裁机构申请仲裁。如果当事人在承包合同中约定了商事仲裁条款，则会因为违反《仲裁法》第3条的规定而无效。当事人根据双方的商事仲裁条款提起仲裁，可能在立案时被仲裁机构的立案部门拒绝并释明理由；当事人执意立案，也会在进入实体审理的时候被仲裁庭以无管辖权为由驳

---

① 农村土地承包采取农村集体经济组织内部的家庭承包方式，不宜采取家庭承包方式的荒山、荒沟、荒丘、荒滩等农村土地，可以采取招标、拍卖、公开协商等方式承包。

② 《仲裁法》规定，以下纠纷不能通过商事仲裁解决：（1）婚姻、收养、监护、扶养、继承等具有人身依附性的纠纷以及依法应当由行政机关处理的行政争议。（2）劳动争议。（3）农业集体经济组织内部的农业承包合同纠纷。

回仲裁请求。

农村土地承包调解仲裁与本书所探讨的商事仲裁有以下几个区别。首先，两种仲裁机制管辖事项不同，土地承包仲裁是为了建立健全农村土地承包经营纠纷解决机制，及时制止、纠正侵害农民土地承包经营权的违法行为，保障农民对承包地的占有、使用、收益等权利而产生的，且因征收集体所有的土地及其补偿发生的纠纷，不属于农村土地承包仲裁委员会的受理范围。[①] 其次，受理机构不同。商事仲裁的受理机构系符合《仲裁法》第10条及第11条规定的经省、自治区、直辖市的司法行政部门登记的仲裁委员会或其他仲裁机构。从性质上讲，商事仲裁是一个中立的社会第三方机构，其权利来源于司法权力的让渡和当事人意思自治的选择。农村土地承包仲裁委员会设置在县农业农村局下，其日常工作由当地农村土地承包管理部门承担，属于行政仲裁。两个机构遵照各自的法律法规，依法成立各自的架构、聘用符合法律规定的仲裁员并按照相关规定组成仲裁庭审理案件。最后，两种裁决的效力不同。商事仲裁裁决为一裁终局，裁决作出即生效。当事人不服土地承包仲裁裁决的，可以自收到裁决书之日起30日内向人民法院起诉。

综上所述，仲裁庭有权审查临时用地合同的有效性，租赁合同一般可以由仲裁管辖，土地承包合同则不具有可仲裁性，需要向特定的仲裁委员会提起仲裁。

2. 临时土地租赁合同中涉行政关系的处理

上一节的分析中已经提到，临时用地合同可能会涉及行政责任，该责任贯穿用地审批、使用及复垦各个环节，后果包括面临处分、罚款、限期拆除、没收等处罚。因行政争议不属于商事仲裁的受理范围的规定广为人

---

① 《农村土地承包经营纠纷调解仲裁法》第2条第2款、第3款规定，“农村土地承包经营纠纷包括：（一）因订立、履行、变更、解除和终止农村土地承包合同发生的纠纷；（二）因农村土地承包经营权转包、出租、互换、转让、入股等流转发生的纠纷；（三）因收回、调整承包地发生的纠纷；（四）因确认农村土地承包经营权发生的纠纷；（五）因侵害农村土地承包经营权发生的纠纷；（六）法律、法规规定的其他农村土地承包经营纠纷。因征收集体所有的土地及其补偿发生的纠纷，不属于农村土地承包仲裁委员会的受理范围，可以通过行政复议或者诉讼等方式解决”。

知，实践中当事人对涉及行政关系的事项十分敏感，有时甚至绝对地认为只要是与行政机关有关的事项都不应当由仲裁庭处理。

对于与临时用地有关的问题，在商事仲裁中需要注意，农村土地承包合同及其所引起的争议不属于商事仲裁的受理范畴，该类合同的仲裁条款无效。一般来说，临时用地的取得并不改变土地所属权，土地来源多为国有土地和集体所有土地中的“四荒”部分，因此常表现为租赁合同和承包合同两种。土地租赁合同因其本质属于债权合同，在没有体现行政管理内容的情况下，属于商事仲裁可以受理的范围，约定的仲裁条款只要符合《仲裁法》对形式和内容的要求即为有效条款。土地承包合同的标的是用益物权，其本质是物权合同，因此土地承包合同是《仲裁法》排除适用的范畴，应当通过农村土地仲裁委员会处理纠纷。作为任何一方当事人的代理人应该明确，如果执意将该类合同纠纷提交仲裁，则不但仲裁请求不能得到支持，还会损失仲裁费。

另外，临时用地问题虽然往往有行政责任涉及其中，但并非因行政责任所造成的处罚就不属于仲裁庭管辖的范围。临时用地的使用包括审批取得使用许可，严格按照审批许可的范围和用途，在规定期限内使用土地的要求。在临时用地的使用过程中，土地的审批、监管以及农用地作为临时用地后的复垦问题均系行政法律关系所约束的事项，这些问题本身的定性定责属于相关行政部门的行政管理事项，并非商事仲裁可以解决的问题。但是，在行政机关对这些问题引起的行政后果作出处罚决定的情况下，处罚金额就有可能成为因不当履行合同义务所造成的债权后果，在这种情况下，如果当事方以履行合同不当为由提出应当支持该部分损失的请求，就属于仲裁庭的审理范围。以本案为例，因未经审批造成林地及植被毁坏而应当缴纳的罚款及恢复费用的确定属于行政机关的责任，但当行政机关已经作出相关处罚决定后，处罚决定所确定的数额即不当履约所造成的债权损失。因此，在面临相似案件计算损失时，应当明确当事人的请求是行政责任的确定，还是因行政责任所造成的损失，代理人应当对此进行区分并最大限度地保护当事人的合法权益。

从程序的角度讲，商事仲裁案件成形于英美法背景，延续了英美法关注“程序正义”的法律价值，在仲裁中程序规则和实体规定是同样重要的，无论是在国内仲裁还是在涉外仲裁中，程序瑕疵都是仲裁裁决不予承认或执行的法定事由之一。不同于诉讼程序，商事仲裁具体的程序性规定主要依靠各仲裁机构的仲裁规则予以规定，随着商事仲裁的不断发展，各仲裁机构会根据自身定位及特长制定相应的规则，当事人需要关注双方选定的仲裁机构的仲裁规则，在规则规定的期限内行使程序性权利。特别是仲裁员选择的问题，根据案件的具体情况及当事人的要求组成专业的仲裁庭审理案件是商事仲裁最明显的优势之一。陆上风电项目中包括多种法律关系，且属于发展迅速的新能源案件，对决定案件走向人员的法律素养及相关领域专业知识储备的要求很高，特别其法律规定比较散乱并仍处于发展完善的阶段，如果将相关案件提交至仲裁，那么当事人可以要求由了解新能源发展的专家组成专业仲裁庭审理案件，为当事人提供更加优质的服务。

（三）风电场施工合同纠纷的仲裁策略

从法律规范的角度看，民事主体享有的民事权利，包括请求权、支配权、抗辩权和形成权；在民事争议中最重要的就是要明确请求权基础，因为在合同纠纷中最终无论是案由的确定，还是举证责任的分配和责任主体的明确都要回归到请求权基础上。从实践的角度看，对可仲裁性问题的判定一般围绕请求权展开。请求权即法律关系的一方主体请求另一方主体为或不为一定行为的权利。在《民法典》的规定中，请求权因其基础权利之不同，分为债权上请求权、物权上请求权、基于他物权上请求权、知识产权请求权，故请求权基础理论又深深地影响着仲裁策略，如仲裁主体的选择、案由和合同性质的判定、举证责任的分配等。

1. 在仲裁程序中如何追加第三人

从广义上理解，仲裁第三人是仲裁程序中出现的，与裁决结果有利害关系的案外人，包括有仲裁协议的案外人和没有仲裁协议的案外人。开启仲裁的前提是可以确定当事人明确仲裁意思表示的书面的仲裁协议，因此对于有仲裁协议的第三人的情况本书不再赘述，主要讨论没有仲裁协议的第三人。

在诉讼程序中，虽然法院认为第三人和本案具有实质性联系，可以依职权将第三人列为诉讼第三人，但是在仲裁中，第三人即使与案件有实际联系，或对案件结果有重大影响，只要没有仲裁协议，仲裁庭也不能依职权主动增加第三人。在仲裁实务中，经常会出现一方申请人以案外人对查明案情有重要作用为由，申请仲裁庭将没有仲裁协议的案外人追加为被申请人（甚至第三人），绝大部分仲裁机构的仲裁庭会严格遵守仲裁相对性原则，驳回当事人的申请，但是有的机构在考虑实际案件情况后修改规则，将第三人加入了其仲裁规则。例如，《广州仲裁委员会仲裁规则》第27条第4项规定，“（四）无仲裁协议的案外人加入仲裁程序成为当事人的，应当经案外人及各方当事人一致同意。是否接受，仲裁庭组成前由本会决定，仲裁庭组成后由仲裁庭决定”。《最高人民法院关于适用〈中华人民共和国仲裁法〉若干问题的解释》第8条、第9条①虽然对身份的变更进行了规定，但还是需要有明确的证据以及排除受让人有明确的反对的证据。特别是在涉及继承关系的财产纠纷中，为确保当事人系仲裁协议签订方的继承人身份，仲裁庭可能需要其提供公证文书确定继承关系。

关于第三人参与程序的期限问题，法院一审、二审等程序中都可以申请第三人加入。但是，在仲裁中，第三人只能在程序部分时申请加入，至于加入的时间，宏观的《仲裁法》以及《最高人民法院关于适用〈中华人民共和国仲裁法〉若干问题的解释》（法释〔2006〕7号）并没有进行规定，国内各仲裁机构的《仲裁规则》中有些对此进行了专门规定。譬如，《北京仲裁委员会仲裁规则》第14条②、《中国国际经济贸易仲裁委员会仲

---

① 《最高人民法院关于适用〈中华人民共和国仲裁法〉若干问题的解释》第8条第1款规定，当事人订立仲裁协议后合并、分立的，仲裁协议对其权利义务的继承人有效。第9条规定，债权债务全部或者部分转让的，仲裁协议对受让人有效，但是当事人另有约定，在受让债权债务时受让人明确反对或者不知有单独仲裁协议的除外。

② 《北京仲裁委员会仲裁规则》第14条规定，“追加当事人（一）仲裁庭组成前，经本会同意，当事人可以依据相同仲裁协议在案件中申请追加当事人。（二）申请追加当事人应当提交追加当事人申请书，申请书的内容及受理、答辩等事项，参照本规则第七条、第九条至第十一条的规定办理。（三）仲裁庭组成后，除非申请人、被申请人及被追加的当事人均同意，否则不再接受追加当事人的申请”。

裁规则》(2024 版)第 18 条[①]、《上海国际经济贸易仲裁委员会(上海国际仲裁中心)仲裁规则》(2024 年版)第 41 条[②]、《西安仲裁委员会仲裁规则》(2023 版)第 22 条[③]中规定了可以追加当事人，并且规定了在仲裁

---

① 《中国国际经济贸易仲裁委员会仲裁规则》(2024 版)第 18 条规定，"追加当事人(一)在仲裁程序中，一方当事人依据表面上约束被追加当事人的案涉仲裁协议可以向仲裁委员会申请追加当事人。在仲裁庭组成后申请追加当事人的，如果仲裁庭认为确有必要，应在征求包括被追加当事人在内的各方当事人的意见后，由仲裁委员会作出决定。仲裁委员会仲裁院收到追加当事人申请之日视为针对该被追加当事人的仲裁开始之日。(二)追加当事人申请书应包含现有仲裁案件的案号，涉及被追加当事人在内的所有当事人的名称、住所及通讯方式，追加当事人所依据的仲裁协议、事实和理由，以及仲裁请求。当事人在提交追加当事人申请书时，应附具其申请所依据的证据材料以及其他证明文件。(三)任何一方当事人就追加当事人程序提出仲裁协议及/或仲裁案件管辖权异议的，适用本规则第六条相关规定作出管辖权决定。(四)追加当事人程序开始后，在仲裁庭组成之前，由仲裁委员会仲裁院就仲裁程序的进行作出决定；在仲裁庭组成之后，由仲裁庭就仲裁程序的进行作出决定。(五)在仲裁庭组成之前追加当事人的，本规则有关当事人选定或委托仲裁委员会主任指定仲裁员的规定适用于被追加当事人。仲裁庭的组成应按照本规则第二十九条的规定进行。在仲裁庭组成后决定追加当事人的，仲裁庭应就已经进行的包括仲裁庭组成在内的仲裁程序征求被追加当事人的意见。被追加当事人要求选定或委托仲裁委员会主任指定仲裁员的，双方当事人应重新选定或委托仲裁委员会主任指定仲裁员。仲裁庭的组成应按照本规则第二十九条的规定进行。(六)本规则有关当事人提交答辩及反请求的规定适用于被追加当事人。被追加当事人提交答辩及反请求的期限自收到追加当事人仲裁通知后起算。(七)案涉仲裁协议表面上不能约束被追加当事人或存在其他任何不宜追加当事人的情形的，仲裁委员会有权决定不予追加"。

② 《上海国际经济贸易仲裁委员会(上海国际仲裁中心)仲裁规则》(2024 年版)第 41 条规定，"案外人加入仲裁程序(一)当事人请求增加同一仲裁协议下其他协议方为案件当事人的，或者该其他协议方申请加入仲裁程序的，应当提交书面申请，在仲裁庭组成前由秘书处决定是否同意，仲裁庭组成后由仲裁庭决定。(二)秘书处同意其他协议方加入仲裁程序后，多方申请人或者多方被申请人不能共同选定该方仲裁员的，除非当事人就仲裁庭的组成另行达成约定，该案仲裁员全部由仲裁委员会主任指定。(三)在仲裁庭组成后，其他协议方和当事人未能就仲裁庭的组成达成一致的，仲裁庭有权不同意其他协议方加入仲裁程序。(四)其他协议方加入仲裁程序后，各方当事人可以就重新确定提交答辩书、提出反请求或者变更仲裁请求、提交证据材料的期限等提出书面申请，在仲裁庭组成前由秘书处决定是否同意，仲裁庭组成后由仲裁庭决定。(五)在仲裁程序中，双方当事人可以经非同一仲裁协议下其他协议方的案外人同意后，书面申请增加其为案件当事人，该等案外人也可以经双方当事人同意后书面申请作为案件当事人。该等案外人加入仲裁程序的其他有关规定，参照本条的规定进行"。

③ 《西安仲裁委员会仲裁规则》(2023 版)第 22 条规定，"追加当事人(一)符合下列条件之一的，当事人或者案外人可以向本会或者仲裁庭书面申请追加当事人：1. 根据表面证据判断，被追加的当事人受案涉仲裁协议的约束。2. 包括被追加当事人在内的各方当事人均同意被追加的当事人加入该仲裁程序。(二)是否接受追加当事人的申请，仲裁庭组成前，由本会作出决定；仲裁庭组成后，由仲裁庭作出决定。在决定是否接受追加当事人申请时，应当听取各方当事人意见并考虑案件的具体情况。(三)本会决定接受追加当事人申请的，仲裁员的选定或者指定根据本规则第二十八条至第三十条的规定处理。(四)仲裁庭决定接受追加当事人申请的，任何未参与仲裁庭组成程序的当事人视为同意已经进行的仲裁程序合法有效并受其约束，但不影响该当事人根据本规则第三十三条的规定申请仲裁员回避的权利。(五)本规则第十七条、第十八条关于当事人提交答辩书及反请求的规定可以适用于被追加当事人"。

庭组成前的追加程序和仲裁庭组成后的追加程序，但是并未对追加的时间（首次开庭前还是庭审程序终结前）进行规定，根据仲裁实践，一般追加当事人的时间均是在首次开庭前，开庭过程中追加当事人的大多涉及开庭前的送达等程序问题，除特殊情况外，仲裁庭基本比较保守。一旦庭审结束，就只能通过仲裁案件的司法审查程序进行弥补，但需要注意的是，实践中裁决的撤销门槛较高，对裁决的司法审查往往采取形式审查，主要是审查仲裁程序是否存在瑕疵，如果仲裁程序没有瑕疵，那么裁决将无法撤销。关于决定第三人是否可以参与程序的问题，在诉讼程序中法院可以依职权将其列为第三人，而在仲裁中，“当事人意思自治”堪称帝王条款，只能由第三人主动申请加入，无论是申请人、被申请人还是仲裁庭都不能强迫其加入。新能源案件涉及的法律关系比较复杂，在实务操作中不同的请求权基础对应的是不同的当事人，当其中存在各方利害关系互相牵连时就要注意第三人是否能够参与纠纷解决的程序问题。

2. 工程存在质量问题，工程款如何支付

建设工程价款纠纷案件中，在承包人起诉发包人支付工程价款时，发包人在竣工过程中发现建设的工程存在质量瑕疵，给施工人发整改通知要求其对瑕疵工程进行修理、返工、改建，但是施工人不履行或者不适当履行，为了保证工程质量，发包人自行或者委托其他施工人对瑕疵部分进行修理、返工、改建。但是，在最后施工人依据签订的《施工合同》请求发包人支付工程款时，发包人常常以工程质量存在问题，要求减少工程价款，或者要求支付修复费用、赔偿损失。发包人的该项请求主要可以从合同违约责任、质量缺陷责任、质量保修责任等方面入手。

（1）合同违约责任。

《民法典》第801条规定：“因施工人的原因致使建设工程质量不符合约定的，发包人有权请求施工人在合理期限内无偿修理或者返工、改建。经过修理或者返工、改建后，造成逾期交付的，施工人应当承担违约责任。”《最高人民法院关于审理建设工程施工合同纠纷案件适用法律问题的解释（一）》第12条规定：“因承包人的原因造成建设工程质量不符合约定，承包人拒绝修理、返工或者改建，发包人请求减少支付价款的，人民法院应予支持。”

但是，在实践中，发包人在仲裁开庭审理中在答辩状或者口头答辩时：要求减少工程价款，或者根据合同约定支付维修费或者赔偿损失的请求是按照反请求处理，还是按照答辩处理，仲裁实务中有不同的处理意见。笔者认为，发包人在主张以工程通过竣工验收前支付修复费用折抵工程款的，可以按照答辩处理也可以按照仲裁反请求处理，如果发包人提出的是答辩意见，那么仲裁庭应当尊重当事人的意愿。因为发包人的这项请求并没有超出合同约定的仲裁协议的范围，无论是通过答辩还是反请求的任何一种方式，都是在仲裁协议约定的范围内维护自身权益。在发包人选择以抗辩形式主张从工程款中扣除质量维修费时，法院应当作为抗辩进行审理，不应要求发包人另行提出反诉。但是，发包人要求承包人赔偿修复的费用等损失的，应当根据《最高人民法院关于审理建设工程施工合同纠纷案件适用法律问题的解释（一）》（法释〔2020〕25 号）第 16 条的规定，按照反诉处理。在工程通过竣工验收后，发包人因工程质量主张减少价款的，应当按照抗辩处理。

（2）质量缺陷责任。

《建设工程质量保证金管理办法》第 9 条规定：“缺陷责任期内，由承包人原因造成的缺陷，承包人应负责维修，并承担鉴定及维修费用。如承包人不维修也不承担费用，发包人可按合同约定从保证金或银行保函中扣除，费用超出保证金额的，发包人可按合同约定向承包人进行索赔。承包人维修并承担相应费用后，不免除对工程的损失赔偿责任。由他人原因造成的缺陷，发包人负责组织维修，承包人不承担费用，且发包人不得从保证金中扣除费用。”

建设工程项目一般都会约定质保金和质量保修期，承包人在合同约定的保修期届满以后提起诉讼的，要求发包人支付质保金以及工程款的，发包人以“工程质量存在缺陷，在质保期内通知了承包人，但是一直未进行维修，发包人已经自行修复或者重新委托他人进行修复”为由主张扣除相应的质保金。发包人此时仅仅是要求扣除或者继续扣留质保金的，发包人的此项主张是依据签订的建设施工合同中的质保金条款的约定进行扣除，因承包人没有履行维修责任违约在先，发包人的扣除请求是在行使自己的抵销权，不构成一个独立的诉讼，应该按照抗辩意见处理。在仲裁程序中，此类情形也是按照答辩意见处理。修复的费用超出了质保金的数额，发包人要求承担赔偿损失的，应该按照《最高人民法院关于审理建设工程施工合同纠纷案件适用法律问题的解释（一）》（法释〔2020〕25号）第16条规定的“发包人在承包人提起的建设工程施工合同纠纷案件中，以建设工程质量不符合合同约定或者法律规定为由，就承包人支付违约金或者赔偿修理、返工、改建的合理费用等损失提出反诉的，人民法院可以合并审理”处理。

（3）质量保修责任。

《建筑法》第62条规定，建筑工程实行质量保修制度。建筑工程的保修范围应当包括地基基础工程、主体结构工程、屋面防水工程和其他土建工程，以及电气管线、上下水管线的安装工程，供热、供冷系统工程等项目；保修的期限应当按照保证建筑物合理寿命年限内正常使用，维护使用者合法权益的原则确定。具体的保修范围和最低保修期限由国务院规定。发包人主张的剩余的工程款数额不足以覆盖修复费用，要求承包人赔偿损失的，发包人要求承包人承担保修责任及承包人未履行或未恰当履行保修义务导致的违约赔偿责任，具备了诉的要件，应提出反诉。在实践中，《北京市高级人民法院关于审理建设工程施工合同纠纷案件若干疑难问题的解答》第28条规定：“承包人要求支付工程款，发包人主张工程质量不符合合同约定给其造成损害的，应按以下情形分别处理：（1）建设工程已经竣工验收合格，或虽未经竣工验收，但发包人已实际使用，工程存在的质量问题一般应属于工程质量保修的范围，发包人以此为由要求拒付或减付工程款的，对其质量抗辩不予支持，但确因承包人原因导致工程的地基基础工程或主体结构质量不合格的除外；发包人反诉或另行起诉要求承包人承担保修责任或者赔偿修复费用等实际损失的，按建设工程保修的相关规定处理……”

在实践中，法院和仲裁庭通常会将发包人提出的反诉和本诉按照《最高人民法院关于审理建设工程施工合同纠纷案件适用法律问题的解释

(一)》(法释〔2020〕25 号)第 16 条的规定合并一起处理。

3. 工程变更后，工程款如何支付

工程变更在工程建设的过程中不可避免地产生，其中涉及工程价款的纠纷不计其数。在本案中就存在申请人施工的路径和审批时的路径不一致，导致工程变更的情形。因建设工程合同中以价格为分类依据可以分为：固定总价可调合同、固定单价不可调合同、固定总价合同、固定单价兼考虑一定风险合同。工程变更是否影响工程款的支付也应当按照签订合同种类进行逐一分析应对。

(1) 固定总价可调合同。工程案件中设计图纸是至关重要的，任何的建设作业均要依照施工图纸进行。如果最初的设计图纸与施工图不一致，是否属于工程变更范围？在中国电建集团新能源电力有限公司（以下简称电建公司）(原贵州电力建设第二工程公司)、贵州赤天化桐梓化工有限公司建设施工合同纠纷案[①]中，最高人民法院认为，涉案项目从最初的招标范围到投标，以及双方签订的 EPC 总承包合同所确定的承包范围等都十分明确，电建公司作为总承包商，其合同义务不仅仅是按图施工，还包含勘察、施工图设计、设备材料采购等多项工作。而且，EPC 总承包合同第 11 条第 3 款也再次明确，对初设图优化所导致的工程量增减及设备改变均不属于合同约定的变更范围。在电建公司没有证据证明变更系业主提出的情况下，初设图到施工图的变更，原则上属于承包商履行其合同义务所必需进行的优化，鉴定单位将该部分认定为“业主要求的变更”从而计入工程变更范围，是对 EPC 总承包合同的错误理解，所以该部分不能计入涉案工程总造价。笔者认为，EPC 总承包合同是双方真实意思的表示，并且不违反法律法规的强制性规定，合同真实有效，应该按照合同的约定进行处理，并且合同中约定了对初设图优化导致的工程量增减及设备改造均不属于合同约定的变更的范围。从初设图到施工图的过程就是要不断地更新优化，遇到特殊情况需要变更的，也是属于形成施工图的过程性阶段，应当视为合同义务的不断优化，不能视为变更了工程范围，改变了工程总

① 参见（2019）最高法民终 1356 号。

造价。

（2）固定单价兼考虑一定风险合同。在这类合同中，如果因为实际的工程超过了合同的约定，需要据实结算，那么必须有充分的证明能够证明已经发生了工程量的变更，否则无法达到索要实际工程款的目的。

（3）固定总价合同。在施工过程中，如果工程发生了变更，需要制作工程量变更单，并且需要经过合同双方签字才算有效。如果缺少了一方主体的签字，仅有一方的签字，那么在固定总价合同中是不能将变更的量计算到本合同项下的工程款的支付中的。例如，在河南国基建设集团有限公司（以下简称国基公司）、焦作市中山置业有限公司（以下简称中山公司）建设工程施工合同纠纷案[①]中，再审法院认为，关于售楼部、银行订购商铺、楼梯等工程变更价款21,999.21元应否计算的问题，国基公司主张实际施工过程中尚属工程存在变更，并提供了变更签证加以佐证。经查，国基公司提供的改组证据是该公司单方制作的，未经中山公司或者监理单位确认，与双方约定的工程变更审批程序不符，不能证明该部分工程的实际变更情况，国基公司据此主张计算相应的工程变更价款依据不足，法院不予支持。

四、法条索引

1.《中华人民共和国行政诉讼法》（2017年修正）（主席令第71号，2017年7月1日起施行）

第十二条　人民法院受理公民、法人或者其他组织提起的下列诉讼：

（一）对行政拘留、暂扣或者吊销许可证和执照、责令停产停业、没收违法所得、没收非法财物、罚款、警告等行政处罚不服的；

（二）对限制人身自由或者对财产的查封、扣押、冻结等行政强制措施和行政强制执行不服的；

（三）申请行政许可，行政机关拒绝或者在法定期限内不予答复，或者对行政机关作出的有关行政许可的其他决定不服的；

（四）对行政机关作出的关于确认土地、矿藏、水流、森林、山岭、

① 参见（2018）最高法民申2123号。

草原、荒地、滩涂、海域等自然资源的所有权或者使用权的决定不服的；

（五）对征收、征用决定及其补偿决定不服的；

（六）申请行政机关履行保护人身权、财产权等合法权益的法定职责，行政机关拒绝履行或者不予答复的；

（七）认为行政机关侵犯其经营自主权或者农村土地承包经营权、农村土地经营权的；

（八）认为行政机关滥用行政权力排除或者限制竞争的；

（九）认为行政机关违法集资、摊派费用或者违法要求履行其他义务的；

（十）认为行政机关没有依法支付抚恤金、最低生活保障待遇或者社会保险待遇的；

（十一）认为行政机关不依法履行、未按照约定履行或者违法变更、解除政府特许经营协议、土地房屋征收补偿协议等协议的；

（十二）认为行政机关侵犯其他人身权、财产权等合法权益的。

除前款规定外，人民法院受理法律、法规规定可以提起诉讼的其他行政案件。

2.《最高人民法院关于审理行政协议案件若干问题的规定》（法释〔2019〕17号，2020年1月1日起施行）

第二十六条　行政协议约定仲裁条款的，人民法院应当确认该条款无效，但法律、行政法规或者我国缔结、参加的国际条约另有规定的除外。

第二十七条　人民法院审理行政协议案件，应当适用行政诉讼法的规定；行政诉讼法没有规定的，参照适用民事诉讼法的规定。

人民法院审理行政协议案件，可以参照适用民事法律规范关于民事合同的相关规定。

第二十八条　2015年5月1日后订立的行政协议发生纠纷的，适用行政诉讼法及本规定。

2015年5月1日前订立的行政协议发生纠纷的，适用当时的法律、行政法规及司法解释。

3.《最高人民法院关于适用〈中华人民共和国民法典〉合同编通则若干问题的解释》（法释〔2023〕13号，2023年12月5日起施行）

第十六条　合同违反法律、行政法规的强制性规定，有下列情形之一，由行为人承担行政责任或者刑事责任能够实现强制性规定的立法目的的，人民法院可以依据民法典第一百五十三条第一款关于“该强制性规定不导致该民事法律行为无效的除外”的规定认定该合同不因违反强制性规定无效：

（一）强制性规定虽然旨在维护社会公共秩序，但是合同的实际履行对社会公共秩序造成的影响显著轻微，认定合同无效将导致案件处理结果有失公平公正；

（二）强制性规定旨在维护政府的税收、土地出让金等国家利益或者其他民事主体的合法利益而非合同当事人的民事权益，认定合同有效不会影响该规范目的的实现；

（三）强制性规定旨在要求当事人一方加强风险控制、内部管理等，对方无能力或者无义务审查合同是否违反强制性规定，认定合同无效将使其承担不利后果；

（四）当事人一方虽然在订立合同时违反强制性规定，但是在合同订立后其已经具备补正违反强制性规定的条件却违背诚信原则不予补正；

（五）法律、司法解释规定的其他情形。

法律、行政法规的强制性规定旨在规制合同订立后的履行行为，当事人以合同违反强制性规定为由请求认定合同无效的，人民法院不予支持。但是，合同履行必然导致违反强制性规定或者法律、司法解释另有规定的除外。

依据前两款认定合同有效，但是当事人的违法行为未经处理的，人民法院应当向有关行政管理部门提出司法建议。当事人的行为涉嫌犯罪的，应当将案件线索移送刑事侦查机关；属于刑事自诉案件的，应当告知当事人可以向有管辖权的人民法院另行提起诉讼。

4.《建设工程质量管理条例》（2019年修订）（国务院令第714号，2019年4月23日起施行）

第三十九条　建设工程实行质量保修制度。

建设工程承包单位在向建设单位提交工程竣工验收报告时，应当向建设单位出具质量保修书。质量保修书中应当明确建设工程的保修范围、保修期限和保修责任等。

第四十条　在正常使用条件下，建设工程的最低保修期限为：

（一）基础设施工程、房屋建筑的地基基础工程和主体结构工程，为设计文件规定的该工程的合理使用年限；

（二）屋面防水工程、有防水要求的卫生间、房间和外墙面的防渗漏，为5年；

（三）供热与供冷系统，为2个采暖期、供冷期；

（四）电气管线、给排水管道、设备安装和装修工程，为2年。

其他项目的保修期限由发包方与承包方约定。

建设工程的保修期，自竣工验收合格之日起计算。

第四十一条　建设工程在保修范围和保修期限内发生质量问题的，施工单位应当履行保修义务，并对造成的损失承担赔偿责任。

第四十二条　建设工程在超过合理使用年限后需要继续使用的，产权所有人应当委托具有相应资质等级的勘察、设计单位鉴定，并根据鉴定结果采取加固、维修等措施，重新界定使用期。

5.《最高人民法院关于审理建设工程施工合同纠纷案件适用法律问题的解释（一）》（法释〔2020〕25号，2021年1月1日起施行）

第十四条　建设工程未经竣工验收，发包人擅自使用后，又以使用部分质量不符合约定为由主张权利的，人民法院不予支持；但是承包人应当在建设工程的合理使用寿命内对地基基础工程和主体结构质量承担民事责任。

第十五条　因建设工程质量发生争议的，发包人可以以总承包人、分包人和实际施工人为共同被告提起诉讼。

第十六条　发包人在承包人提起的建设工程施工合同纠纷案件中，以建设工程质量不符合合同约定或者法律规定为由，就承包人支付违约金或者赔偿修理、返工、改建的合理费用等损失提出反诉的，人民法院可以合并审理。

第十七条　有下列情形之一，承包人请求发包人返还工程质量保证金的，人民法院应予支持：

（一）当事人约定的工程质量保证金返还期限届满；

（二）当事人未约定工程质量保证金返还期限的，自建设工程通过竣工验收之日起满二年；

（三）因发包人原因建设工程未按约定期限进行竣工验收的，自承包人提交工程竣工验收报告九十日后当事人约定的工程质量保证金返还期限届满；当事人未约定工程质量保证金返还期限的，自承包人提交工程竣工验收报告九十日后起满二年。

发包人返还工程质量保证金后，不影响承包人根据合同约定或者法律规定履行工程保修义务。

第十八条　因保修人未及时履行保修义务，导致建筑物毁损或者造成人身损害、财产损失的，保修人应当承担赔偿责任。

保修人与建筑物所有人或者发包人对建筑物毁损均有过错的，各自承担相应的责任。

第十九条　当事人对建设工程的计价标准或者计价方法有约定的，按照约定结算工程价款。

因设计变更导致建设工程的工程量或者质量标准发生变化，当事人对该部分工程价款不能协商一致的，可以参照签订建设工程施工合同时当地建设行政主管部门发布的计价方法或者计价标准结算工程价款。

建设工程施工合同有效，但建设工程经竣工验收不合格的，依照民法典第五百七十七条规定处理。

第二十条　当事人对工程量有争议的，按照施工过程中形成的签证等书面文件确认。承包人能够证明发包人同意其施工，但未能提供签证文件证明工程量发生的，可以按照当事人提供的其他证据确认实际发生的工程量。

第二十一条　当事人约定，发包人收到竣工结算文件后，在约定期限内不予答复，视为认可竣工结算文件的，按照约定处理。承包人请求按照竣工结算文件结算工程价款的，人民法院应予支持。

第二十二条　当事人签订的建设工程施工合同与招标文件、投标文件、中标通知书载明的工程范围、建设工期、工程质量、工程价款不一致，一方当事人请求将招标文件、投标文件、中标通知书作为结算工程价款的依据的，人民法院应予支持。

第二十三条　发包人将依法不属于必须招标的建设工程进行招标后，与承包人另行订立的建设工程施工合同背离中标合同的实质性内容，当事人请求以中标合同作为结算建设工程价款依据的，人民法院应予支持，但发包人与承包人因客观情况发生了在招标投标时难以预见的变化而另行订立建设工程施工合同的除外。

第二十四条　当事人就同一建设工程订立的数份建设工程施工合同均无效，但建设工程质量合格，一方当事人请求参照实际履行的合同关于工程价款的约定折价补偿承包人的，人民法院应予支持。

实际履行的合同难以确定，当事人请求参照最后签订的合同关于工程价款的约定折价补偿承包人的，人民法院应予支持。

典型纠纷5

合同能源项目合同纠纷

参考案例　山东 A 齿轮桥箱有限公司与莱芜 B 光电光伏发电有限公司供用电合同纠纷[①]

一、案情介绍

2014 年 4 月 28 日，原告莱芜 B 光电光伏发电有限公司（以下简称 B 光电公司）（乙方）与被告山东 A 齿轮桥箱有限公司（以下简称 A 齿轮公司）（甲方）签订《合同能源管理项目合同》一份，合同约定：鉴于该合同双方同意按“合同能源管理”模式就 B 光电公司分布式发电项目进行专项节能服务，并由甲方按照该合同约定支付乙方相应的节能服务费用。具体为甲方提供适合安装太阳能发电设备的足够项目容量的屋顶，乙方投资建设安装太阳能发电装置。该合同第 4 节约定：甲方向乙方支付节能服务费；项目节能效益由甲、乙双方按照 1∶9 的比例分享，乙方可享受的节能效益部分即为甲方应支付给乙方的节能服务费用，甲方可享受的节能效益部分作为乙方支付给甲方的房顶租赁费和所享受的节能效益；甲方以 0.73 元/千瓦时的电价优先使用乙方电站所发电量。节能服务费用按月结算，乙方于每月最后 1 日 16 时确定当月光伏电站的分时发电量，次月 7 日前向甲方开具节能服务费发票，甲方于收到发票的当月 20 日前一次性向乙方付清发票载明的节能服务费。该合同第 9 节约定：如甲方未按期足额支付节能服务费，对逾期付款的金额按照每日 3‰向乙方支付违约金。

2015 年 12 月 10 日，B 光电公司向 A 齿轮公司发出承诺书，承诺项目正式并网前 1 个月内，项目发电免费给被告使用（一个月累计发电约 60 万度），需要被告停电两次至三次来配合原告安装连接设备，以确保项目能达到并网条件。

2016 年 7 月 14 日，原、被告签订《协议书》一份，双方就因原告的

① 参见（2020）鲁民申 7767 号。

施工给被告造成车间受损的赔偿一事，达成协议大致如下：原告在收到增值税发票3日内向被告支付60万元赔偿金；项目并网发电后，原告免费提供给被告40万元的光伏首发电费；原告于2016年7月25日前完成屋顶施工现场清理和受损部位的修复工作。

2017年4月13日，原、被告再次签订《停电补偿协议书》一份，协议约定如原告每申请停电1次（单次停电总时长小于8小时），就赔偿被告100万元。若出现意外停电情况，被告允许原告在1.5小时内予以解决，并以光伏发电量收益来弥补损失；原告项目并网发电后，将免费提供被告含税价值100万元的光伏首发电量；如项目自发自用，余电上网模式变更为全额上网，被告同意屋面租赁费按7元/平方米收取。

2019年4月22日，原告向被告发出催款函一份，截至2019年3月14日被告已经使用电量6,461,760度，按照0.73元/度计算，应当支付电费4,717,084.80元。扣除140万元后，被告仍应支付3,317,084.80元，被告自认收到了上述催款函。

此外，2017年4月28日，B光电公司与A齿轮公司签订《屋顶租赁合同》一份，合同约定A齿轮公司将位于汶阳工业园长江大街75号的厂房屋顶8.64万平方米出租给B光电公司用于建设光伏发电项目。2015年12月10日，B光电公司为A齿轮公司出具承诺书一份，即其安装的5.38兆瓦分布式光伏发电项目需要A齿轮公司停电配合项目并网，在项目正式并网前1个月内，项目发电免费给A齿轮公司使用。2017年4月13日和5月12日，因原告施工，被告实际停电两次。2017年6月27日，项目正式并网，自项目并网至2019年3月14日，被告共使用电量6,461,760度（1,867,120度+4,146,400度+448,240度）。

因A齿轮公司未按合同约定支付电费，B光电公司向济南市莱芜区人民法院起诉，请求：（1）请求判令被告A齿轮公司支付电费2,317,084.8元及利息（以2,317,084.8元为基数，按每日3‰自起诉之日计算利息至实际付清之日）；（2）诉讼费由被告A齿轮公司承担。

一审法院判决：被告A齿轮公司于判决生效之日起5日内支付给原告B光电公司电费1,279,084.80元及违约金（以1,279,084.80元为基数，自原告起诉之日即2019年8月13日起至实际给付之日止，按日3‰计算）；驳回原告B光电公司的其他诉讼请求。

A齿轮公司及B光电公司收到判决书后，均上诉至山东省济南市中级人民法院，济南市中级人民法院经审理后判决：驳回上诉，维持原判。

B光电公司遂向山东省高级人民法院申请再审，山东省高级人民法院于2020年11月11日作出（2020）鲁民申7767号民事裁定书，经审查认为，申请人A齿轮公司与被申请人B光电公司之间签订的《合同能源管理项目合同》《协议书》《停电补偿协议书》《屋顶租赁合同》，系双方当事人的真实意思表示，合法有效，双方当事人均应按照合同约定履行各自的义务。再审审查的焦点问题是，原审判决是否具有事实和法律依据。

本案中，关于申请人A齿轮公司主张其与被申请人B光电公司于2016年7月14日签订的《协议书》中约定的40万元首发电量应当扣减的问题，原审判决认定项目并网发电后免费提供的发电量，因协议达成的时间不一致，应以2017年4月13日签订的《停电补偿协议书》第3条第4款的约定为准，并无不当；申请人主张应同时扣减40万元和100万元，无证据支持。关于A齿轮公司主张电费价格应随当地电网销售价格相应调整及应享受一成的节能效益的问题，原审判决认定因双方约定的0.73元/千瓦时即优先电价，双方在之后的合同履行过程中亦未对电价调整重新进行约定，故以0.73元/千瓦时的电价计算电费数额，并无不当。原审判决认定事实清楚。

关于申请人A齿轮公司所提其与被申请人B光电公司双方签订的《合同能源管理项目合同》中明确约定A齿轮公司应依约享受一成的节能效益，二审判决遗漏了对该约定的审查和认定的事由，经查，此事由与事实不符，二审判决已经明确述明“关于A齿轮公司主张电费价格应随当地电网销售价格相应调整及应享受一成的节能效益的问题”“一审判决以0.73元/千瓦时的电价计算电费数额并无不当”“A齿轮公司的上诉理由均不能成立”，并未遗漏对A齿轮公司上诉理由的审查和认定。

山东省高级人民法院裁定：驳回山东A齿轮公司的再审申请。

二、案例解读

本案是一起典型的合同能源项目纠纷。合同能源管理系由中国政府和全球环境基金、世界银行等主体联合实施的“世行/GEF 中国节能促进项目”引进中国，《中华人民共和国国民经济和社会发展第十四个五年规划和 2035 年远景目标纲要》对合同能源管理的解释为：合同能源管理是指节能服务公司与用能单位约定节能项目的节能目标，节能服务公司为实现节能目标向用能单位提供必要的服务，用能单位以节能效益、节能服务费或能源托管费支付节能服务公司的投入及合理利润的节能服务机制。此后，合同能源管理作为一种新型的市场化运作节能管理机制和有效的节能降耗方法，在中国快速推广和发展。

（一）合同能源管理协议是民事协议

合同能源管理发生在节能服务公司与用能单位之间，节能服务公司与用能单位通过签订能源管理项目合同，约定由节能服务公司为用能单位提供节能技术改造，而用能单位以节能效益、能源托管费或节能服务费向节能服务公司支付节能技术改造项目的全部投入及合理利润。合同期内，节能服务公司与用能单位按照约定进行节能效益分享，在合同期满后，节能服务公司一般会将改造升级的设备移交给用能单位，用能单位享受合同期后产生的所有节能效益。该节能方式允许节能服务公司用未来的节能收益为工厂和设备升级，以降低用能单位的生产成本，也在节能服务公司和用能单位之间建立了一种新型合作关系，从而激励节能服务公司和用能单位积极参与节能改造，推动节能项目的开展。

合同能源管理项目要落地实施，首先需要节能服务公司与用能单位签订《合同能源管理项目合同》。然而，合同签订后，其是否具有对双方当事人的法律约束力，则涉及合同效力问题，如果合同有效，则双方当事人负有全面履行的义务，否则，守约方可以依靠国家强制力，要求合同相对方承担缔约过失责任。

本案中，《合同能源管理项目合同》系由节能服务公司即 B 光电公司与用能单位 A 齿轮公司经过“平等协商”后签订的，不属于格式合同，不适用有关格式条款的相关约定。从约定的内容来看，B 光电公司与 A 齿轮公司就合作模式、节能服务费支付、节能效益分享、电价优惠等进行约定，协议内容不存在违反法律、行政法规强制性规定的情形，属于典型的平等商事主体签订的合同。此后，双方签订的《协议书》《停电补偿协议书》《屋顶租赁合同》等亦符合民事法律行为有效的全部条件，故人民法院认定案涉合同合法有效，并依据合同约定确定了双方的权利义务和责任。

（二）多份合同能源管理协议冲突条款的采信和认定

合同是平等主体的自然人、法人、其他组织之间设立、变更、终止民事权利义务关系的协议，是当事人意思表示一致的结果。由于市场行情的多变性，履行行为受多因素影响，当事人常常需要在订立合同后根据实际情况不断调整合同的内容。此外，当事人认知能力、法律意识参差不齐，也会导致当事人在签订合同时不可能对权利义务进行全面的、毫无遗漏的设定。现实生活中，签订补充协议、变更协议便成为弥补前期合同约定不明的常见方式，当事人甚至会对某一事项签订数份合同，以便对双方权利义务进行修正和调整。

当出现多份合同且当事人对同一内容达成的多份协议约定不一致时，如何确定所适用的条款呢？本案中，B光电公司与A齿轮公司于2016年7月14日签订的《协议书》，除了约定B光电公司就施工给A齿轮公司造成车间受损的赔偿外，并约定项目并网发电后，B光电公司免费提供给A齿轮公司40万元的光伏首发电费。双方于2017年4月13日再次签订的《停电补偿协议书》，除了约定B光电公司每申请停电一次赔偿A齿轮公司100万元外，还约定项目并网发电后，将免费向A齿轮公司提供含税价值100万元的光伏首发电量。双方后期就合同条款适用产生不同意见，就40万元首发电费和100万元首发电费之间是并列关系还是包含关系产生争议。

因《协议书》和《停电补偿协议书》就并网发电后，B光电公司免费提供给A齿轮公司的光伏首发电费约定，只存在金额不一致，并无其他明显的并列或补充关系，故山东省高级人民法院最终认为，两份协议达成的时间不一致，应以2017年4月13日签订的《停电补偿协议书》约定为准。

三、焦点分析

（一）合同能源管理在我国的发展与主要模式

1. 合同能源管理在我国的发展

能源一直是社会经济发展的重要物质基础，与人民基本生活水平息息相关，随着全球经济的不断发展及世界能源消耗量不断增加、能源危机不断显现，能源转型变革的需求也日益迫切，合同能源管理应运而生。

我国最早的合同能源管理雏形，其实来自20世纪80年代部分企业开展的能源承包责任制。在该时期，部分企业基于节能增效的目的，会以企业与企业内特定部门或部门负责人签订承包责任制的方式，将节能降耗的责任明确到具体部门或人员，通过定能耗总量、定生产目标、定奖惩方法、增强考核机制等方式，对能源进行目标管理，实现企业增产不增耗的目的。这种方式证明，企业通过建立内部能源承包责任制、明确规定能耗总量，能增强员工的节能意识；通过明确奖罚方式，增强最终节能效果的考核和评价，可以实现企业的节能降耗目的。

但综合分析上述能源承包方式可以发现，我国早期的内部能源承包责任制更多依赖企业自身管理来开展，参与节能降耗的主体、方式与通过市场化运作的合同能源管理存在很大差异。

20世纪90年代，我国政府在联合国开发计划署、全球环境基金和世界银行的支持下，完成了中国温室气体排放控制问题及战略研究的课题研究，加快了引入节能新机制的步伐，并最终确定了合作进行“世行/GEF中国节能促进项目”，首次在我国支持成立示范性的节能服务公司，鼓励其通过与用能单位签订能源服务合同的方式，实施节能项目。该项目的启动和运行，标志着我国现代意义上的合同能源管理真正建立。

2. 我国合同能源管理的主要模式

合同能源管理在我国发展时间不长，整体尚处于起步阶段，根据《合同能源管理技术通则》（GB/T 24915—2020），我国目前的合同能源管理模式包括节能效益分享型、节能量保障型、能源费用托管型、融资租赁型、混合型等不同运行模式。

（1）节能效益分享型。

在节能效益分享型运行模式下，节能服务公司承担项目改造的设计及项目设备的提供、安装、调试等所有内容，项目前期投资可以由双方约定予以承担。合同期内，节能服务公司和用能单位按照约定分享节能效益；合同期内的项目所有权由节能服务公司享有，合同期满后，项目移交用能单位，由用能单位享有项目所有权并享有此后的所有节能收益。

（2）节能量保障型。

在节能量保障型运行模式下，可以由节能服务公司和用能单位双方共同投资，抑或由节能服务公司单独提供。但节能服务公司需要承诺项目改造后用能单位的节能量，项目改造完成后，若确认达到了节能服务公司承诺的节能量，则用能单位向节能服务公司支付服务费用；相反，如果未达到承诺的节能量，则节能服务公司需要依据约定承担经济损失。

（3）能源费用托管型。

在能源费用托管型运行模式下，用能单位通过协议方式委托节能服务公司对项目进行运行、维护、管理甚至进行节能改造。用能单位将基期能源费用作为托管费用支付给节能服务公司。节能服务公司接受委托后，可以通过运用较高的科学管理方法、较为先进的节能技术实现节能目的，减少能耗成本或增加收益，从而获取盈利。托管期内，托管区域内的项目设备均由节能服务公司经营及管理，由节能服务公司自负盈亏、自主独立经营。托管期限届满，节能服务公司将项目设施、设备全部移交给用能单位。

（4）融资租赁型。

融资租赁公司购买节能服务公司的相关节能设备和服务，将设备出租给用能单位使用，并依约收取租赁费。节能服务公司根据约定，对用能单位进行项目节能改造，担保节能效果。

（5）混合型。

包括节能效益分享型、节能量保障型、能源费用托管型、融资租赁型等不同特点的混合型类型。

（二）合同能源管理项目的税收优惠政策

虽然合同能源管理具有上述诸多模式，但可以明确的是，目前只有节能效益分享型合同能源管理项目才能获得税收优惠。

1. 节能服务公司实施合同能源管理项目的所得定期减免企业所得税

根据《财政部、国家税务总局关于促进节能服务产业发展增值税、营业税和企业所得税政策问题的通知》（财税〔2010〕110号），只有实施节能效益分享型合同能源管理项目的节能服务公司才能获得暂免征收增值税的税收优惠政策。

该通知第2条规定，对符合条件的节能服务公司实施合同能源管理项目，符合企业所得税税法有关规定的，自项目取得第一笔生产经营收入所属纳税年度起，第一年至第三年免征企业所得税，第四年至第六年按照25%的法定税率减半征收企业所得税。

节能服务公司享受定期减免企业所得税，应同时满足以下条件：（1）具有独立法人资格，注册资金不低于100万元，且能够单独提供用能状况诊断、节能项目设计、融资、改造（包括施工、设备安装、调试、验收等）、运行管理、人员培训等服务的专业化节能服务公司。（2）节能服务公司实施合同能源管理项目相关技术应符合国家质量监督检验检疫总局和国家标准化管理委员会发布的《合同能源管理技术通则》（GB/T 24915—2010）（已被GB/T 24915—2020替代）规定的技术要求。（3）节能服务公司与用能企业签订节能效益分享型合同，其合同格式和内容，符合《合同法》和国家质量监督检验检疫总局和国家标准化管理委员会发布的《合同能源管理技术通则》（GB/T 24915—2010）（已被GB/T 24915—2020替代）等规定。（4）节能服务公司实施合同能源管理的项目符合《财政部、国家税务总局、国家发展改革委关于公布环境保护节能节水项目企业所得税优惠目录（试行）的通知》（财税〔2009〕166号，已失效）“4. 节能减排技术改造”类中第1项至第8项规定的项目和条件。（5）节能服务公司投资额不低于实施合同能源管理项目投资总额的70%。（6）节能服务公司拥有匹配的专职技术人员和合同能源管理人才，具有保障项目顺利实施和稳定运行的能力。

对符合条件的节能服务公司以及与其签订节能效益分享型合同的用能企业，实施合同能源管理项目有关资产的企业所得税税务处理按以下规定执行：（1）用能企业按照能源管理合同实际支付给节能服务公司的合理支出，均可以在计算当期应纳税所得额时扣除，不再区分服务费用和资产价款进行税务处理；（2）能源管理合同期满后，节能服务公司转让给用能企业的因实施合同能源管理项目形成的资产，按折旧或摊销期满的资产进行税务处理，用能企业从节能服务公司接受有关资产的计税基础也应按折旧或摊销期满的资产进行税务处理；（3）能源管理合同期满后，节能服务公司与用能企业办理有关资产的权属转移时，用能企业已支付的资产价款，不再另行计入节能服务公司的收入。

节能服务公司同时从事适用不同税收政策待遇项目的，其享受税收优惠项目应当单独计算收入、扣除，并合理分摊企业的期间费用。

2. 合同能源管理项目免征增值税（服务）

《财政部、国家税务总局关于促进节能服务产业发展增值税、营业税和企业所得税政策问题的通知》（财税〔2010〕110 号）第 1 条规定，对符合条件的节能服务公司实施合同能源管理项目，取得的营业税应税收入，暂免征收营业税。因自 2016 年 5 月 1 日起，经国务院批准，在全国范围内全面推开营业税改征增值税试点，故根据《财政部、国家税务总局关于全面推开营业税改征增值税试点的通知》（财税〔2016〕36 号）附件 3《营业税改征增值税试点过渡政策的规定》第 1 条第 27 款之规定，节能服务公司实施符合条件的合同能源管理服务，免征增值税。

节能服务公司享受免征增值税，应同时满足以下条件：①节能服务公司实施合同能源管理项目相关技术，应当符合国家质量监督检验检疫总局和国家标准化管理委员会发布的《合同能源管理技术通则》（GB/T 24915—2010）（已被 GB/T 24915—2020 替代）规定的技术要求。②节能服务公司与用能企业签订节能效益分享型合同，其合同格式和内容，符合《合同法》和《合同能源管理技术通则》（GB/T 24915—2010）（已被 GB/T 24915—2020 替代）等规定。

（三）节能效益分享型管理协议的主要条款

合同能源管理项目合同是节能服务公司和用能单位之间签订的，为明确双方在合同能源管理项目中权利义务关系的协议。根据《财政部、国家税务总局关于促进节能服务产业发展增值税、营业税和企业所得税政策问题的通知》（财税〔2010〕110号）、《财政部、国家税务总局关于全面推开营业税改征增值税试点的通知》（财税〔2016〕36号）的规定，只有节能效益分享型合同能源管理项目，且签订的合同符合《合同能源管理技术通则》（GB/T 24915—2020）的格式和内容要求，才能享受国家规定的财政奖励和税收优惠。

因此，此处仅分析节能效益分享型合同能源管理项目合同体系。节能效益分享型模式之所以被广泛推广，除了政策支持外，在该模式中，项目节能改造所需资金在实践中基本是由节能服务公司承担的，且节能服务公司负责整个项目的实施和管理，用能单位在前期基本上是不需要支付成本的，项目交付并投入使用后，节能收益由节能服务公司和用能单位分享，可以极大地鼓励用能单位的积极性。相应地，节能收益分配方式、分配比例也将成为影响合同能源管理项目能否顺利实施的关键，需要合同双方根据实际需要承担的责任、风险、成本等综合考量，并在平等协商的基础上达成一致。

在该类能源管理模式中，双方签订的节能效益分享型合同主要条款包括：

（1）名词解释。就合同能源管理中出现的重要概念进行界定，避免双方对表述理解不一致导致后期产生争议。

（2）项目概况。双方对拟进行节能改造的项目进行明确约定，明确节能改造的对象、范围、技术要求、项目地点等。

（3）拟进行改造的设备系统及其耗能现状。明确当次节能改造的设备范围及节能改造前设备能耗状况。

（4）能源审计和能源基准。主要明确能源审计责任主体、审计期间、能源审计标准依据，确定能源基准。

（5）项目设计（节能）方案。明确由节能服务公司负责项目设计任务，用能单位提供技术资料等配合义务。项目技术方案一经用能单位确认，非另行协商一致签署补充协议不得修改。

（6）项目投资。明确项目投资方、投资方式，节能服务公司的技术要求等。

（7）改造设备采购、安装、调试。约定设备采购、安装、调试过程中双方的权利义务。

（8）项目验收。明确验收方法、验收标准。

（9）项目移交。在节能效益分享型运行模式中，项目改造完成并验收后，一般情况下节能服务公司将项目交给用能公司自行运行管理，节能服务公司在该模式下的主要合同义务即全部履行完毕。但如果需要节能服务公司进行项目运行管理，则需要节能服务公司和用能单位签署运行管理委托协议，双方建立委托管理关系。

（10）售后服务。明确质量保质期以及质量保证期内的维修义务。一般情况下，售后服务期间为自项目验收交付之日起至节能效益分享期间届满之日止。节能服务公司在该阶段具有设备质保义务。质保期满后，用能单位可以和节能服务公司签订维修服务合同，由节能服务公司提供有偿维修。用能单位也可以根据需要，将维修委托给项目设备的供应商或生产商。

（11）项目的运行管理及培训。明确用能单位负责项目的运行管理，记录设备参数及能耗量。节能服务公司对用能单位运行管理人员负有培训义务。

（12）设备所有权约定。项目交付用能单位后，用能单位对该项目设备具有占有、使用的权利，但处分权仍属于节能服务公司。在项目遇到拆迁、政府征收等情况时，甲方无权自行对项目设备进行处分。用能单位依照合同约定付清全部款项后，设备所有权全部转移给用能单位。

（13）节能量确定。约定节能量的确认方式、确认依据等事项。

（14）节能效益的计算和分享。明确约定节能效益分享期限，节能效益计算依据及方法、合同双方节能效益分享比例等重要事项。节能效益需要根据实际节能量和能源价格予以计算。但在能源价格确定上，是选择按照基期能源价格、合同期能源价格还是某固定能源价格，需要合同双方根据实际情况予以明确约定，以避免后期合同争议。

（15）节能效益分享款的付款方式、付款数量、付款时间。明确节能效益付款方式、付款数量、付款时间及发票等相关事宜。

（16）用能设备和其他用能项目的增减。当用能单位的用能设备或用能时间、用能人员、建筑面积等用能项目发生增加或减少时，应当通知节能服务公司，双方可协商调整合同相关约定，但是该增减不改变节能效益分享比例及分享款金额。

（17）违约责任。违约责任包括节能服务公司逾期完成项目改造或项目改造不符合合同约定，无法达到预期节能效果的违约责任；用能单位逾期进行项目验收、逾期支付节能效益分享款等违约责任。

（18）运行管理等原因影响节能量的处置。约定用能单位负有义务保持项目设备的节能运行状态，若自身操作、系统、设备等原因导致能耗增加，由节能服务公司自行承担责任。

（19）设备的更新、改进、改动、拆除、损坏、丢失。合同期限内，设备的更新、改进、改动、拆除均需要节能服务公司和用能单位协商一致后方可进行，否则，由违约方承担损失赔偿责任。设备的损坏、丢失的风险，由管理方承担，即在施工管理期间由节能服务公司承担；在运行管理期间，由用能单位承担。

（20）设备的停止运行/关闭。合同期内，若出现项目设备系统大修、政府征收征用等情况的相关约定。

（21）合同的变更和转让。合同期内，用能单位将项目设备所有权转让给第三方，或节能服务公司将节能效益分享款的权益予以转让或对节能收益款设定质押担保或向银行贴现时，合同双方权利义务。

（22）合同的终止。约定合同解除及终止情形。

（23）保密和知识产权。约定双方的保密义务，节能服务公司对提供的设备、材料、工艺及其他工作成果等，不存在侵害第三方权利的情况。合同期内相关知识产权权利归属。

（24）保险。约定投保种类、投保人、受益人。

（25）担保。约定用能单位的担保责任。

（26）不可抗力。约定不可抗力情形、出现不可抗力处理方法。

（27）法律适用和争议的解决。

（28）合同的生效及其他。

（四）合同能源管理项目中的所有权保留

1. 合同能源管理项目中设施设备的所有权保留条款效力

合同能源管理项目下，更多是由节能服务公司负担前期项目投入，故为了担保能按时获得合同款，其常常与用能单位约定项目设施设备所有权保留。合同履行过程中，若发生用能单位未能按时支付价款的情形，节能服务公司一般会要求行使取回权，并就此常常发生争议。

所有权保留作为一种担保方式，《民法典》第641条明确规定适用于买卖合同之中。同时根据《民法典》第646条的规定，法律对其他有偿合同没有规定的，参照适用买卖合同。合同能源管理协议作为有偿合同，其项目设备设施虽在使用功能上移动受限，但仍属于动产范畴，并非不可移动的地上定着物，故所设置的所有权保留亦是被人民法院所认可的。

在湖南省嘉禾县南岭水泥有限公司（以下简称南岭水泥公司）、杭州新概念节能科技有限公司（以下简称新概念公司）所有权确认纠纷案[①]中，法院认为：该项目名为投资与建设合同，但实际双方以合同能源管理的方式进行合作，与合同实质内容相符，原判决认定《投资与建设合同》为合同能源管理性质的合同，并无不当。案涉新概念公司建设的电站项目，包括锅炉、汽轮机、发电机三大主机及水处理设备、循环冷却设备、pcs控制设备等为动产，因此，《投资与建设合同》中关于所有权保留的约定有效，案涉项目财产应适用所有权保留制度。由于南岭水泥公司未支付价款，案涉项目财产的所有权归于新概念公司，新概念公司有权行使取回权。

因此，在合同能源管理项目中，如果设定了所有权保留条款，则节能服务公司将项目交付用能单位运行管理后，仅代表将设备的占有、使用权交付给用能单位，在用能单位未按照约定付清全部款项之前，设备所有权、处分权属于节能服务公司，如遇征收、拆迁等必须处分设备的情形，未征得节能服务公司同意，用能单位不得作出任何处分设备的决定，处分

---

① 参见（2019）最高法民申2568号。

所得属于节能服务公司；如果用能单位未按约支付合同款，则节能服务公司有权取回设施设备具有法律依据，并能得到人民法院的认可，以此保障节能服务公司合同款的回收权益，保障合同能源管理模式的顺利推广。

2. 合同能源管理项目中设施设备的所有权保留不能对抗强制执行

若合同能源管理项目合同中约定了所有权保留条款，那么项目设施设备的实际占有人为用能单位，但其所有权实际归属节能服务公司，物的实际权属与权利外观不一致，容易使第三人对项目资产权属产生错误判断。若用能单位正好是某强制执行案件的被执行人，申请执行人请求法院对项目设施设备采取强制执行措施的，作为所有权人的节能服务公司以所有权保留为由提出的执行异议，能否被人民法院支持、能否排除强制执行，关键看申请执行人对项目设施设备是否产生信赖利益。

根据《最高人民法院关于人民法院办理执行异议和复议案件若干问题的规定》第 24 条、第 25 条之规定，人民法院对案外第三人提出的排除执行异议，需要审查案外人是否是权利人（已登记的不动产，按照不动产登记簿判断；未登记的特定动产和其他动产，按照实际占有情况判断）、其权利的合法性与真实性以及该权利能否排除执行。案外第三人是否为权利人，人民法院应遵循物权公示公信原则。

此外，《民法典》第 641 条在《合同法》第 134 条的基础上，对所有权保留制度亦进行了完善，进一步明确规定：出卖人对标的物保留的所有权，未经登记，不得对抗善意第三人。

根据上述规定，节能服务公司的所有权保留要取得对抗申请执行人强制执行的效力，必须进行所有权保留登记，否则只根据与用能单位签订《合同能源管理项目合同》中的所有权保留条款提出执行异议，将不能得到法律支持。在安福县中小企业信用担保中心、安福国锂新能源有限公司等执行异议案[①]中，法院认为，案外人海裕公司异议指向的案涉机器设备安装在被执行人国锂公司厂房内，设备上并无标识显示为案外人海裕公司所有，为被执行人国锂公司实际占有使用。且案涉机器设备已被国锂公司

① 参见（2022）赣 08 执异 25 号。

抵押给安福县中小企业信用担保中心，并办理了抵押登记，抵押权人安福县中小企业信用担保中心已代被执行人国锂公司向贷款银行偿付了贷款本金利息，该抵押权被本案执行依据予以确认。现案外人海裕公司以案涉机器设备所有权保留为由要求排除执行，但所有权保留制度是通过出卖人保留标的物的所有权来保障买受人价款支付义务的履行，属于一种债的担保方式。海裕公司作为案涉机器设备的出卖人，未能提供证据证明其对案涉机器设备在有权登记部门就所有权保留进行了登记，其以销售合同中的所有权保留条款主张排除执行的异议请求不能对抗善意抵押权人，法院不予支持。

（五）合同能源管理项目中的征收补偿款归属

合同能源管理项目中，项目设施设备实际安装在用能单位享有权利的土地、房屋等不动产上，由用能单位实际占有使用，一旦在合同期内发生政府征收、要求转产等事项，常常引发补偿款归属纠纷。

1. 双方当事人对补偿款归属有约定时

合同作为双方当事人设立、变更、终止民事法律关系的协议，对合同双方矛盾及争议解决具有至关重要的意义。若合同有效，当事人对补偿款归属有明确约定的，则根据合同约定处理即可。

2. 双方当事人对补偿款归属没有约定时

经分析已经公开的裁判文书，如果当事人未就合同履行中征收补偿款归属进行明确约定，一旦发生补偿款归属争议，节能服务公司就可能面临更大的法律风险。

在台州京运通新能源有限公司（以下简称京运通公司）与浙江雅晶电子有限公司（以下简称雅晶公司）合同纠纷案①中，京运通公司作为乙方（项目单位）与作为甲方（屋顶业主）雅晶公司签订《光伏发电项目合同》，约定分布式光伏发电项目建设完成后，乙方采购并安装的设备、设施和仪器等固定资产的所有权归乙方所有，乙方以节能效益（电费收入）和政府补贴等作为投资回报。在合同履行过程中，若发生政府征用、没

① 参见（2019）浙1002民初4576号。

收、干预、指示等不可抗力行为，受影响方必须在知晓不可抗力的有关事件的5日内向另一方提交书面通知以及不可抗力事件的细节。合同签订后，京运通公司就上述项目向政府相关部门进行备案并进行建设，经电力部门并网验收为竣工检验合格。合同履行过程中，当地政府发布更新改造通知，对雅晶公司在内的相关土地进行收储，当地创新区指挥部与雅晶公司签订《收储合同》，经评估，双方确认建（构）筑物（含附着物、室内装修等）补偿款25,769,212元，其中房屋建筑物评估金额为21,862,648元、装修及地上附着物评估金额为3,906,564元。此后，雅晶公司要求京运通公司拆除太阳能设施，在京运通公司未拆除设施的情况下，雅晶公司自行委托第三方进行了拆除。京运通公司要求雅晶公司赔偿损失，在收到的补偿费范围内返还太阳能发电设备搬迁腾挪补偿款2,405,000元。雅晶公司则反申请，要求判令解除《光伏发电项目合同》，并判令京运通公司支付太阳能光伏设备拆运费用92,000元。

该案发生争议诉至法院后，法院认为：雅晶公司知道厂房所在地的土地使用权将被政府收储，但没有将该事项及时告知京运通公司，雅晶公司存在违约。但雅晶公司的违约行为是拖延告知土地收储事项的行为，而设备迁腾补偿款应由拆迁部门支付。且京运通公司既未证实其在本次拆迁中必然会取得上述补偿款，也未证实无法取得补偿款的原因是未申报或拖延申报，其要求雅晶公司赔偿该项损失不能成立。预期发电收入系京运通公司基于太阳能设备未拆除可得到的逾期收入，该收入减少主要是因为政府的土地收储事件，与雅晶公司是否及时将土地收储事项告知京运通公司无关。京运通公司以预期电费收入的减少作为损失，实际上是主张合同无法继续履行的损失，但《光伏发电项目合同》明确因政府的土地收储等不可抗力事件解除合同，无须承担责任。因此，京运通公司要求雅晶公司赔偿预期电费收入，没有依据。因此，法院最终认为，雅晶公司存在迟延告知京运通公司政府进行土地收储事项的违约行为，但京运通公司未证实其主张的太阳能设备拆迁腾挪补偿损失和预期发电损失系雅晶公司的上述违约行为所致，其要求雅晶公司进行赔偿，法院不予支持。最终法院驳回了京运通公司的诉讼请求。

在南通文龙科技发展有限公司（以下简称文龙公司）与江苏天成生化制品有限公司（以下简称天成公司）合同纠纷案[1]中，天成公司作为甲方与乙方文龙公司签订《余热利用能源管理合同》一份，双方同意按合同能源管理模式进行专项节能服务。合同约定在合同到期并且甲方付清合同下全部款项之前，项目下的所有由文龙公司采购并安装的设备、设施和仪器等财产（以下简称项目财产）的所有权属于文龙公司。在合同提前解除时，项目财产由文龙公司负责拆除、取回，并根据天成公司的合理要求，将项目现场恢复原状，费用由文龙公司承担。合同履行过程中，发生政府干预、征用等不可抗力导致合同解除，双方不用承担任何责任。合同履行过程中，当地政府发布“关于支持精细化工园化工企业转产转型的政策意见”文件，对应停产关闭的企业，就地停产关闭，直接损失部分，按评估价给予补偿，其中设备补偿办法为，按期完成关闭化工企业搬迁拆除生产设备的损失。此后，拆迁公司与天成公司签订《补偿协议》。后文龙公司认为，政府向天成公司的补偿款中，有169万元系相关设备补偿金额，其中政府实际已支付了50%，该85万元为文龙公司所有，故起诉要求天成公司赔付给文龙公司。

经审查后，法院认为：案涉合同系因政府政策原因终止履行，天成公司根据相关政策获得了包括案涉设备在内的补偿款，该补偿款的主体特定为化工企业，是具有补偿性质的款项。文龙公司并不能当然基于其所有权人的身份可以获得该补偿款。案涉余热利用能源管理合同中明确约定，在合同提前解除时，项目财产由文龙公司负责拆除、取回等。现案涉合同已提前解除，相关设备存放于天成公司处，文龙公司可依约取回。此外，案涉合同并未有任何案涉两套节能设备的补偿款应属文龙公司的约定。最终，法院认为文龙公司的主张不能成立。

分析上述案件，因合同中仅约定项目资产归属节能服务公司，未明确补偿款归属的情况下，法院均没有支持节能服务公司的主张。

《国有土地上房屋征收与补偿条例》（国务院令第590号）第2条规

---

① 参见（2019）苏06民终3878号。

定，为了公共利益的需要，征收国有土地上单位、个人的房屋，应当对被征收房屋所有权人给予公平补偿。因此，目前国有土地上的房屋征收与补偿中，被征收人仅为房屋所有权人，节能服务公司虽是项目设施设备的所有权人，但并不具有被征收人地位，一般无法直接参与征收补偿活动。

但不能作为被征收人，并非意味着征收补偿款与节能服务公司没有任何关系。是否能获得补偿，应分析房屋征收补偿评估报告，分析用能单位获得的补偿款中是否包含了合同能源管理项目的设施设备搬迁费、补偿费等内容。如果确实包含了该部分费用，基于所有权人身份及需要承担搬迁、腾退义务的客观实际，则节能服务公司对该部分费用应享有权益。人民法院在处理该类争议时，亦应根据诚实信用原则解决双方争议，保证节能服务公司和用能单位的利益平衡，避免一方权利无端受损。

根据上述案例，也建议节能服务公司在项目实施前做好可行性研究，充分了解该区域发展规划、节能单位的发展前景，综合判断项目实施的可行性，避免政府征收、要求企业转产等导致项目提前终止。此外，应当与用能单位在合同中对政府征收、干预等事宜进行明确约定，确定各方当事人的权利义务、损失赔偿、补偿款归属等事宜，避免和减少损失发生。

（六）多份合同能源管理协议相互矛盾的解决规则

市场交易中，当事人可能就同一个合同能源管理项目签订多份协议，若当事人就多份协议因理解不一致产生争议和纠纷，司法实践中，一般按照以下解决规则予以处理。

1. 对多份合同的效力进行认定

合同有效才能受到法律保护，产生对当事人的约束力。因此，在存在多份合同能源管理项目协议的情况下，发生争议时以哪份协议为准，首先需要综合分析所涉协议的效力，一旦某份协议被人民法院确认为无效合同，自然就不会产生法律约束力。

《民法典》生效施行后，不再列明合同无效情形，而是在第 508 条明确规定，合同效力适用《民法典》第一编第六章有关民事法律行为的有关规定。归纳起来，《民法典》在总则编中规定的合同无效的情形包括如下几类：（1）无民事行为能力人实施的民事法律行为无效。（2）行为人与相对人以虚假的意思表示实施的民事法律行为无效。(3) 违反法律、行政法规的效力性强制性规定的民事法律行为无效。(4) 违背公序良俗的民事法律行为无效。(5) 行为人与相对人恶意串通，损害他人合法权益的民事法律行为无效。除上述规定及《民法典》对一些特殊合同条款如格式条款、免责条款等效力的特殊规定外，能源管理项目符合依法必须招标范围和规模标准的，还必须按照法律规定依法招标，否则亦可能造成合同无效。

多份合同能源管理项目协议的法律效力可能存在以下三种情形。

(1) 所涉合同全部无效。

若多份合同能源管理项目协议均无效，则所涉合同均自始无效，所有条款包括合同中结算和清理条款均自始不产生对当事人的法律约束力。在阿拉善盟晟辉能源技术有限责任公司、内蒙古山路能源集团有限责任公司合同纠纷案①中，最高人民法院认为：合同的权利义务终止应指在合同有效的前提下，依据《合同法》第 91 条及其他相关规定终止权利义务，不再履行合同。当合同无效时，合同自始欠缺生效要件，自始没有法律约束力，不存在合同权利义务终止的前提。因此，一审判决在认定《总承包协议》无效的情况下，适用合同权利义务终止的法律规定显属不当。

合同无效的，行为人所为的意思表示不受法律认可，不产生当事人预期的法律效果，但并不等于没有法律后果。根据《民法典》第 157 条之规定，合同无效后，存在返还财产、折价补偿、赔偿损失等法律后果。

在所有合同均无效的情况下，任何一方不得要求按照合同约定处理争议纠纷，法院依法居中裁决时，应当根据诚实信用原则，合理确定当事人的法律责任，确定财产返还、折价补偿时，则应综合考虑和分析当事人的过错、利益，不能使当事人因合同无效承担的缔约过失责任大于合同履行利益，不能使不诚信的当事人从合同无效中获益。在遵义市播州区国有资产投资经营（集团）有限责任公司（以下简称播州国投公司）、重庆中环建设有限公司建设工程施工合同纠纷案②中，贵州省高级人民法院认为：

① 参见（2018）最高法民终 169 号。
② 参见（2020）黔民终 1297 号。

在确定合同无效后，要根据诚实信用原则，合理确定当事人的责任，不能使违反约定义务的当事人从合同无效中获益。该案中，案涉建设工程施工合同虽无效，但建设工程已经竣工验收合格，播州国投公司欠付工程款的行为事实清楚，播州国投公司不能因合同无效而仅支付工程款不支付任何利息且从中获益。

（2）部分合同有效、部分合同无效。

若经分析，多份合同能源管理项目协议中部分有效、部分无效，则当事人有权依据有效的合同能源管理项目协议主张权利，法院也将依据有效合同确认双方当事人的权利义务。

（3）所涉合同全部有效。

若合同各方经平等自愿签订的数份协议均合法有效，则数份协议所约定的内容均应对当事人产生约束力。届时，合同权利义务如何确定，则需要进一步分析确定。

2. 有效协议间相互矛盾条款的采信与适用

（1）多份有效协议就同一问题作出不同约定，后一协议能覆盖前一协议，权利义务原则以在后签订的协议约定为准。

为了充分尊重当事人的意思自治，法律允许当事人在平等协商后进行合同条款变更。在多份协议对同一事项均作出约定，当事人又未明确表示合同条款优先性的情况下，就该事项发生争议诉至法院的，人民法院一般会认为在后签订的协议最能体现当事人的真实意思表示，在处理协议条款的冲突时，会以在后签订的协议确定各方当事人的权利义务。

在重庆雨田房地产开发有限公司与中国农业银行股份有限公司重庆市分行房屋联建纠纷案①中，最高人民法院就协议冲突已经有明确阐述：当两份合同（协议）均属有效合同（协议），除当事人有特别约定外，当前后两份合同（协议）对同一内容有不同约定产生冲突时，基于意思表示最新、最近，且不违反合同（协议）目的，可根据合同（协议）成立的时间先后，以后一合同（协议）确定的内容为准。如果前后两份合同（协议）

① 参见（2011）民抗字第48号。

所约定的内容并不冲突，只是对合同（协议）的内容进行了不同的约定，则不能简单地认定后一协议是前一协议的变更，或后一协议是对前一协议的补充和完善。

在江苏江都建设集团有限公司（以下简称江都公司）与宜昌长楹置业有限公司建设工程施工合同纠纷案①中，最高人民法院认为：本案双方当事人针对诉争工程先后签订了三份合同——《意向合同》、备案合同、《补充协议》以及一份备忘录。尽管上述合同均是本案的基础性合同，但是就同一事项，当事人之间订立了多份合同且合同之间有约定不一致情形时，应该以最后一份合同所约定的内容为准。本案中，诉争双方之间最后一份协议是双方于2013年10月18日签订的《补充协议》，该补充协议进一步确认了备案合同的效力。根据《建筑法》以及《最高人民法院关于审理建设工程施工合同纠纷案件适用法律问题的解释》的相关规定，在建筑工程项目中存在多份合同时，应该以备案合同为准。江都公司认为其不是依据备案合同主张工程价款，即认为本案应当只能按照《意向合同》确定本案由人民法院管辖，没有事实与法律依据。

最高人民法院就江苏省苏中建设集团股份有限公司（以下简称苏中建设公司）、邯郸市嘉烨房地产开发有限公司建设工程施工合同纠纷作出的(2017）最高法民辖终76号二审民事裁定书认为：尽管本案双方当事人在签订的《施工合同补充协议》和《备案合同》中均约定有争议解决条款，均与本案原告苏中建设公司的诉讼请求存在事实关联，但是就同一事项，当事人之间订立了多份合同且合同之间有约定不一致情形时，应该以最后一份合同所约定的内容为准。由于《施工合同补充协议》订立在先，《备案合同》订立在后，一审法院关于“《备案合同》中的仲裁解决争议条款应视为对《施工合同补充协议》中法院诉讼解决争议条款的变更”的认定并无不当。《备案合同》明确选择了仲裁机构，该仲裁条款合法有效。

在山西普大煤业集团有限公司（以下简称普大公司）、山西省国新能

① 参见（2016）最高法民终670号。

源发展集团洪鑫煤炭有限公司（以下简称洪鑫公司）买卖合同纠纷案[①]中，最高人民法院认为：普大公司依据2015年3月19日各方签订的《协议书》主张欠预付款数额应为2亿元，虽然该协议显示的欠预付款数额为2亿元，但是之后2015年3月25日普大公司、照金矿业公司、洪鑫公司签订的《协议书》以及2015年8月1日洪鑫公司与照金矿业公司、普大公司、赵某签订《承担利息协议书》均确认照金矿业公司欠洪鑫公司预付款208,562,626.55元，且该欠款数额亦与2015年3月19日洪鑫公司与照金矿业公司签订的《解除煤炭销售合同协议书》中的欠款数额一致。照金矿业公司对后两份协议的真实性并无异议，应视为后两份协议对2015年3月19日《协议书》中的欠款数额进行了变更，应该以后来签订的两份协议作为认定欠款数额的依据。因此，普大公司上诉认为原审判决认定欠款本金错误导致利息多计算1,773,726.78元不能成立。

本案例中，山东省高级人民法院也持该种观点，当两份协议达成的时间不一致时，以签订时间在后的《停电补偿协议书》认定了首发电费金额。

（2）多份有效协议就同一问题作出约定，协议内容相互补充，权利义务需要结合各协议内容综合确定。

多份协议就同一问题作出约定，后一份协议并未覆盖前一份协议内容，而是与前一份协议约定形成补充或并列关系，若当事人就该事宜产生争议，则法院会根据认定的法律事实结合合同约定确定最终适用的合同条款。

在贺某与林某青采矿权转让合同纠纷案[②]中，最高人民法院认为：2013年8月16日《还款协议》和2014年3月20日《债权债务清偿协议》，均系双方当事人真实意思表示，其内容不违反法律、行政法规的效力性强制性规定，应为合法有效。根据《合同法》第125条第1款的规定，当事人对合同条款的理解有争议的，应当按照合同所使用的词句、合

① 参见（2017）最高法民终986号。
② 参见（2016）最高法民终250号。

同的有关条款、合同的目的、交易习惯以及诚实信用原则，确定该条款的真实意思。2014 年 3 月 20 日《债权债务清偿协议》中“在甲方未付清全部款项前，以往所签协议仍对双方具有约束力”的内容，约定在违约责任项下，系当事人真实意思表示，应予尊重。一审法院基于当事人的约定，结合贺某未按照《债权债务清偿协议》履行付款义务、存在违约情形的事实，依据林某青、包某欢、蔡某东在一审的诉讼请求，认定以 2013 年 8 月 16 日《还款协议》和 9 月 17 日承诺书作为双方的结算依据，处理结果并无不当，最高人民法院予以维持。在上述案件中，虽然双方签订的《债权债务清偿协议》时间在后，但该协议并没有直接替代原有的《还款协议》，而是为该还款协议的履行约定了生效条件，在生效条件成就前，即在甲方付清全部款项前，该还款协议仍对双方具有约束力。因此，人民法院在认定甲方贺某至今未付清《债权债务清偿协议》确定的 4500 万元的款项时，仍然以《还款协议》作为双方的结算依据。

四、法条索引

1.《中华人民共和国民法典》（主席令第 45 号，2021 年 1 月 1 日起施行）

第一百四十四条　无民事行为能力人实施的民事法律行为无效。

第一百四十六条　行为人与相对人以虚假的意思表示实施的民事法律行为无效。

以虚假的意思表示隐藏的民事法律行为的效力，依照有关法律规定处理。

第一百五十三条　违反法律、行政法规的强制性规定的民事法律行为无效。但是，该强制性规定不导致该民事法律行为无效的除外。

违背公序良俗的民事法律行为无效。

第一百五十四条　行为人与相对人恶意串通，损害他人合法权益的民事法律行为无效。

第三百八十八条　设立担保物权，应当依照本法和其他法律的规定订立担保合同。担保合同包括抵押合同、质押合同和其他具有担保功能的合同。担保合同是主债权债务合同的从合同。主债权债务合同无效的，担保合同无效，但是法律另有规定的除外。

担保合同被确认无效后，债务人、担保人、债权人有过错的，应当根据其过错各自承担相应的民事责任。

第四百九十七条　有下列情形之一的，该格式条款无效：

（一）具有本法第一编第六章第三节和本法第五百零六条规定的无效情形；

（二）提供格式条款一方不合理地免除或者减轻其责任、加重对方责任、限制对方主要权利；

（三）提供格式条款一方排除对方主要权利。

第五百零六条　合同中的下列免责条款无效：

（一）造成对方人身损害的；

（二）因故意或者重大过失造成对方财产损失的。

第六百四十一条　当事人可以在买卖合同中约定买受人未履行支付价款或者其他义务的，标的物的所有权属于出卖人。

出卖人对标的物保留的所有权，未经登记，不得对抗善意第三人。

第六百四十二条　当事人约定出卖人保留合同标的物的所有权，在标的物所有权转移前，买受人有下列情形之一，造成出卖人损害的，除当事人另有约定外，出卖人有权取回标的物：

（一）未按照约定支付价款，经催告后在合理期限内仍未支付；

（二）未按照约定完成特定条件；

（三）将标的物出卖、出质或者作出其他不当处分。

出卖人可以与买受人协商取回标的物；协商不成的，可以参照适用担保物权的实现程序。

第六百八十二条　保证合同是主债权债务合同的从合同。主债权债务合同无效的，保证合同无效，但是法律另有规定的除外。

保证合同被确认无效后，债务人、保证人、债权人有过错的，应当根据其过错各自承担相应的民事责任。

第七百零五条　租赁期限不得超过二十年。超过二十年的，超过部分无效。

租赁期限届满，当事人可以续订租赁合同；但是，约定的租赁期限自续订之日起不得超过二十年。

第七百三十七条　当事人以虚构租赁物方式订立的融资租赁合同无效。

第八百五十条　非法垄断技术或者侵害他人技术成果的技术合同无效。

第一千零七条　禁止以任何形式买卖人体细胞、人体组织、人体器官、遗体。

违反前款规定的买卖行为无效。

2.《中华人民共和国招标投标法》（2017年修正）（主席令第86号，2017年12月28日起施行）

第五十条　招标代理机构违反本法规定，泄露应当保密的与招标投标活动有关的情况和资料的，或者与招标人、投标人串通损害国家利益、社会公共利益或者他人合法权益的，处五万元以上二十五万元以下的罚款；对单位直接负责的主管人员和其他直接责任人员处单位罚款数额百分之五以上百分之十以下的罚款；有违法所得的，并处没收违法所得；情节严重的，禁止其一年至二年内代理依法必须进行招标的项目并予以公告，直至由工商行政管理机关吊销营业执照；构成犯罪的，依法追究刑事责任。给他人造成损失的，依法承担赔偿责任。

前款所列行为影响中标结果的，中标无效。

第五十二条　依法必须进行招标的项目的招标人向他人透露已获取招标文件的潜在投标人的名称、数量或者可能影响公平竞争的有关招标投标的其他情况的，或者泄露标底的，给予警告，可以并处一万元以上十万元以下的罚款；对单位直接负责的主管人员和其他直接责任人员依法给予处分；构成犯罪的，依法追究刑事责任。

前款所列行为影响中标结果的，中标无效。

第五十三条　投标人相互串通投标或者与招标人串通投标的，投标人以向招标人或者评标委员会成员行贿的手段谋取中标的，中标无效，处中标项目金额千分之五以上千分之十以下的罚款，对单位直接负责的主管人员和其他直接责任人员处单位罚款数额百分之五以上百分之十以下的罚款；有违法所得的，并处没收违法所得；情节严重的，取消其一年至二年内参加依法必须进行招标的项目的投标资格并予以公告，直至由工商行政管理机关吊销营业执照；构成犯罪的，依法追究刑事责任。给他人造成损失的，依法承担赔偿责任。

第五十四条　投标人以他人名义投标或者以其他方式弄虚作假，骗取中标的，中标无效，给招标人造成损失的，依法承担赔偿责任；构成犯罪的，依法追究刑事责任。

依法必须进行招标的项目的投标人有前款所列行为尚未构成犯罪的，处中标项目金额千分之五以上千分之十以下的罚款，对单位直接负责的主管人员和其他直接责任人员处单位罚款数额百分之五以上百分之十以下的罚款；有违法所得的，并处没收违法所得；情节严重的，取消其一年至三年内参加依法必须进行招标的项目的投标资格并予以公告，直至由工商行政管理机关吊销营业执照。

第五十五条　依法必须进行招标的项目，招标人违反本法规定，与投标人就投标价格、投标方案等实质性内容进行谈判的，给予警告，对单位直接负责的主管人员和其他直接责任人员依法给予处分。

前款所列行为影响中标结果的，中标无效。

第五十七条　招标人在评标委员会依法推荐的中标候选人以外确定中标人的，依法必须进行招标的项目在所有投标被评标委员会否决后自行确定中标人的，中标无效，责令改正，可以处中标项目金额千分之五以上千分之十以下的罚款；对单位直接负责的主管人员和其他直接责任人员依法给予处分。

第五十八条　中标人将中标项目转让给他人的，将中标项目肢解后分别转让给他人的，违反本法规定将中标项目的部分主体、关键性工作分包给他人的，或者分包人再次分包的，转让、分包无效，处转让、分包项目金额千分之五以上千分之十以下的罚款；有违法所得的，并处没收违法所得；可以责令停业整顿；情节严重的，由工商行政管理机关吊销营业执照。

3.《最高人民法院关于审理买卖合同纠纷案件适用法律问题的解释》(法释〔2020〕17号，2021年1月1日起施行)

第二十五条　买卖合同当事人主张民法典第六百四十一条关于标的物所有权保留的规定适用于不动产的，人民法院不予支持。

4.《最高人民法院关于审理建设工程施工合同纠纷案件适用法律问题的解释（一）》(法释〔2020〕25号，2021年1月1日起施行)

第一条　建设工程施工合同具有下列情形之一的，应当依据民法典第一百五十三条第一款的规定，认定无效：

（一）承包人未取得建筑业企业资质或者超越资质等级的；

（二）没有资质的实际施工人借用有资质的建筑施工企业名义的；

（三）建设工程必须进行招标而未招标或者中标无效的。

承包人因转包、违法分包建设工程与他人签订的建设工程施工合同，应当依据民法典第一百五十三条第一款及第七百九十一条第二款、第三款的规定，认定无效。

5.《最高人民法院关于人民法院办理执行异议和复议案件若干问题的规定》(法释〔2020〕21号，2021年1月1日起施行)

第二十四条　对案外人提出的排除执行异议，人民法院应当审查下列内容：

（一）案外人是否系权利人；

（二）该权利的合法性与真实性；

（三）该权利能否排除执行。

第二十五条　对案外人的异议，人民法院应当按照下列标准判断其是否系权利人：

（一）已登记的不动产，按照不动产登记簿判断；未登记的建筑物、构筑物及其附属设施，按照土地使用权登记簿、建设工程规划许可、施工许可等相关证据判断；

（二）已登记的机动车、船舶、航空器等特定动产，按照相关管理部门的登记判断；未登记的特定动产和其他动产，按照实际占有情况判断；

（三）银行存款和存管在金融机构的有价证券，按照金融机构和登记结算机构登记的账户名称判断；有价证券由具备合法经营资质的托管机构名义持有的，按照该机构登记的实际出资人账户名称判断；

（四）股权按照工商行政管理机关的登记和企业信用信息公示系统公示的信息判断；

（五）其他财产和权利，有登记的，按照登记机构的登记判断；无登记的，按照合同等证明财产权属或者权利人的证据判断。

案外人依据另案生效法律文书提出排除执行异议，该法律文书认定的执行标的权利人与依照前款规定得出的判断不一致的，依照本规定第二十六条规定处理。

典型纠纷6

电力市场化直接交易背景下的售电代理合同纠纷

参考案例 | 某光伏科技有限公司与某售电公司合同纠纷

一、案情介绍

某光伏科技有限公司与某售电公司签订《售电公司代理合同》及《补充合同》《代理合同》，约定，售电公司代理光伏公司通过电力交易平台参与市场交易，包括双边交易（年度双边交易、合同转让交易）和集中交易（年度集中交易和月度集中交易），售电公司按照光伏公司的年度购电需求向市场购电，光伏公司享受直接固定优惠金额，合同执行周期为1年。《补充合同》约定，分配方式采用直接固定价差0.04元/千瓦时。光伏公司承诺售电公司享受交易后的折各度电电价优惠=实际享受电费优惠总金额/实际用电量与《代理合同》签订的合同量的较小值，即如实际使用量超出合同签订量，按照合同签订量计算；如果实际使用量小于合同签订量，按照实际使用量核算。年度实际成交电量比例不得低于光伏公司12个月度的实际用电量或签订合同量的较小值（月度成交比例同样不得低于月度实际用电量或签订合同量的较小值），并按照此较小值实现全实际成交电量。合同履行期间所产生的全部偏差考核均由售电公司承担，包括月度偏差考核和年度偏差考核，重大类停产或者不可抗力因素事件（甲方原因造成的合同电量与实际用电量单个季度考核周期内，偏差比例累计值大于30%，全年偏差超过40%）导致的年度偏差考核，原则上按照国家文件规定的偏差考核执行。

上述合同签订后，售电公司支付了8个月的电价优惠金额后，经光伏公司多次催告，售电公司拒不支付剩余4个月优惠金额，光伏公司提起仲裁，请求售电公司向光伏公司支付电价优惠金额的本金和资金占用费。售电公司提起反仲裁，请求裁决光伏公司向售电公司开具税率为13%的增值税专用发票及资金占用费；裁决光伏公司支付违约行为（月度预测偏差）、违约行为（超额申报）导致的售电公司代理业务损失及资金占用；裁决光伏公司支付偏差考核罚款。

就光伏公司的仲裁请求和售电公司的反仲裁请求，仲裁庭裁决，售电公司（反请求光伏公司）于裁决书送达之日起 15 日内向光伏公司（反请求售电公司）支付电价优惠金额。驳回光伏公司、售电公司的其他仲裁请求。

二、案例解读

本案是电力市场化直接交易背景下售电合同纠纷的典型案例。根据光伏公司的请求和售电公司的答辩意见、仲裁反请求和双方当事人举证，仲裁庭将本案的争议焦点归纳为两个：一是光伏公司主张的支付电价优惠金额是否能得到支持；二是售电公司主张的仲裁反请求是否应当得到支持。焦点问题涉及的光伏公司和售电公司合同关系、光伏公司主张电价优惠金额的法律性质等，是近年来风电光伏新能源公司在电力交易领域中的代表性法律纠纷问题。结合仲裁庭审理的争议焦点，笔者结合案例，就以下几个问题展开分析：（1）合同约定了调处程序，但双方未经调处便提起仲裁，仲裁庭的受理是否存在程序违规；（2）合同约定的电价优惠金额是否应得到支持；（3）售电公司要求光伏公司承担未开具发票损失是否可支持；（4）在集中交易模式下，月度考核偏差、超额申报导致的损失是否应由电力用户承担。

（一）双方未经调处便提起仲裁，仲裁庭的受理不违反程序

光伏公司和售电公司签署的《售电公司代理合同》及《补充合同》约定，“合同发生争议时，原则上由双方自行协商，必要时由省政府有关主管部门或能源监管机构根据有关法律、规定进行调处。若双方仍未能解决争议，该争议应提交仲裁委员会仲裁”。售电公司据此答辩，主张光伏公司在提交仲裁时，双方争议未由省政府有关主管部门或能源监管机构根据有关法律、规定进行调处，仲裁庭受理违反程序。

实践中，民事合同的争议解决条款通常会约定，合同争议首先应协商解决，协商不成的，再提交仲裁或诉讼。对于行政协议或涉及行政管理职能的民商事合同，双方通常还会约定协商同时可提请政府部门或相关单位调解，然后才提请仲裁或诉讼程序。在此情况下，如合同一方没有履行协

商或调解，提起仲裁，仲裁庭能否受理？对此问题，《最高人民法院关于润和发展有限公司申请不予执行仲裁裁决一案的审查报告的复函》（2008 年 5 月 8 日，〔2008〕民四他字第 1 号）解释，当事人申请仲裁的行为已经视为协商不成，仲裁庭有权根据仲裁条款受理案件并裁决。双方约定的仲裁前置条件并不影响仲裁管辖，亦不影响仲裁程序的开展，仲裁庭应尊重当事人意思依法裁决。仲裁规则也有明确规定，调解或调解系为双方合意行为，一方当事人拒绝协商或调解，而又据此反对提起仲裁的，显然有失公平，因此，如截至申请人提出仲裁申请时，合同双方既未共同合意协商，也未能提请主管部门或能源监管机构调处，则不能剥夺合同一方提起仲裁的权利，仲裁庭也不能因此约定影响仲裁管辖及仲裁程序的进行。

（二）合同约定的电价优惠金额，应给予支持

仲裁庭认为，光伏公司与售电公司签订的《售电公司代理合同》及《补充合同》系双方当事人的真实意思表示，内容不违反法律、行政法规的强制性规定，合法有效，双方当事人应当按照合同约定履行自己的义务。《补充合同》约定，“3.3　分配方式：采用目录固定价差 0.04 元/千瓦时，乙方承诺甲方享受交易后的折合度电电价优惠 = 实际享受电费优惠总金额/实际用电量与《售电代理合同》签订的合同量的较小值，即如实际使用量超出合同签订量，按照合同签订量计算；如果实际使用量小于合同签订量，按照实际使用量核算。即光伏公司实际享受的总电价优惠金额 = 0.04 元/千瓦时 × 年度实际用电量或签订合同量总额的较小值。3.4　2020 年度实际成交电量比例不得低于光伏公司 12 个月度的实际用电量或签订合同量的较小值（月度成交比例同样不得低于月度实际用电量或签订合同量的较小值），并按照此较小值实现全实际成交电量”。

因此，对光伏公司主张售电公司支付电价优惠金额及资金占用费的请求，予以支持。

（三）售电公司要求光伏公司承担未开具发票损失，不予支持

本案中，光伏公司未向售电公司开具增值税专用发票，售电公司对此主张先履行抗辩权，光伏公司应先向售电公司出具发票，同时提出反仲裁请求，主张售电公司开具税率为 13% 的增值税专用发票并支付资金占

用费。

在电力销售公司代理合同关系中，购电方（光伏公司）是否应向售电方（售电公司）出具增值税发票，双方分歧在售电公司和光伏公司间是否产生购销行为。售电公司主张，按照电力交易规则，电价优惠金额是由电力交易平台先支付给售电公司，再由售电公司与电力用户根据双方协议自行分配，因此，其向光伏公司支付的优惠电价的实质是利润分配。光伏公司主张，双方合同没有约定光伏公司有开具发票的义务，出具发票不是售电公司支付电价优惠金额的优先条件，而且光伏公司和售电公司间没有发生购销行为，款项属于代收代转，因其没有提供应税服务，售电公司无权主张光伏公司开具增值税专用发票。

仲裁庭没有对售电公司支付电价优惠金额是否属于购销行为展开审理，认为售电公司不能在民事仲裁中要求被申请人履行公法义务。按照我国《税收征收管理法》规定，税务机关是发票的主管机关。对于拒不开具发票的行为，权利遭受侵害的一方当事人可向税务部门反映，由税务部门依照税收法律法规处理。同时《发票管理办法》也规定，对于拒不开发票的义务人，税务管理机关可责令开票义务人限期改正，没收其非法所得，可并处罚款。因此，售电公司反请求主张光伏公司开具发票，仲裁庭不予支持。

（四）月度考核偏差导致的损失，不应由电力用户承担

售电公司提出反仲裁请求，如果光伏公司准确预测，那么月度申报量应与月度实际用电量保持一致；如果光伏公司的预测不准确，那么光伏公司预估偏差超出合同约定比例导致售电公司产生的代理业务损失、资金占用费等，应由光伏公司承担。

仲裁庭查明，双方签订的《补充合同》明确约定，“3.4　当年度实际成交电量比例不得低于光伏公司12个月度的实际用电量或签订合同量的较小值（月度成交比例同样不得低于月度实际用电量或签订合同量的较小值），并按照此较小值实现全实际成交电量。3.5　当年度《代理合同》履约期间所产生的全部偏差考核均由乙方承担，包括月度偏差考核和年度偏差考核，其中月度电量产生偏差和年度总偏差考核在电力交易中心下一年

度结算后，统一补偿给光伏公司”。

仲裁庭认为，虽然光伏公司月度申报购电量和实际用电量确实存在偏差，但按照合同约定，“履约期间所产生的全部偏差考核均由乙方承担，包括月度偏差考核和年度偏差考核”，偏差考核应由售电公司承担。

售电公司反仲裁请求，光伏公司承担偏差考核罚款。仲裁庭认为，依据《补充合同》和 2020 年度《安徽电力市场售电公司代理合同》中履约期间所产生的全部偏差考核均由售电公司承担的约定，售电公司主张光伏公司支付偏差考核罚款不予支持。售电公司可在取得新证据后，就所主张的月度预测偏差、超额申报导致的代理业务损失、资金占用及违约赔偿，另行提起仲裁。

三、焦点分析

光伏、风力等新能源公司是电力市场的供电方，但作为电力用户，也需从电力市场购买工商业用电，是电力市场的购买方。现阶段，我国电力市场交易已经形成相对完整的行业模式，虽然电力用户与售电公司的合同纠纷有《民法典》的一般性原理，但其合同关系还需结合电力市场的特殊性作深入探讨。笔者就本案反映的电力交易合同的几个重要问题，展开思考。

（一）现阶段电力直接交易以中长期交易为主

2015 年 3 月，中共中央、国务院出台了《关于进一步深化电力体制改革的若干意见》（中发〔2015〕9 号），启动新一轮电力体制改革，此后发布了《关于推进电力市场建设的实施意见》等 6 个核心配套文件，构建起电力市场的总体框架。按照新改革方案，我国电力市场以电力中长期交易为主、现货交易为补充。2016 年 12 月，国家发展改革委和国家能源局颁布《电力中长期基本规则（暂行）》；2020 年，国家发展改革委、国家能源局发布正式版的《电力中长期交易基本规则》，对中长期交易的市场机制的市场成员、市场注册变更与注销、交易品种和交易方式、价格机制、交易组织、安全校核、合同签订和执行、计量和结算方式等作出了规定。在《电力中长期交易基本规则》的基础上，各省陆续制定、修订了各省份的交易规则，根据各省实际情况和发展需要对规则要点作部分调整，出台的规则呈现普遍性和一定差异性。至此，我国电力市场交易规则基本定型，各省交易规则虽有细微差异，但整体保持一致。

电力交易市场改革的主要目标是市场化。市场化改革就是要还原电力的商品属性，建立电力市场体系，而电力直接交易就是电力市场体系中的初级形态。电力直接交易是指符合准入条件的电力用户与发电企业，按照自愿参与、自主协商的原则直接进行的购售电交易，电网企业按规定提供输配电服务。电力直接交易允许电力用户直接从发电企业买电，发用电双方约定电量、电价，电网公司收取电能输配环节国家核定的固定服务费用，改变了电力用户只能从电网公司按照国家核定的价格购买电能、发电企业只能按照国家核定的价格卖电给电网公司的统购统销模式。

《电力中长期交易基本规则》及各地方规定要求，现阶段电力直接交易主要以中长期交易为主（日以上周期），随着市场体系的完善，后期还会有电力现货交易市场等。符合电力中长期市场准入资格的电力用户，可向地方电力交易中心申请办理注册并取得数字证书，申请账号、完成注册程序后，自主在电力市场开展交易。不符合准入资格的电力用户，需委托售电公司代理购电，售电公司作为代理商也应具备电力市场准入资格，并在地方电力交易中心完成备案，方可按照交易公告要求通过电力交易平台开展市场化交易。

《电力中长期交易基本规则》还明确，参加市场化交易的电力用户全部电量需通过批发或者零售交易购买，且不得同时参加批发交易和零售交易。已经选择市场化交易的发电企业和电力用户，原则上不得自行退出市场。无正当理由退市的电力用户，就得接受带有一定惩罚性的保底价格（在缴纳输配电价的基础上，再按照政府核定的目录电价的 1.2—2 倍执行），并且原法人以及其法人代表 3 年内均不得再选择市场化交易。根据偏差电量考核的机制，实际用电量超过或低于合同电量时需支付相应的偏差考核费用。电力的定价权交给市场，反映市场供求关系，当电力供求关系波动时，电力用户的购电价格也将随之或高或低波动。

（二）电力直接交易行为的主要合同类型与特殊要素

1. 电力直接交易行为的主要合同类型

电力直接交易机制下，电力用户必须先与供电企业签订供用电合同，取得使用电力资源的资格；之后，符合条件的用电企业可自行与电力中心签订交易合同，不符合条件的用电企业必须委托售电企业参与电力交易，由售电公司与电力中心签订结算协议并在电力交易中心备案。因此，电力直接交易机制中，电力用户公司最常用的合同有以下四类。

（1）高压供用电合同。其是指供电企业与用电人之间签订的高压电供应与使用的协议。《民法典》第 649 条规定，“供用电合同的内容一般包括供电的方式、质量、时间，用电容量、地址、性质，计量方式，电价、电费的结算方式，供用电设施的维护责任等条款”。供电服务在我国为能源国企所垄断，因此因电网供电的垄断属性，供用电合同有别于普通合同，具有很强的法定性和格式性。高压供用电合同一般均为电网公司的制式版本，供电方是指地方电网公司，用电方特指符合高压用电的工商业用户。

（2）直接交易结算合同。直接交易结算合同由售电人（售电公司）、用电人（市场化零售客户）、用电人（电网公司）三方签订，主要用以明确各方在直接交易机制下的电费结算与支付、偏差考核、违约用电及欠费管理、违约责任等。一般需向省电力交易中心进行备案管理。售电公司作为代理人在电力交易中心进行代理并拥有账户管理权，因此每月根据电力交易中心的结算单所计算出的差额电费会直接支付到代理人账户；当然，如果电力用户直接出具资料给交易中心，亦可直接要求交易中心退还差额电费或结算。同时，关于售电用户是否能全部完成代理电量，用电方是否在约定范围内无偏差使用电量，以及相应的违约责任均在该合同中有所体现。

（3）售电代理合同。该合同是由售电代理人、用电人两方直接签订的代理合同，具体内容包括售电方作为用电方的代理人直接参与电力直接交易，即依据本合同的约定或代理内容，自行从发电企业或电力市场购买电量进行交易，最终双方根据代理合同约定的差额电费分成实行合同结算。该售电代理合同一般需向省电力交易中心备案，且内容多为示范版本。

售电代理合同约束的主体分别为代理人即售电公司，委托人即电力用户，根据代理合同约定，售电公司负责从电力市场依据交易规则向发电企业进行购电或批发购电，该购电价格为售电公司的批发价格（市场电价），且批发价格随市场变化和最终交易价格确定；电力用户使用电量并依照电网目录价格预交电费，预交电费与每月批发价格（市场电价）会产生一个差额，即通常所说的差额电费。该差额电费的分配方式由售电代理合同具体约定，或固定分成，或按比例分成。根据各地电力交易规则，售电代理合同一般以自然年度为合同有效期，且每自然年度最后一个月前会签署次年度的代理合同，此时电力用户有权更换售电公司，售电公司亦有权拒绝代理委托人的代理业务。

（4）输配电服务合同。该合同指购电方（一般为用电量较大的企业）、售电方（发电企业）、输配电方（电网企业）三方签订的服务合同，用以明确三方权利义务、交易电量、交易电价以及电量结算和支付等内容。

2. 电力交易行为主要合同的特殊要素

虽然电力交易合同的性质为民事合同，但因电力交易的执行直接受到政策规范的限制，交易主体、交易方式、价格机制等交易结构要素必须在《电力中长期交易基本规则》和电力交易政策允许的范围内，超出政策约定的交易结构，缺少执行可能性，将导致双方合同目的无法实现。在实践中，除制定交易合同示范（格式）文本外，电力交易中心通常会要求电力用户签订承诺函或类似文件，表明严格遵守电力交易政策。电力交易政策对交易行为有直接约束力，由此，电力交易政策对合同效力判定、违约责任认定等具有强影响力。

（1）合同主体。

现阶段，电力交易市场的主体主要为发电企业、售电企业、电网企业、电力用户、电力交易机构、电力调度机构和独立辅助服务提供商等。因为电力市场规则对入场交易主体设置有严格的准入条件，发电企业、售电企业、电力用户的合同主体资格，除需符合一般意义的民事权利能力和行为能力外，还需符合准入资格。

2020 年《电力中长期交易基本规则》放宽了市场主体的准入条件。在电力用户准入方面，规定经营性电力用户的发用电计划原则上全部放开；在发电企业准入方面，将分布式发电企业也纳入分布式发电市场化交易试点；另外，还允许经法人单位授权的内部核算的市场主体参与相应的电力交易。总体来看，市场主体的准入门槛降低了一大截。

发电企业的准入，主要体现在准入的电源类型和机组容量。如陕西鼓励规划内的风电、太阳能发电等可再生能源发电企业在保障利用小时数之外的电量参与直接交易。对电力用户的准入，主要体现在准入的电压等级和年用电量。如陕西规定大用户即年用电量 500 万千瓦时及以上，可直接参与电力直接交易，或由售电公司代理参与；中小用户即年用电量在 300 万—500 万千瓦时的电力用户，由售电公司代理参与；园区用户可以园区为单位成立售电公司，整体参与市场化交易或委托其他售电公司代理参与。

售电企业的准入，主要体现在履约保函、代理电力用户总用电量、公司人员及专业等补充要求。如陕西对售电企业的人员及专业提出了具体要求，即售电公司一般应拥有 10 名及以上专职专业人员，其中至少有 1 名电力工程类高级职称和 3 名电力工程类中级职称专职管理人员；具有配电网运营权的售电公司，拥有与从事配电业务相适应的专业技术人员、营销人员、财务人员等，不少于 20 人，其中至少拥有 2 名电力工程类高级职称和 5 名电力工程类中级职称的专业管理人员。[①]

（2）交易品种。

电力交易品种包括电力直接交易、跨省跨区交易、合同电量转让交易，以及辅助服务补偿（交易）机制等。

（3）交易周期。

交易周期分为年度交易、月度交易、临时交易。按照先双边协商交易后集中竞价交易组织开展年度、月度交易，临时交易、挂牌交易根据市场需求开展。电力中长期交易主要按照年度和月度开展，交易合同的周期通常为一年。

（4）交易方式。

中长期交易按照年度、月度和月内（周或旬）组织开展。年度交易以

① 参见刘光林：《〈电力中长期交易基本规则〉完成哪些修订》，载《中国电业》2020 年第 7 期。

双边协商为主，月度及月内交易根据市场需求可采用双边协商、挂牌、集中竞价等方式组织。双边协商交易指市场主体之间自主协商交易电量（电力）、电价，形成双边协商交易初步意向后，经安全校核和相关方确认后形成交易结果。集中竞价交易指市场主体通过电力交易平台申报电量、电价，电力交易机构考虑安全约束进行市场出清，经电力调度机构安全校核后，确定最终的成交对象、成交电量（辅助服务）与成交价格等。挂牌交易指市场主体通过电力交易平台，将需求电量或可供电量的数量和价格等信息对外发布要约，由符合资格要求的另一方提出接受该要约的申请，经安全校核和相关方确认后形成交易结果。

（5）价格机制。

按照交易方式，双边交易价格按照双方合同约定执行，挂牌交易价格以挂牌价格结算。按照交易主体，电力用户的购电价格由市场交易价格、输配电价（含线损）、政府性基金三部分组成，公式如下：用户购电价格 = 市场交易价格 + 输配电价（含线损） + 政府性基金。上述电价中，市场交易价格由交易双方商定或通过集中竞价确定，输配电价（含线损等）、政府性基金等由省价格主管部门根据国家政策制定。上述价格不包含基本电费，基本电费、力率调整电费、峰谷电价继续执行现行政策。

发电企业的上网价格就是市场交易价格，可再生能源补贴按照现行政策执行。

零售市场结算采用关联结算机制。电力用户的结算、偏差等与售电人在批发市场的结算、偏差等相关联，电力用户双边交易与集中交易成交的量价由售电人参与批发市场的成交结果决定，售电公司与电力用户约定的差额电费分配方案由固定价差加比例分成组成，具体差额分配方案以双方签订的合同约定为准。

（6）偏差电量处理。

偏差电量是指电力用户月度实际用电量与合同电量之差。在中长期交易模式下，售电合同约定的交易电量和电力用户实际使用量存在的偏差难以避免，《电力中长期交易基本规则》要求市场主体通过月内（多日）交易实现月度发用电计划调整，发电侧上下调预挂牌机制，偏差电量次月挂牌，合同电量滚动调整等方式建立偏差处理机制。

2016 年《电力中长期交易基本规则（暂行）》曾设定了可允许的偏差范围，发电侧 2% 以内的少发电量免于支付偏差考核费用，电力用户侧 2% 以内的少用电量免于支付偏差考核费用，但在 2020 年《电力中长期交易基本规则》中，该豁免被取消，现阶段发电侧、用户侧合同电量不允许偏差，并且《电力中长期交易基本规则》通过电量单价和惩罚系数来加大偏差电量的考核力度，根据超用电量和少用电量的区间范围设置分担惩罚系数。

（三）关于售电代理合同的分析

1. 售电代理合同的性质

售电代理合同是符合电力中长期交易准入条件的售电公司和电力用户之间签订的年度（月度）的交易合同。不同于一般代理合同中直接由委托人向代理人支付报酬，此类合同中，售电公司基于电价优惠的收益分成，依照合同约定向电力用户支付一笔费用。围绕该笔费用的性质是购电金额返还，还是售电代理业务的收益分成，代理合同的性质有买卖合同和代理合同的争议。

售电代理的基本交易模式为，电力用户与电网经营企业签署的供用电合同履行相关义务，售电公司与电力用户签订售电代理合同，售电公司按照国家有关法规、规定和技术规范，为电力用户提供电力交易服务，做好需求侧管理及用能服务，参与批发市场交易并按规定结算等，售电代理合同约定电力用户委托售电公司在交易市场的采购用电量、电价目标，以及电价差额收益的分成比例。但是，无论是售电公司还是电力用户，均需与电网经营企业进行电费结算，售电公司并没有直接向电力用户销售电力，双方之间不具备买卖合同法律关系的特征。在此种交易模式下，售电公司实质上是接受电力用户的委托前往市场进行竞价，在电力用户的授权范围内为电力用户提供电力交易服务，售电代理合同应当被认定为委托合同。相关判例如安徽野岭饮料食品有限公司与安徽荣盛售电有限公司买卖合同纠纷案[1]，东莞市合鑫电子实业有限公司、广东粤电电力销售有限公司委托合同纠纷案[2]。

因购售电交易只有在售电公司完成代理购电义务，即在电力市场完成交易后，才能产生双方合同约定的购电收益，故该委托代理合同在未实际履行时被认定为无偿代理，实际履行后被认定为有偿委托，从而在乙方违约后适用不同的违约赔偿及解除偿规则，详见海城北海化工有限公司与东北售电有限公司合同纠纷案再审判决书[3]。

2. 售电代理合同与结算合同、供用电合同的关系

售电代理合同的格式条款约定，鉴于电力用户已经与供电企业签订了供用电合同，根据民法典原理，供用电合同是售电公司和电力用户签订代理合同的先决条件，代理合同是附成立条件合同，如果没有供用电合同，代理合同事实上就不能成立，也不能产生法律效力。另外，根据实际中各省份均对售电代理合同的生效形式进行了规定，即售电代理合同应按规定在各省交易管理机构进行备案，无备案的不能参与交易。因此，未备案的售电代理合同此时对外是不生效的，但在双方之间仍存在法律约束力。

售电代理合同要求电力用户、供电企业和售电公司签订结算合同，结算合同的示范文本通常明确约定：(1）售电人与用电人已签订相关代理合同。(2）供电人、售电人和发电企业已签订相关直接交易输配电服务合同。(3）供电人、用电人已签订供用电合同……经三方协商一致，签订本合同。因此，结算合同是附条件成立合同，代理合同、供用电合同是结算合同的成立条件。结算合同的格式文本通常约定，“售电人与用电人已签署的代理合同，对售电人和用电人继续有效；供电人、用电人已签订供用电合同，对供电人和用电人继续有效；上述两项合同与本合同互为补充。当代理合同、供用电合同与本合同约定内容不一致的，按本合同约定执

① 参见（2020）皖0405民初845号。
② 参见（2021）粤01民终19761号。
③ 参见（2020）辽02民再118号。

行”。按照结算合同约定，结算合同的法律效力大于代理合同[①]。

此外，由于电力市场供电价格组成的复杂性，以及每年度适用规则的调整，电力交易中心要求每个电力用户在参与电力市场交易前，都必须签订电力用户入市承诺书，明确载明“本企业参与交易中心组织的交易时，必须了解和掌握相关交易的管理制度及交易规则，并随时关注交易规则的调整”“本企业严格执行国家、省级政府或政府相关部门监管机构、电力交易机构制定的各项制度、规则……”等内容。因此，代理合同、结算合同的自主约定与政策规定冲突的，应适用政策规定。

在安徽恒元纺织有限公司与安徽能惠售电有限公司（以下简称能惠售电公司）、国网安徽省电力有限公司宁国市供电公司（以下简称国网电力宁国公司）供用电合同纠纷案[②]中，法院审理认为，本案原、被告双方签订的《结算合同》《代理合同》合法有效，合同约定了电量、电费的结算方式，但根据皖能源电力〔2018〕75号通知、《关于开展安徽省2019年度电力双边直接交易的市场报告》的规定，“2019年，已准入且认定为钢铁、煤炭、有色金属、建材等四大行业电力用户直接交易固定比例为100%，其余准入电力用户直接交易固定比例为80%”。“上述通知及公告均应系《代理合同》及《结算合同》的组成部分，对原、被告均应适用”“原告委托被告能惠售电公司代理购电，成为直接交易的用电人，其所用电量系通过直接交易获取，同时，原告与被告能惠售电公司、被告国网电力宁国公司签订的《结算合同》也明确为直接交易结算合同，故原告认为应当按照其实际用电量直接作为结算电量，以及只有双边交易的电量才按80%结算退补电费，无事实依据”。

3. 售电代理合同的增值税开票争议

《发票管理办法》第18条规定：“销售商品、提供服务以及从事其他经营活动的单位和个人，对外发生经营业务收取款项，收款方应当向付款方开具发票；特殊情况下，由付款方向收款方开具发票。”《发票管理办法

① 参见安徽恒元纺织有限公司与安徽能惠售电有限公司、国网安徽省电力有限公司宁国市供电公司供用电合同纠纷一审民事判决书，（2020）皖1881民初2588号。

② 参见（2020）皖1881民初2588号。

实施细则》（国家税务总局令第56号）第24条规定："填开发票的单位和个人必须在发生经营业务确认营业收入时开具发票。未发生经营业务一律不准开具发票。"按照上述规定，一般情况下，只有发生经营业务时，收款方才有开具发票的义务；特殊情况下，也可开具发票，但法律对"特殊情况"没有明确规定。售电代理合同中，售电公司和电力用户没有买卖行为，售电公司的代理业务收入源于电价优惠，电力用户不向售电公司直接支付代理费，此情况是否属于"特殊情况"，售电代理合同法律关系双方存有争议。

（1）收款方不开具增值税发票可能导致的经济损失。

增值税发票的开具纠纷之所以存在，是因为增值税发票直接关系到付款方的经济收益。按照现行增值税发票及相关财税政策，收款方不开具增值税发票给付款方时，付款方因无法获取增值税发票而无法进行进项税额抵扣，同时还需多缴纳附加教育费等税费，[①] 包括：①不能抵扣的进项税额［计算方式：应开票金额÷（1+增值税率17%）×增值税率17%］；②因无法进行进项税额抵扣多缴纳的城市维护建设税（计算方式：进项税额度×7%）[②]；③无法进行进项税额抵扣多缴纳的教育费附加费（计算方式：进项税额度×3%）[③]；④无法进行进项税额抵扣多缴纳的地方教育费附加费

---

① 参考案例：云南精鹏源经贸有限公司、广西北港资源发展有限公司等买卖合同纠纷民事二审民事判决书［（2021）桂民终707号］。

② 《城市维护建设税法》第4条规定："城市维护建设税税率如下：（一）纳税人所在地在市区的，税率为百分之七；（二）纳税人所在地在县城、镇的，税率为百分之五；（三）纳税人所在地不在市区、县城或者镇的，税率为百分之一。前款所称纳税人所在地，是指纳税人住所地或者与纳税人生产经营活动相关的其他地点，具体地点由省、自治区、直辖市确定。"

③ 《征收教育费附加的暂行规定》第2条规定："凡缴纳消费税、增值税、营业税的单位和个人，除按照《国务院关于筹措农村学校办学经费的通知》（国发〔1984〕174号文）的规定，缴纳农村教育事业费附加的单位外，都应当依照本规定缴纳教育费附加。"第3条第1款规定："教育费附加，以各单位和个人实际缴纳的增值税、营业税、消费税的税额为计征依据，教育费附加率为3%，分别与增值税、营业税、消费税同时缴纳。"

（计算方式：进项税额度×2%）[①]。

（2）开具增值税发票是否可作为民事诉讼请求。

民事诉讼能否请求收款方开具或提供增值税发票，仲裁和人民法院在不同案件中的裁判观点有所不同，即使是在最高人民法院的层面也存在截然不同的观点。有观点认为，开具发票是税法规定的行政义务，若当事人主张收款方开具发票不属于民事案件的受理范围，则仲裁或人民法院不能处理。也有观点认为，付款方要求收款方开具合同发票是其合同义务，因此应予支持付款方开具发票的请求。笔者认为，该问题的关键是收款方履行开具增值税发票义务是基于民事法律关系还是行政法律关系。另外，《最高人民法院关于适用〈中华人民共和国民法典〉合同编通则若干问题的解释》第26条"当事人一方未根据法律规定或者合同约定履行开具发票、提供证明文件等非主要债务，对方请求继续履行该债务并赔偿因怠于履行该债务造成的损失的，人民法院依法予以支持"的规定明确了人民法院对因未开具发票造成损失的诉求是予以支持的，但仍是基于法律明确规定或合同约定的开具发票这个前提。

①开具增值税发票属于行政法范畴的税务法律关系。

笔者认为，在双方未约定发票开具且依法无法确定双方之间的发票结算关系的情况下，开具发票属于行政法范畴的税务法律关系，不属于法院受理民商事案件的范围。如果司法认定开具发票，紧接着就是发票类型和税率的问题。我国发票类型及税率均是由税务法律法规专门规定且属于税务行政机关专属管辖，故从此角度看发票相关问题均属于行政职权范畴，司法不宜介入。司法是民事救济的最后途径，即使未开具发票，受损乙方也可以就损失向法院提起诉讼，此时法院可依法受理。

最高人民法院在内蒙古长融房地产开发有限公司、四川建设集团有限

---

① 《财政部关于统一地方教育附加政策有关问题的通知》规定："二、统一地方教育附加征收标准。地方教育附加征收标准统一为单位和个人（包括外商投资企业、外国企业及外籍个人）实际缴纳的增值税、营业税和消费税税额的2%。已经财政部审批且征收标准低于2%的省份，应将地方教育附加的征收标准调整为2%，调整征收标准的方案由省级人民政府于2010年12月31日前报财政部审批。"

公司建设工程施工合同纠纷案[①]以及青海临峰房地产开发有限公司、浙江中业建设集团有限公司建设工程施工合同纠纷案[②]中发表了类似观点：根据《发票管理办法》的规定，发票管理是税务主管部门的法定职责。原判决对应当提供发票问题未予处理，并无不当。

②合同约定收款方有出具增值税发票义务的，可视为民事法律关系。

合同约定付款时收款方需提供发票，应属于民事法律关系范畴，付款方据此约定请求收款方开具发票属于民事案件的审理范围。最高人民法院在（2021）最高法民申1337号案中认为，“根据《税收征收管理法》第二十一条第一款及《发票管理办法》第十九条的规定，收取工程款，开具工程款发票是承包方税法上的义务，承包人应当依据税法的相关规定向发包人开具发票。建设工程合同纠纷案件中，双方约定的提供发票并非指由税务机关提供发票，而是指在给付工程款时需由承包方向发包人给付税务机关开具的发票，当事人之间就一方自主申请开具发票与另一方取得发票的关系，属于民事法律关系范畴，故当事人一方主张对方开具发票属于民事案件的审理范围”。

类案案例如白银恒远装饰工程有限公司（以下简称恒远公司）、八冶建设集团有限公司第八建设公司（以下简称八冶第八公司）合同纠纷案[③]，二审法院认为，“针对上诉人恒远公司提出的一审法院判决开具增值税专用发票的判项不应作为民事诉讼的请求事项而得到民事判决支持的上诉请求，本院认为被上诉人八冶第八公司要求上诉人恒远公司开具增值税发票系双方合同约定，更是上诉人恒远公司应当履行的法定义务，一审判决上诉人恒远公司开具增值税发票的判项并无不当”。

实践中，人民法院判决收款方出具增值税发票，还面临难以被执行的风险，如在李延某某、西安鑫园置业有限公司、西安某某置业有限公司买卖合同纠纷案[④]中，法院查明，“被执行人与其他单位之间因建设项目所涉

① 参见（2018）最高法民终482号。
② 参见（2019）最高法民再166号。
③ 参见（2021）甘04民终1404号。
④ 参见（2022）陕0118执2452号。

及的税款产生争议，导致被执行人无法在税务机关领取代开的税务发票，因此无法为申请执行人开具购房款增值税发票和办理房屋产权证手续”，法院裁定终结执行。

为防范发票难以被执行的风险，笔者建议，可将开具发票作为主诉请，将赔偿不能开票的损失作为备位诉请，即请求判令开价税总计为多少金额的增值税发票，若不能开具前述发票，则判令赔偿未开具发票造成的损失金额。

4. 售电代理合同的结算风险与防范

依据现有政策规则可将结算主体分为三类：第一类是电网企业的售电公司，可向其供电的用户收费并开具电费发票；第二类是拥有配电网运营权的售电公司，可向其供电的用户收费并开具电费发票；第三类是独立的售电公司，保持电网企业向用户收费并开具发票的方式不变，本案所涉为第三类。由此可见，拥有配网资源就意味着可以成为结算资金主体，可以占据现金流；对于大多数独立售电公司而言，并不能直接向用户收费并开具发票，无法成为资金结算主体。

根据签订的电力交易阶段合同确定结算方式。参照国家发改委文件及各地交易规则对交易结算方式安排如下：（1）电费现金流保持原有缴纳方式不变，只不过多出了由交易机构（电力交易中心）向售电公司返还差额电费的流程。（2）售电公司须向交易中心提交其与用户的交易合同，提交返还差额电费的分配方案，由交易中心统一清算后向各市场主体拨付资金。

从目前各地交易规则来看（除云南地区①），售电公司既不承担结算主体职责，也不承担结算风险。售电公司与用户在电力交易中心之外达成“抽屉协议”或“黑白协议”，约定单独结算的，对售电公司与用户均造成巨大的法律风险。若将来售电公司承担结算职能，则用户侧欠费风险将由

---

① 云南交易方案规定：当售电公司代理用户存在少用电量时，用户自身承担少用电量偏差电费的 90%，售电公司承担该用户少用电量偏差电费的 10%。电力交易中心按照用户少用电量偏差电费的 100% 向用户出具结算依据，电网公司按结算依据向用户收费，用户少用电量偏差电费的 10% 由售电公司支付给其代理用户。

售电公司承担，因此有必要在售电协议中明确电费收取方式（如分期托收、预付电费等）、担保机制设置，以及迟延付款、违约责任、交叉违约责任等，最大限度地减少电费收取、管理等造成的法律风险。

（四）关于偏差电量与偏差考核的分析

1. 偏差电量

（1）偏差电量的结算价格。

第一，按照目录电价结算。受到目前阶段经济形势和电力总体“供大于求”（甚至有地方政府强制要求市场交易必须达到一定降价幅度）的影响，目前各地中长期交易都是单边降价（交易价格低于目录电价），用户侧超出合同约定用电量，将由执行标杆电价的发电机组承担（当地规则规定其他补偿方式的不属此类）。在保持电网购销差价不变的要求下，许多地区交易规则都规定了用户侧超用电量（正偏差）按照目录电价结算，也有地区规定按照目录电价上浮一定比例执行，如江苏等规定电力用户的购电价格按目录电价的110%执行。重庆交易方案第27条规定：当电力用户用电量超过合同电量105%的部分，超过部分由电网企业按目录电价进行结算，发电企业无违约责任。安徽交易规则第31条规定：电力用户、售电公司的偏差电量，大于0时按目录电价结算。

第二，按照集中竞价价差（或成交价）核算。对于负偏差（少用电量），各地规则一般规定按照集中竞价的价差（或成交价）来核算考核费用。如《广东电力市场交易基本规则（试行）》（以下简称《广东交易规则》）第108条规定：允许负偏差范围外的偏差电量按月度集中竞争交易成交价差绝对值的3倍结算，即按照2倍的月度集中竞争交易成交价差绝对值进行考核。湖南交易规则第94条第2项规定：超用电量按上调服务的加权平均价结算（系统未提供上调服务时，按月度集中竞价交易的最高成交价结算）……2%以外的少用电量按系统下调电量的补偿单价支付偏差考核费用（系统未提供下调服务时，按其合同加权价的10%支付偏差考核费用）。

（2）偏差电量的结算方式。

电力市场交易机制中，因为偏差电量的结算方式可以形成一笔交易价差收益，售电公司参与市场化交易与电力交易合同价格之间产生收益。

简单来说，用电人即电力用户根据目录电价（正常的工商业电价）使用电力并缴纳电费；代理人（售电人）即售电公司通过电力市场交易（双边或集中交易形式）向供电公司或发电企业竞价购买，代理人实际购买到的电量及电价会与用电人的电量及电价产生差额，形成差额电费，最终根据电力交易中心提供的结算依据结算差额电费。例如，申请人2021年1月用电量100度，每度1元，实际缴纳电费100元；申请人的代理人通过参与市场交易最终购买90度电，电费每度0.8元，总计72元，因此用电人最终应缴电费：90×0.8+（100－90）×1＝82元，供电方应退还申请人18元，该18元则为差额电费。但代理人与申请人约定每度给予0.1元优惠，按实际成交电量计算，即申请人可获得9元(90×0.1＝9元)；如果每度优惠0.2元，则应向申请人支付18元（90×0.2＝18元)；如果优惠0.3元，则为27元（90×0.3＝27元)，差额电费减去上述优惠剩余部分由代理人自行支配和承担。

2. 偏差考核

（1）偏差考核的政策含义。

电力的产生和使用具有即时性和波动性的特征，且客观上不能直接储存，因此电力交易无法预先做到精准预测，电力中长期交易合同电量均为计划值，产生偏差属必然现象；因此现阶段采取偏差考核的方法解决电量偏差问题已成为各地规则的首选。

需要注意的是，偏差考核是有明确政策含义的概念，电力交易双方不能随意修改或创设。如本案中，《售电公司代理电力客户参与电力直接交易结算合同（示范文本)》第2.2.4条约定了“偏差电量及电费”，该处的偏差考核是依据政策的计算规则，而被申请人主张的“月度预测偏差考核”没有计算依据和标准，是自行创设的概念，混淆了偏差考核。

（2）偏差考核中“合同电量”的政策含义。

从地方规则规定来看，用户侧偏差电量是指“用户侧实际用电量”与“合同电量”的偏差，国家能源局华东监管局、安徽省能源局印发的华东监能市场〔2020〕132号《安徽电力中长期交易规则》第96条规定，“参与批发交易的市场主体实际发用电量与对应时段合同电量的差值，为偏差电量”；第77条规定，“发电企业、售电公司、一级用户成交合同偏差电量允许范围为-2%—3%”。由于各地开展集中竞价情况不同，各地规则对上述概念的外延包括哪些规定也存在差异。

偏差考核对象是实际用电量和合同电量，实际用电量由电力中心统计，电力合同中表述为结算电量，依据电力交易规则，为合同出具的结算凭据中的抄表电量（电网企业按约定时间完成电力用户抄表）。合同电量是电力交易合同约定的直接交易电量。按电力交易方式分为“双边交易合同电量”“集中竞价交易合同电量”。双边交易合同电量是指售电公司和电力用户根据交易规则，双方自主协商交易电量，确定的电力用户参与双边交易的合同电量，分为年度双边交易合同电量、月度双边交易合同电量。集中竞价交易合同电量是指售电公司和电力用户根据交易规则，双方确定的由售电公司代理电力用户参与电力交易平台集中竞价交易的合同电量。①

关于合同电量的确定，涉及以下两个问题：

①是否包含集中竞价电量。根据当前公布的规则，非集中竞价的其他地区并未明确“合同电量”的外延。在已经开展集中竞价的地区，“合同电量”通常包含集中竞价电量，如江苏交易规则第22条明确偏差包含集中竞价电量。《广东交易规则》第108条规定，用户侧正负偏差用公式可表示为：正偏差：（用户实际用电量）-（月度双边协商电量+集中竞价电量）>0。负偏差：（用户实际用电量）-（月度双边协商电量+集中竞价电量）<0。

②参与交易的“电量”是全电量还是部分电量参与交易，各地规则有所不同。《广东交易规则》规定了用户侧须全电量参与竞价，因此“准入市场用户实际用电量”=“准入市场用户直接交易电量”。如当地规则规定用户侧以部分电量参与交易，则上述公式两边须重新进行定义（非市场交易电量无须参与考核），如宁夏交易规则第25条规定：自愿参与市场交易的电力用户可以全部电量进入市场，未在市场上获得合同的电量，执行目录电价。

---

① 参见《山东省售电公司与电力用户购售电合同（示范文本）》（2018年）。

(3) 偏差考核费用的承担主体。

偏差考核对象直接关系到售电公司购售电合同签署及违约责任的设计。因偏差考核费用的存在，售电公司在设计售电套餐时（如保底型套餐合同、利润分享型售电合同等），需明确约定偏差考核费用的最终承担主体。

中长期交易下：

做法1：承担主体为售电公司。以《广东交易规则》为代表，该规则规定"以售电公司作为考核主体"。《广东交易规则》第109条第1项规定：与售电公司签订三方合同、购售电合同的用户，其实际用电量之和为售电公司的实际用电量。售电公司参照电力大用户结算其参与批发市场的价差电费。

做法2：承担主体为用户。售电公司作为用户的代理方不承担偏差考核责任，由用户直接承担考核责任。如湖南交易规则第98条第3项规定：售电公司代理交易按上述该条第2款由委托的电力用户承担偏差电量结算责任。

做法3：自行约定承担主体。交易规则不对考核对象作出规定，由市场交易主体自行安排最终考核责任承担。浙江方案第8点规定：当实际直接交易电量与直接交易合同电量偏差超过3%时，按合理补偿损失的原则在合同中明确赔偿数额。重庆交易规则第27条规定：当实际直接交易电量低于合同电量95%的部分视为违约电量，违约责任由各市场主体在直接交易合同中约定。

零售交易中：

湖南交易规则第98条第3项规定：将与售电公司零售交易的电力用户，可以分用户分别按该条上述第2款办法处理电量偏差；也可以一个售电公司零售用户同期合同电量与实际电量加总后，将该售电公司作为一个超级大用户按照上述该条第2款承担偏差电量结算责任。

(4) 偏差处理不属于违约责任。

合同电量偏差处理，主要目的都是平衡电量偏差，但前提条件是发电企业或者电力用户有能力调整该部分偏差，在预留该部分调整容量时，发电企业或电力用户等于损失了一部分机会成本，即拿这一部分容量去参与市场交易的收益。因此，偏差考核不等同于违约方的违约责任。因偏差考核带来的损失以及承担问题，应在购售电协议中明确。

从各地规则来看，偏差考核费用一般由电力交易中心统一收取并用于特定用途（如补偿辅助服务等），也有地区将合同履约率与申报电量、信用评价相挂钩（如山西地区规定）。笔者建议，对于生产稳定、用电量需求较为准确的大用户而言，如其自身具备了承受偏差考核的能力，可直接参与电力市场交易；对于生产波动较大、难以独立承受偏差考核的企业而言，则可选择由售电公司代理（或进行零售交易）参与电力市场，发挥售电公司“蓄水池”作用以减少偏差考核。

目前，已有很多售电公司把为用户承担偏差考核作为吸引用户的营销手段。从风险控制角度来看，应约定售电公司承担偏差考核的限度，否则若出现用户重大生产波动、行业性调整甚至破产等极端情况，售电公司则难以承受巨大的偏差考核费用。部分地区交易规则已经明确提示违约损失应由交易方在购售电协议中予以明确（如原安徽交易规则第 31 条、河南交易规则第 19 条等）。案涉偏差考核即依据《安徽电力中长期交易规则》，双方在合同中明确约定由售电公司承担。

（5）售电公司与用户约定保底价格，可能造成违约，需承担相应责任。

售电公司与电力用户委托代理交易合同（协议），是售电公司对用户公司作出的合同承诺，承诺其代理进行电力交易的电价。在合同签订后，用户告知售电公司相应的用电量，售电公司在年度交易中按照保底价格购买了相应电量，后因用户追加用电量，售电公司只能在月度交易时购买高于保底价格的电量，由此造成用户多支付电费。法院认为，该部分电费属于售电公司未实现保底价格导致的用户损失，根据相关法律应由售电公司进行赔偿。因此，售电公司在参与电力市场交易时应充分考虑自己的风险承受能力，避免轻易对交易价格作出承诺引发损失。①

---

① 参见安阳化学工业集团有限责任公司与河南鼎德京源售电有限公司委托合同纠纷一审民事判决书，（2019）豫 0506 民初 2426 号。

（6）建议在售电合同中应明确偏差考核的承担主体及相关费用计算公式。

合同应明确约定，售电公司和用户约定对售电获得的利润进行分成的（利润分享型），分成的利润是否已经扣减偏差考核费用？售电公司承诺对用户在现行目录电价的基础上下调固定金额（保底型），意味着售电公司承担偏差考核费用，但是否约定了售电公司承担偏差考核的限度，都将涉及双方的利益。因此，若双方已明确约定偏差考核承担方式及计算规则，则依照双方约定执行，否则将依据各地偏差考核规则由法院予以分担。

四、法条索引

1.《中华人民共和国民法典》（主席令第45号，2021年1月1日起施行）

第九百二十一条　委托人应当预付处理委托事务的费用。受托人为处理委托事务垫付的必要费用，委托人应当偿还该费用并支付利息。

第九百二十七条　受托人处理委托事务取得的财产，应当转交给委托人。

第九百二十八条　受托人完成委托事务的，委托人应当按照约定向其支付报酬。

因不可归责于受托人的事由，委托合同解除或者委托事务不能完成的，委托人应当向受托人支付相应的报酬。当事人另有约定的，按照其约定。

2.《中华人民共和国发票管理办法》（2023年修订）（国务院令第764号，自2023年7月20日起施行）

第三条　本办法所称发票，是指在购销商品、提供或者接受服务以及从事其他经营活动中，开具、收取的收付款凭证。

发票包括纸质发票和电子发票。电子发票与纸质发票具有同等法律效力。国家积极推广使用电子发票。

第十九条　所有单位和从事生产、经营活动的个人在购买商品、接受服务以及从事其他经营活动支付款项，应当向收款方取得发票。取得发票时，不得要求变更品名和金额。

第二十二条 安装税控装置的单位和个人，应当按照规定使用税控装置开具发票，并按期向主管税务机关报送开具发票的数据。

使用非税控电子器具开具发票的，应当将非税控电子器具使用的软件程序说明资料报主管税务机关备案，并按照规定保存、报送开具发票的数据。

单位和个人开发电子发票信息系统自用或者为他人提供电子发票服务的，应当遵守国务院税务主管部门的规定。

3.《中华人民共和国税收征收管理法》(2015 年修正)（主席令第 23 号，2015 年 4 月 24 日起施行)

第二十一条 税务机关是发票的主管机关，负责发票印制、领购、开具、取得、保管、缴销的管理和监督。

单位、个人在购销商品、提供或者接受经营服务以及从事其他经营活动中，应当按照规定开具、使用、取得发票。

发票的管理办法由国务院规定。

4.《中华人民共和国仲裁法》(2017 年修正)（主席令第 76 号，2018 年 1 月 1 日起施行)

第二十一条 当事人申请仲裁应当符合下列条件：

（一）有仲裁协议；

（二）有具体的仲裁请求和事实、理由；

（三）属于仲裁委员会的受理范围。

5.《中华人民共和国发票管理办法实施细则》(2024 年修正)（国家税务总局令第 56 号，2024 年 3 月 1 日起施行)

第二十四条 填开发票的单位和个人必须在发生经营业务确认营业收入时开具发票。未发生经营业务一律不准开具发票。

6.《最高人民法院关于适用〈中华人民共和国民法典〉合同编通则若干问题的解释》(法释〔2023〕13 号，2023 年 12 月 5 日起施行)

第二十六条 当事人一方未根据法律规定或者合同约定履行开具发票、提供证明文件等非主要债务，对方请求继续履行该债务并赔偿因怠于履行该债务造成的损失的，人民法院依法予以支持；对方请求解除合同的，人民法院不予支持，但是不履行该债务致使不能实现合同目的或者当事人另有约定的除外。

典型纠纷7

购售电代理合同的履约风险与防范

参考案例 | 山东A化工有限公司诉山东B电气有限公司合同纠纷[①]

一、案情介绍

2018年10月18日，山东A化工有限公司（以下简称A公司）（乙方）与山东B电气有限公司（以下简称B公司）（甲方）签订《电力销售服务合同书》，约定合同有效期至甲乙双方进入山东电力交易平台之日起满2年；甲乙双方按照优惠价差的3∶7比例分成。2019年12月12日，双方又签订《购售电合同》，约定甲乙双方约定交易获得的价差收益按照3∶7分成，甲方获得30%，乙方获得70%；合同有效期为自签订之日起至2020年12月31日止。2020年5月22日，双方再次签订《购售电合同》，合同约定：甲方协助乙方申请办理电力交易有关手续；甲方向乙方和电网企业提供与履行本合同相关的其他信息；交易电量为乙方同意向甲方购买交易周期内的全部用电量；利益分成为甲乙双方约定交易获得的价差按2∶8分成，甲方获得20%，乙方获得80%；合同有效期为自签订之日起至2022年12月31日止。2020年12月8日，A公司将解除《购售电合同》的律师函通过特快专递送达B公司。

A公司向一审法院起诉，请求：依法确认A公司与B公司于2020年5月22日签订的《购售电合同》已解除；B公司支付A公司2020年6月至12月电量价差收益231,299.28元。

一审法院审理认为，A公司与B公司签订的案涉《购售电合同》实际为委托人和受托人约定由受托人处理委托人事务的委托合同，系双方当事人真实意思表示，不违反法律、行政法规的效力性强制性规定，合法有效，双方均应当按照约定全面履行自己的义务。当事人一方迟延履行债务

① （2022）鲁05民终68号。

或者有其他违约行为致使不能实现合同目的，另一方当事人可以解除合同。A 公司与 B 公司于 2020 年 5 月 22 日签订的合同系对 2019 年 12 月 12 日所签合同约定价差收益的变更，按照有利于实现合同目的的方式，其履行期应与签订之日起的生效日期相一致，B 公司应按照 2020 年 5 月 22 日所签订的合同履行约定的价差收益比例支付给 A 公司，其主张合同约定的有效期与合同履行期并非同时发生而未支付价差收益且应继续履行合同的抗辩理由不当，不予采纳。A 公司与 B 公司在合同中约定了违约及解除条款，A 公司亦将书面解除《购售电合同》的律师函送达 B 公司。因此，对 A 公司要求确认合同已解除及支付价差收益的诉讼请求，予以支持。

一审法院判决，支持 A 公司全部的诉讼请求。

B 公司不服一审判决，向山东省东营市中级人民法院提起上诉，请求：撤销一审判决，依法改判，驳回 A 公司的诉讼请求或发回重审。

二审法院查明，B 公司与 A 公司自 2017 年开始存在案涉合同关系。双方于 2020 年 5 月 22 日签订的《购售电合同》载明，A 公司为符合山东省电力用户直接交易准入条件的市场主体，且已与无棣供电公司建立供用电合同关系。B 公司按照国家有关法律、规定和技术规范，为 A 公司提供电力交易服务，参与电力市场交易并按规定结算；协助 A 公司申请办理电力交易有关手续。A 公司根据与电网企业签订的《供用电合同》，按照国家有关法规享受电网经营企业提供的有关接入和用电服务；按电力相关规定和《供用电合同》按时足额缴纳电费。本合同自双方法定代表人或授权代理人签字并加盖公章或合同专用章之日起生效；合同有效期自签订之日起至 2022 年 12 月 31 日止。2020 年 6 月至 12 月，B 公司已按照 2019 年 12 月 12 日签订的《购售电合同》约定的比例（B 公司 30%，A 公司 70%）向 A 公司支付价差收益。A 公司主张此期间应按 2020 年 5 月 22 日签订的《购售电合同》约定的比例（B 公司 20%，A 公司 80%）向其支付价差收益，并主张 B 公司少支付价差收益 231,299.28 元。B 公司对该数额无异议，但认为此期间其不应按 2020 年 5 月 22 日签订的《购售电合同》约定的比例支付。

二审中，A 公司陈述，因其 2021 年未联系到其他售电公司，只能与 B

公司维持合同关系，双方一直实际履行至2021年12月底，2022年开始双方不再继续履行案涉合同。B公司对A公司的上述陈述予以认可。另查明，一审法院采用直接送达和电子送达两种送达方式向B公司送达了一审判决书，B公司的签收日期均为2021年12月1日。2021年12月13日，B公司向山东省东营市中级人民法院提起上诉。

二审法院认为，本案争议的焦点问题：（1）B公司提起上诉时是否已超过上诉期限；（2）案涉合同性质是买卖合同还是委托合同；（3）案涉合同应否解除；B公司应否向A公司支付电量价差收益及应支付的数额。

关于焦点一，根据二审查明的事实，B公司收到一审判决书的时间为2021年12月1日，其于2021年12月13日向二审法院提起上诉，并未超过法定的15日的上诉期限，A公司主张B公司提起上诉已超过上诉期限，与事实不符，二审法院不予支持。

关于焦点二，根据案涉《购售电合同》约定，A公司与无棣供电公司建立供用电合同关系，B公司为A公司提供电力交易服务，即A公司委托B公司代理其参与电力市场交易，一审法院认定双方之间系委托合同关系并无不当，二审法院依法予以确认。

关于焦点三，B公司上诉主张，其与A公司于2020年5月22日签订的《购售电合同》应自2021年1月1日起开始履行，2020年6月至12月的价差收益应根据双方之前合同约定的比例进行分配，其在合同履行过程中不存在违约行为。二审法院认为，其一，根据案涉《购售电合同》约定，该合同自签订之日起生效，B公司主张该合同应自2021年1月1日起开始履行，没有事实依据。其二，B公司主张，根据山东电力交易中心有限公司《关于开展2020年电力市场交易用户代理关系绑定工作的通知》规定，代理期限必须覆盖2020年全年，故新合同应自2021年起开始履行。二审法院认为，B公司与A公司自2017年开始存在电力交易代理关系，双方在代理关系存续期间通过签订新合同的方式对双方的价差收益比例予以变更，与上述通知中的代理期限并无关联，B公司以此主张案涉合同应自2021年起开始履行，二审法院不予支持。综上所述，B公司在2020年6月至12月未按合同约定比例向A公司支付价差收益，构成违约，A公司有权通知其解除案涉合同，一审法院确认案涉合同已解除并无不当。二审中，B公司与A公司均认可双方实际履行至2021年12月31日，该行为属于双方当事人的自动继续履行合同行为，并不影响A公司发出的合同解除通知的效力。2020年6月至12月，B公司应根据案涉《购售电合同》的约定向A公司支付电量价差收益，其未按合同约定支付，构成违约，一审法院对A公司主张的价差收益予以支持正确。

二审法院判决，上诉人B公司的上诉请求不能成立，驳回上诉，维持原判。

二、案例解读

本案例是电力销售合同履行中，因价差收益支付延期引发的诉讼纠纷。电力销售合同的价差收益是电力市场模式的特殊性问题。电力市场模式是电力工业改革所建立的一种电力市场的体制形式，具体来说，是由电力工业发、输、配、供电各环节以及在市场交易机构和监管机构之间形成的关系形式。该模式下，发电企业与售电公司或电力大用户之间通过市场化方式进行电力交易活动，电力销售合同是主要的活动形式载体，而价差收益作为电力交易的特殊收益方式，是电力销售合同的重要条款，也是合同当事人关注的利益焦点。

（一）我国现阶段的电力市场模式

电力行业作为我国国民经济的基础性支柱产业，与国民经济发展息息相关，也是改革开放以来国家不断深化改革的重点领域。自1997年开始，我国电力系统由计划经济体制下的电力部，改制为政企不分、厂网不分的国家电力总公司。2002年，电力行业破除独家办电的体制束缚，推行政企分开、厂网分开和主副分开，将原国家电力公司拆分重组，成立“两网五大四小”[①]，初步形成了电力市场主体多元化竞争格局。

2015年3月15日，《关于进一步深化电力体制改革的若干意见》的颁布实施标志着我国新一轮电力体制改革正式启动。该意见的核心内容可概

① “两网五大四小”是指国家电网、南方电网两家电网公司，华能、大唐、国电、华电、中电投五家发电集团，国华电力、华润电力、中广核、国投电力四家辅业集团公司。

括为“三放开、一独立、三强化”，即有序放开输配以外的竞争性环节电价，有序向社会资本放开配售电业务，有序放开公益性和调节性以外的发用电计划；推进交易机构相对独立，规范运行；继续深化对区域电网建设和适合我国国情的输配体制研究；进一步强化政府监管，进一步强化电力统筹规划，进一步强化电力安全高效运行和可靠供应。同时，我国在电力市场改革方式上作出了重大调整，即中央政府出政策，省级地方政府组织实施。许多省份结合电力供求情况，大力推进以售电市场竞争为核心的电力市场改革，电力市场交易品种多样化，交易机制结合我国电价政策实际呈现明显的中国特色，市场交易范围和主体数量扩大化，尤其是市场交易规模大幅增加。2022 年 1 月 18 日，国家发展改革委与国家能源局正式发布《关于加快建设全国统一电力市场体系的指导意见》（以下简称《电力市场体系指导意见》），明确建立全国统一电力市场体系，构建电力中长期、现货、辅助服务一体化市场，促进绿色电力的发展，为电力市场化改革明确了顶层设计。截至 2024 年 3 月，我国电力市场化探索已步入第 9 个年头，从最初的缓慢推进、小心试错，到现在已初步形成规模庞大、运行平稳的市场体系，逐步建立现货电能量、辅助服务、容量价值、绿电交易、金融衍生品等多元电力商品的市场化体系，明确了在 2030 年建立全国统一电力市场的战略方向。

随着电力体制改革的不断深入，我国电力市场呈现产权多样化、管理多元化的局面，为了满足电力企业的经济需求，电力市场交易购售电合同应运而生。2021 年 12 月，国家能源局、国家市场监督管理总局发布《关于印发〈并网调度协议示范文本〉〈新能源场站并网调度协议示范文本〉〈电化学储能电站并网调度协议示范文本（试行）〉〈购售电合同示范文本〉的通知》（国能发监管规〔2021〕67 号），其中的《购售电合同》针对电网企业统购统销电量，适用于火电（含燃气、燃油）、水电、核电、风电、光伏发电、生物质发电等发电企业与电网企业之间签订。除了发电企业和电网企业间的购售电合同外，电力市场的合同还有发电企业与电网企业的《输配电服务合同》（交易电量、交易电价以及电量结算和支付等内容），电力用户与电网企业的《供用电合同》（电量计算、停用电管理、检修维护责任以及电费的缴纳等内容），售电公司与电力用户的《售电代理合同》（售电公司作为电力用户的代理人直接参与电力直接交易），售电公司、电网公司、电力用户的《直接交易结算合同》（在直接交易机制下的电费结算与支付）等，这些合同也可统称为购售电合同。

（二）本案的《购售电合同》是购售电代理合同

本案《购售电合同》是由B公司按照该合同约定或代理内容，自行从发电企业或电力市场购买电量进行交易，最终B公司（售电方）和A公司（用电方）根据代理合同约定的差额电费分成实行合同结算。

关于合同性质，本案的一审法院认为，A公司与B公司签订的《购售电合同》实际为委托人和受托人约定由受托人处理委托人事务的委托合同，系双方当事人真实意思表示，不违反法律、行政法规的效力性强制性规定，合法有效，双方均应当按照约定全面履行自己的义务。B公司上诉称，案涉合同属于非典型买卖合同，并分别从《关于进一步深化电力体制改革的若干意见》相关的规定、前期相关交易规则以及电力交易过程基本运行模式角度论述了B公司与A公司之间不是委托合同，而是非典型买卖合同关系。另外，二审中，B公司提交了山东电力交易中心有限公司出具的电力交易结算凭证，拟证明B公司到山东电力交易中心有限公司购电时，几乎每月都会出现偏差电量，该偏差考核费用风险均由B公司承担，A公司无须承担费用，只享受优惠电价，B公司与A公司之间不具有委托代理关系的特征。B公司认为，B公司并不是以A公司名义进行购电，而是以自己名义向发电企业进行购电。同时，B公司自行承担电力偏差考核风险，也并不符合法律规定的代理人行为的后果直接由被代理人承担，即B公司诉称案涉合同应当属于非典型买卖合同。

二审中，法院经查明认为，根据案涉《购售电合同》约定，A公司系与无棣供电公司建立供用电合同关系，B公司为A公司提供电力交易服务，即A公司委托B公司代理其参与电力市场交易，因此，一审法院认定双方之间系委托合同并无不当。

（三）本案的《购售电合同》的利益分成与价差支付

对于售电公司与电力用户之间究竟存在以何种方式进行利益分成，首先需要明确的是，电力销售的价格是如何确定的，以及售电公司获取的价差是如何形成的。通俗来讲，售电公司的价差源自其参与市场化购电（提前与发电企业签订的双边合伙或集中交易竞价等）与用电人按照目录电价交费所形成的差额。也就是说，售电公司通过集中代理用电人参与市场购电，可以直接选择与发电企业如火电、水电直接签订合同并锁定价格，该价格一般远低于用电人的两部制电价，因此会形成价差；抑或每月、每季度参与发电市场的集中竞价，该价格仍然会低于两部制电价。

现阶段，购售电代理合同的利益分成模式，主要有以下几种类型：

1. 售电公司赚差价

这是售电公司基本的盈利模式，即从批发市场购买电力再销售给电力用户并从中赚取差价。在目前允许电网公司参与竞争性售电市场的情况下，手上没有很大的负荷作支撑的话，要得到大的盈利很难。电能是大宗的交易商品，不能以单位算利润，因为单位利润很低。赚差价的盈利空间有限，如果按照目前国网平均的利润水平来算，5 分多一度电，那么每年需要的售电量很是可观。

2. 利润共分享

这种模式是指售电公司与用户共同承担风险，对优惠电价部分进行利益分成，如果实际售电量低于预期售电量，那么售电公司将与客户共同承担损失。此模式的风险性较小，投资较少，更适合资本不足的独立售电公司使用。

3. 基本保底，利润提成

这种模式是利润共分享模式的升级版，售电公司提供基本电价差，当电价差超出预期部分时，售电公司将与用户进行利润分成，相当于用户也能在售电行业进行盈利分红。

4. 其他模式

除了以上的模式外，售电公司还通过探索其他的利益分成模式，如与中微型分布式光伏电站、风电站等进行合作，降低成本，减少过网费用，提升服务形式，提供套餐等多样化消费模式来获取来自不同方面的利润。

本案中，2020 年 5 月 22 日，A 公司（乙方）与 B 公司（甲方）签订的《购售电合同》系对2019年12月12日所签订合同约定价差收益的变更，按照有利于实现合同目的的方式，B公司应当按照2020年5月22日所签合同履行约定的价差收益比例支付给A公司，即该合同中明确约定了，利益分成为甲乙双方约定交易获得的价差按2∶8分成，甲方获得20%，乙方获得80%。合同签订后，B公司没有按合同约定付购电价差、电价优惠收益。法院认为，双方签订的合同约定双方对参与电力市场化交易的价差收益进行比例分成，根据交易结果，售电公司应向电力用户补足价差收益，但其并未按约补足该价差收益，构成违约，判决应支付该款项。

三、焦点分析

（一）电力市场化改革对新能源电力交易的影响

2022年1月18日，国家发展改革委与国家能源局正式发布《电力市场体系指导意见》，明确提出培育多元竞争的市场主体作为完善电力市场机制的重要组成部分，有序放开发用电计划，分类推动燃气、热电联产、新能源、核电等优先发电主体参与市场。就新能源电力领域而言，该指导意见的改革要点包括以下内容。

1. 新能源发电企业作为市场主体参与电力市场交易

《电力市场体系指导意见》规定："培育多元竞争的市场主体……分类推动燃气、热电联产、新能源、核电等优先发电主体参与市场……推动将优先发电、优先购电计划转化为政府授权的中长期合同。"与此同时，《关于完善能源绿色低碳转型体制机制和政策措施的意见》则进一步提出："鼓励新能源发电主体与电力用户或售电公司等签订长期购售电协议。支持微电网、分布式电源、储能和负荷聚合商等新兴市场主体独立参与电力交易。"由此可见，新能源发电企业作为市场主体参与电力市场交易并签订长期购售电协议是电力市场交易机制的改革要点之一。

此外，目前部分省市已经着手出台相关电力市场规则，以支持新能源发电企业参与电力市场交易。以浙江省发改委2024年4月出台的《浙江省电力现货市场基本规则》为例，该规则在"市场成员"一节规定："非统调电厂、光伏、风电站等新能源发电企业原则上以场站为单位注册一个机组。一个场站有多个法人的，根据法人分别注册。”

2. 新能源电力交易适应统一、多层次的电力市场体系

就新能源电力的现货交易机制而言，《电力市场体系指导意见》指出，“鼓励新能源报量报价参与现货市场，对报价未中标电量不纳入弃风弃光电量考核。在现货市场内推动调峰服务”，即通过完善调峰机制与弃风、弃光电量考核机制等方面，实现对新能源电力交易机制的优化完善。另外，就新能源电力的中长期交易机制而言，《电力市场体系指导意见》明确推动将优先发电、优先购电计划转化为政府授权的中长期合同。鼓励新能源发电主体参与签订中长期购售电合同，是新能源电力交易市场化的要求，同时也通过提供更稳定的收益机制促进项目的开发与投融资。

在现货交易方面，根据《南方区域电力市场运营规则（试行）（征求意见稿）》（以下简称《电力市场运营规则》）规定，其中南方区域电力市场包括广东、广西、海南、云南、贵州、湖南、江西、福建八个省份，现货交易将受到编制好的电力市场现货交易出清约束条件的规制。当新能源发电价格有优势时，市场竞争出清结果自动实现新能源发电的消纳；当新能源发电不具备价格优势时，将结合出清约束条件中关于清洁能源消纳约束的要求，对新能源发电进行强制出清，保障新能源发电的消纳。

在中长期电力交易中，根据《电力市场运营规则》规定，售电主体可根据国家指令性计划、地方政府间送电协议、电力供需形势申报跨省优先发电计划，经购电主体确认后，形成跨省中长期交易结果，解决了新能源发电的市场限制问题。同时，通过双边协商交易形成的跨省优先发电计划交易合同，允许购售双方在协商一致的前提下，对交易计划电量及分时曲线进行调整，能够适应新能源发电具有的随机性、波动性、间歇性等特点。

总体来讲，南方区域电力市场的逐步完善，将为新能源发电企业参与电能市场交易提供更灵活、通畅及便利的交易渠道，帮助新能源发电企业打破原有的市场壁垒。

3. 稳步推进绿色电力交易

绿色电力交易特指以绿色电力产品为标的物的电力中长期交易，用以满足电力用户购买、消费绿色电力需求，并提供相应的绿色电力消纳认

证。《电力市场体系指导意见》指出："开展绿色电力交易试点，以市场化方式发现绿色电力的环境价值，体现绿色电力在交易组织、电网调度等方面的优先地位。引导有需求的用户直接购买绿色电力，推动电网企业优先执行绿色电力的直接交易结果。"绿色电力应在交易组织、电网调度等方面占据优先地位，引导用户直接购买绿色电力与推动电网优先执行交易的方式探索绿色电力交易。

以南方区域电力市场为例，南方区域电力市场同时还是国家绿色电力交易试点平台，国家发展改革委、国家能源局于2021年9月正式批复国家电网公司、南方电网公司制定的《绿色电力交易试点工作方案》，开启了全国性绿色电力交易的试点。南方区域各电力交易中心根据该批复，联合编制了《南方区域绿色电力交易规则（试行）》，并于2022年2月25日开始实施。根据《南方区域绿色电力交易规则（试行）》规定，风电、光伏等新能源发电企业可以采用直接交易或通过电网企业代理的认购交易方式，与有使用绿电需求的企业达成绿电交易。现阶段，绿电交易标的主要为电量，暂不安排合同交易，主要包括：（1）未享受国家政策性补贴的风电、光伏等电量，自愿承诺退出国家政策性补贴的电量可视为未享受国家政策性补贴。（2）已享受国家政策性补贴，在全生命周期合理利用小时数之外的风电、光伏等电量；绿色电力交易按照"年度（含多月）交易为主、月度交易为补充"的原则开展交易，鼓励年度以上多年交易。

4. 逐步健全分布式发电市场化交易机制

《电力市场体系指导意见》鼓励分布式光伏、分散式风电等主体与周边用户直接交易，完善微电网、存量小电网、增量配电网与大电网间的交易结算、运行调度等机制，增强就近消纳新能源和安全运行能力。

（二）关于购售电代理合同的合同性质争议与界定

1. 购售电代理合同的合同性质之争

目前，关于购售电代理合同的性质认定有以下两种观点。

观点一：售电公司和电力用户之间构成委托合同关系。如在本案中，两级审理法院均认为，根据案涉《购售电合同》约定，A公司委托B公司代理其参与电力市场交易，双方的购售电合同是代理合同，形成委托合同关系。持相同观点的案例如，在（2019）皖02民终2200号案中，法院认为：一是依据电力用户和售电公司签订的《购售电合同》，从“根据国家发改委、省能源局文件要求，甲方用电方式、结算方式均不发生任何改变，仍由电网企业向电力用户提供电费结算、收费及发票开具等服务”的约定可见，用户与电网企业进行电费结算，而非与售电公司进行电费结算，双方不具备供用电法律关系的特征。二是依据《购售电合同》：“乙方（售电公司）服务甲方（用户）完成本合同约定的电量交易采购工作”的约定，售电公司合同义务是服务用户完成合同约定的电量交易采购工作，而非向用户销售电量。因此，售电公司和电力用户签订的零售合同，实为委托合同，双方基于《购售电合同》形成委托合同关系，而非供用电合同关系。

在江阴金环纱业有限公司与江苏恒备售电有限公司买卖合同纠纷案①中，金环公司、恒备售电公司于2017年签订《购售电协议书》，约定：自2018年1月1日0时起至2020年12月31日24时止，金环公司用电由恒备售电公司代理交易，即购售电。该协议不改变金环公司原有用电方式和电费结算方式，不改变金环公司与电网公司之间原来的权利和义务。2017年12月5日，江苏省经济和信息化委员会、国家能源局江苏监管办公室、江苏省发展改革委、江苏省物价局发布《关于开展2018年电力市场交易的通知》，由于金环公司未达到该准入条件，未能参与江苏省2018年度电力双边直接交易，恒备售电公司未向金环公司支付返还的电费，遂引发纠纷。法院认为，金环公司与恒备售电公司签订的《购售电协议书》名为购售电合同，实为委托合同，双方基于《购售电协议书》形成委托合同关系，而非买卖合同关系。裁判理由为：根据《关于开展2018年电力市场交易的通知》，金环公司作为低于20千瓦的电力用户，其作为市场主体无法参与电力直接交易。依据《购售电协议书》第5条“本协议不改变甲方原有用电方式和电费结算方式，不改变甲方与电网公司之间原来的权利和义务”的约定可见，金环公司是与电网企业进行电费结算，而非与恒备售

① 参见（2020）苏0118民初771号。

电公司进行电费结算，双方之间不具备买卖合同法律关系的特征。依据《购售电协议书》的约定，恒备售电公司的合同义务是服务金环公司完成该合同约定的电量交易采购工作，而非向金环公司销售电量。

观点二：售电公司和电力用户之间构成买卖合同关系。例如，在（2020）川0723民初1497号案中，法院认为，原、被告签订的《购售电合同》形成买卖合同关系。从合同的主体来看，原告符合该省电力市场准入条件且在电力交易中心完成市场主体注册。被告是在该省拥有合法售电经营资格且具备法人资格的购售电企业，具备开展电力交易的购售电资格。由此可见，原、被告是平等地位的法人企业，其主体资格适格。从合同的内容来看，被告作为出卖人将购买的电力产品所有权转移给作为买受人的原告，再由原告支付价款，原、被告双方形成了电力产品买卖关系的民事法律关系。

2. 购售电合同的合同性质的界定方法

结合现阶段司法案例，人民法院审理购售电合同纠纷时，对于合同性质是买卖合同还是委托合同，主要关注以下三个因素：第一，依据电力交易规则判断电力用户是否可直接参与电力市场交易。仅能通过售电公司参与的，法院更倾向于购售电合同的性质是委托合同。第二，关注电力用户电费结算方式，若电力用户直接与电网企业结算而非与售电公司结算，则售电公司与电力用户之间不构成买卖合同。第三，重点关注合同关系中售电公司的义务。合同约定的售电公司主要提供服务，则双方并非买卖合同关系。

对于购售电合同，目前没有相关法律对其性质予以明确定义，属于无名合同。因此，售电公司与电力用户在合同中更应当明确双方法律关系以及权利义务，以防范后续合同履行引发的法律风险。

（三）购售电代理合同的主要法律风险与防范

1. 主要法律风险①

法律风险虽最终在案件中得以暴露，但潜藏于售电公司与电力用户签

---

① 本部分关于法律风险的总结，参照了中国电力企业联合会法律分会组编的《中国电力企业法治合规建设优秀论文集（2022）》中的部分观点。

订的合同细节中、潜藏于合同履行的具体行为中。梳理案例样本，售电公司的法律风险有的来自自身，有的来自发电企业、电力用户及其他民事主体。

（1）售电公司自身原因带来的典型法律风险。

①售电公司交易实际成交电量低于购售电合同约定电量被判决向发电企业赔偿。例如，在郑州市郑东新区热电有限公司、河南众企联合售电有限公司买卖合同纠纷案[①]中，案涉当事人双方订立的购售电合同中约定了甲方或乙方原因造成实际直接交易电量占约定电量的比例低于95%，则低于合同电量95%的部分视为违约电量；对于违约电量，责任方按40元/兆瓦时向对方支付违约金，法院依据合同约定判决售电公司向发电企业支付违约金。

②售电公司未按中介合同约定完成合同任务应向发电企业承担违约责任。例如，在云南朗融能源科技有限公司、马关拉气发电有限责任公司居间合同纠纷案[②]中，法院认定售电公司未按照中介合同约定协助发电企业完成“月度省内电量市场双边协商交易”，违反合同约定，存在违约行为，判决其支付违约金。

③售电公司单方解除或者不履行电力交易委托合同，因此给对方造成损失的，应当赔偿损失。例如，在肇庆宏旺金属实业有限公司与中国能源建设集团广东电力工程局有限公司买卖合同纠纷案[③]中，因售电公司未能履行《电力交易合同》，自行在电力交易平台上撤销了其与电力用户的代理关系，电力用户不得已与他人签订价格更高的合同，导致电力用户产生损失，法院认为售电公司因其违约行为不履行案涉合同，应当承担相应的违约赔偿责任。

④售电公司有偿接受电力用户委托却没有购得电量，需向电力用户承担违约责任。例如，在海城市石粉二厂有限公司、东北售电有限公司委托

① 参见（2019）豫0104民初1067号。
② 参见（2018）云01民终4493号。
③ 参见（2019）粤01民终5975号。

合同纠纷案[①]中，法院认为售电公司未能积极妥善履行合同义务，未将双方签订的委托代理合同如期备案，导致电力用户未能得到任何优惠电量，其对未能完成委托事项存在过错，对电力用户造成的损失应予赔偿。

⑤售电公司因为自身原因承担购电偏差电量考核费。例如，在山东彤阳防水工程有限公司、亚太森博（山东）浆纸有限公司合同纠纷案[②]中，售电公司和电力用户双方合同中明确约定用电量偏差考核费用全部由售电公司承担，在双方履行合同过程中也实际产生了电量偏差考核费用，虽然电力用户发送催款函，售电公司也回函同意支付，但拖延并未支付，法院判决限期支付且支付违约金。

⑥售电公司未按照合同约定向电力用户支付购电价差、电价优惠收益。例如，在江苏海芝卓售电有限公司与江苏浙宏科技股份有限公司居间合同纠纷案[③]中，法院认为，双方签订的合同约定双方对参与电力市场化交易的价差收益进行比例分成，如电力用户所得价差收益不足 2 分/千瓦时，由售电公司补足，根据交易结果，售电公司应向电力用户补足价差收益，但其并未按约补足该价差收益，构成违约，判决应支付该款项及其逾期利息损失。

⑦售电公司未向提供售电业务代理服务的受托人支付报酬。例如，在韶关市辰星信息技术有限公司与韶关绿能售电有限公司委托合同纠纷案[④]中，法院认为双方当事人就售电公司授权受托人代理销售和客户维护的相关事宜签订了《售电业务授权代理框架协议》，受托人依照售电公司委托开发了三个特别客户，但售电公司未向其支付报酬，故判决售电公司应向受托人支付该代理费用。

⑧售电公司未向完成中介服务促成交易的中介人支付中介服务费。例如，在广东兆能供电有限公司、黄聿明居间合同纠纷案[⑤]中，案涉中介人

---

① 参见（2020）辽 02 民再 115 号。
② 参见（2020）鲁 03 民终 2707 号。
③ 参见（2020）苏 02 民终 1422 号。
④ 参见（2019）粤 0232 民初 764 号。
⑤ 参见（2019）粤 06 民终 1906 号。

与售电公司签订《购售电居间服务合同》，约定了售电公司与合同收益提成报酬等内容，后在中介人的居间促成下，售电公司与电力用户签订购售电合同且已生效、履行，但售电公司以购售电合同履行亏损则无须支付中介服务报酬为由拒不支付中介费。法院认为售电公司的主张没有事实和法律依据，不予支持，判决售电公司限期支付中介费及违约金。

⑨售电公司未按照服务合同约定为完成服务提供者支付服务费。例如，在广州卓易能源有限公司与广东兆能供电有限公司服务合同纠纷案[1]中，法院认为售电公司与服务提供者签订《管理服务合同》，约定的服务内容是为售电公司与电力用户之间的购售电合同纠纷提供解决该问题的方案，以达到降低违约赔偿金的目的。该服务提供者按合同约定履行义务，为售电公司解决了合同违约赔偿问题，达到了服务目的，判决售电公司应当按照合同约定支付服务费和违约金。

（2）发电企业的原因带来的典型法律风险。

此类风险目前主要就是发电企业委托售电公司代理售电但不支付委托代理服务费。例如，在陕西秦电配售电有限责任公司与大唐韩城第二发电有限责任公司合同纠纷案[2]中，案涉售电公司认为其与发电企业签订《电量销售委托代理协议》，也依约促成该发电企业与多家电力用户达成直供电量交易，但是该发电企业并未依约支付委托代理服务费，从而起诉。尽管该案和解撤诉，但发电企业不按照合同约定支付报酬也是售电公司的风险源之一。

（3）电力用户的原因带来的典型法律风险。

①电力用户提前解除电力交易委托合同给售电公司造成损失。例如，在广能供电股份有限公司与清远市汇坚铝业有限公司委托合同纠纷案[3]中，法院认为案涉售电公司与电力用户双方签订委托合同约定，电力用户委托售电公司按电力交易规则规定的全电量交易模式购买其全部电量，但该电力用户之后书面通知解除委托合同，因解除合同给售电公司造成损失的，

① 参见（2020）粤0113民初1607号。
② 参见（2019）陕0581民初990号。
③ 参见（2018）粤0106民初2454号。

应当赔偿损失。只是在双方实际合作期限内双方的利润均已结清的情况下，本案售电公司主张的预期可得利益并非其直接损失，不予支持。

②电力用户委托售电公司代理交易后又与第三方另行签订同类委托合同。例如，在（2020）粤1284民初200号案中，法院认为，电力用户与售电公司签订委托合同委托售电公司代理其通过竞价购电，之后却另行委托第三方代理竞价购电，造成售电公司无法履行代理其竞价购电的业务，售电公司因此要求电力用户赔偿损失符合法律规定，判决根据该电力用户用电量×竞价价差计算收益，再按售电公司所占的收益分成比例计算赔偿数额。

③电力用户不向售电公司交纳购电费。例如，在云南慧能售电股份有限公司与云南冶金云芯硅材股份有限公司买卖合同纠纷案①、云南慧能售电股份有限公司、云南冶金云芯硅材股份有限公司买卖合同纠纷案②中，案涉电力用户向售电公司实际购电，仅支付部分购电款。电力用户向售电公司出函确认尚欠购电费金额，并按照利率6%计算资金占用费，法院判决电力用户支付上述款项。后来，售电公司申请强制执行，但经法院调查，电力用户处于停产状态，无收入来源，名下账户内无可扣划资金，土地、厂房、设备有其他案件的查封，无可供执行的财产，法院裁定终结本次执行程序。

④电力用户未按照合同约定承担偏差电量考核费。例如，在中国能源建设集团天津电力建设有限公司与唐山市曹妃甸区腾达科技有限公司合同纠纷案③中，法院认为，案涉售电公司与电力用户达成代理购电协议，因电力用户用电量未达到月度用电计划，导致产生偏差考核费用，双方经协商签订《偏差考核费用代缴协议》，且该笔费用系因电力用户用电未达到用电计划产生，也未能证明售电公司对发生该笔费用存在过错，因此在售电公司垫付该笔费用后，电力用户应按协议约定给付售电公司协议分摊金额及利息，并按合同中关于律师费的约定条款偿还律师费。

---

① 参见（2018）云01民初2394号。

② 参见（2020）云03执91号。

③ 参见（2018）冀0209民初3923号。

⑤电力用户不向售电公司支付电力交易委托服务费。例如，在云南农垦配售电有限责任公司与开远市泸江纸业有限责任公司合同纠纷案[①]中，法院认为，案涉售电公司按《购电委托合同》约定为电力用户在电力交易机构以大工业用电价格采购生产用电4个月，电力用户应依据合同约定在收到电网企业提供的电费结算清单后支付委托费用。但由于本案诉讼时效期间届满，售电公司理应收取电力用户的委托购电服务费不受法律保护。

（4）其他民事主体的原因带来的典型法律风险。

①离职员工侵害商业秘密违背竞业限制义务导致售电公司客户流失。例如，在欧某凯、湖北星鹏能源有限公司劳动合同纠纷案[②]中，法院认为，售电公司与员工签订的《聘用合同》中约定了竞业限制的条款，员工申请辞职后又入职与该售电公司经营同类业务或者具有竞争关系的其他公司，从事售电服务工作，其行为违反了《聘用合同》中关于竞业限制的约定，依约应向售电公司支付违约金。

②其他售电公司发布不实信息导致商誉受损。例如，在山西漳泽电力售电有限公司与山东中喆电力有限公司等名誉权纠纷案[③]中，法院认定A售电公司在微信群里发布郑重声明，认为B售电公司假借A售电公司及其母公司的名义进行跨省客户业务市场谈判，但A售电公司并未提交证据证实其主张。A售电公司的行为客观上影响了B售电公司的声誉，从而导致电力行业内对B售电公司的社会评价降低，构成了对B售电公司名誉权的侵犯，并判决赔偿相应的损失。

上述法律风险已经引发诉讼案件，或造成损失，或带来负面影响，售电公司应当高度关注售电业务的法律风险并积极应对。

2. 风险防范建议

依据前文所提到的，广义上的购售电合同是购售电各方约定，为实现电力产品的价值，由售电方转移标的物电能的所有权于购电方、购电方支付电费的协议。该合同具有主体特定、当事人法律地位平等、标的特殊、

---

① 参见（2020）云2502民初1153号。

② 参见（2020）鄂01民终5813号。

③ 参见（2020）鲁01民终4351号。

属于双务合同、内容具有公益性的特征。因此，订立购售电合同要注意完善条款，有效消除多种瑕疵，注意防范下列法律风险。

（1）利用独占或支配地位强迫售电方签订的合同可被撤销。

购电方作为电网企业，利用其独占地位的公用企业优势，强迫售电方签订购售电合同，并且合同有违反《民法典》等规定的，该合同就可能会失去法律效力。

（2）电力设施产权的归属或其运行维护管理责任约定不明，购电方可能对发生的人身损害事故承担责任。

《民法典》第1240条规定，从事高空、高压、地下挖掘活动或者使用高速轨道运输工具造成他人损害的，经营者应当承担侵权责任；但是，能够证明损害是因受害人故意或者不可抗力造成的，不承担责任。被侵权人对损害的发生有重大过失的，可以减轻经营者的责任。由此可见，在电力生产（高压）作业中，若发生人身损害事故，电力设施产权人就应根据法律法规的规定承担相应的赔偿责任。因此，购电方一定要与售电方在合同中对电力设施产权的归属约定清楚，尤其是对双方的产权分界点及其运行维护管理责任约定清楚。否则，若因购电方与售电方未对相关电力设施的产权或其维护管理责任约定清楚时发生了人身损害事故，购电方则可能将因此承担损害赔偿责任，从而给企业带来损失。

（3）约定的上网电价违反国家政策将无效。

由于电力是属于《价格法》第18条规定的与国民经济发展和人民生活关系重大的极少数商品之一，在未实行市场竞价交易的情况下，其上网价格不能由购售电双方随意约定，因此购电方在与售电方签订合同时约定的电价应符合国家的电价政策，不得随意约定电力上网价格，否则合同中关于电价的条款约定将由于违反国家法律规定无效。

（4）上网电量约定不当易引发纠纷。

在目前的情况下，电价是政府规定的，购售电双方只是遵照执行，不存在多少协商的余地，因此上网电费就主要与上网电量紧密联系在一起，售电方最关注的就是上网电量。对其来说，上网电量当然是多多益善，尤其是水力发电企业。但由于电能不能存贮，发、输、供、用必须同时完成，而终端用户的用电量每天、每月或每年在不同的时段有不同的需求，购电方在不同的时段对售电方上网电能电量的需求就大不一样。因此，购电方应做好需求侧管理，科学安排各个时段的上网电量。同时，由于作为单一购电方的电网内有多个售电主体，购电方应参考上年度购电量提出本年度电量计划与政府电力主管部门沟通，然后根据政府电力主管部门制订的年度发电上网调控目标与各售电主体确定购售电合同，约定上网电量，否则就易引发纠纷。

（5）合同对售电方不合格电量的调度考核约定不当，将对购电方电网的安全构成威胁。

由于电能产品的特殊性，其发、输、供、用必须同时完成，同一时段电网内的发、输、供、用必须保持总量的基本平衡，才能保证电网的供电质量，保证电网的安全稳定运行。这些就需要售电方遵循购电方（调度机构）调度指令。但售电方作为企业为追求最大利益，出于某种利益考虑就可能不遵守调度指令而发电上网，这些多发或欠（少）发电量对于购电方来说就是不合格电量。这些不遵守调度指令多发或欠（少）发的电量会直接影响电网频率，使电网的电能频率偏离正常值，从而影响电网的供电质量，最终给电网的安全运行带来威胁。因此，购电方应当按照国家有关规定，与售电方在合同中就售电方不遵守调度指令多发或欠（少）发电量的行为约定严格的违约责任。售电方不遵守调度指令向电网多输送的电量不能作为其有效的上网电量，购电方应依据国家相关规定和合同约定对其进行严格考核，扣减售电方一倍或数倍于不合格电量的上网计划或上网结算电量。对欠（少）发的电量，也应约定相应的违约责任。若购电方对售电方的不合格上网电量的调度考核约定不当，售电方虽因违约支出了一定的违法成本，但较之于遵循调度指令的其他售电方还是获得了一定的利益，就会助长该种不遵循调度指令的恶意行为，这势必会对购电方的电网安全构成威胁。

（6）合同中关于上网电费结算时间、支付时间及方式的约定不考虑企业具体情况，可能影响购电方正常生产经营。

合同签订生效后，对双方即产生法律约束力，各方当事人必须按照合同约定履行。因此，购电方在签订购售电合同时，应考虑目前收取用户电费困难的实际情况，与售电方谨慎约定售电方上网电费的结算时间、支付时间及方式。在合同履行中，购电方若因客观原因未能按期收回电费，则将处于两难境界。购电方若按合同约定如期支付电费，那么需支付售电方的电费资金从何而来？购电方若不按期支付售电方电费，将承担违约赔偿责任。这将在一定程度上影响购电方的正常生产经营。

（7）合同中对计量装置的提供、安装、维护责任及其差错处理办法约定不清，易引发纠纷。

购售电双方应在合同中对计量装置的提供、安装、维护及出了差错如何处理等事项约定清楚。若双方当事人对上述事项没有约定或者约定不清，就将使双方在履行合同中不能正确计算上网电量进而发生纠纷，后果严重的将会影响合同的正常履行甚至导致诉讼的发生。

（8）对售电方（机组）擅自转网的违约责任没有约定或者约定的违约责任过轻，将影响购电方电网的安全运行或经济利益。

在一些区域因存在多个电网（购电方），其上网电价可能有差异，为了追求更大的利益，售电方可能会在合同有效期内将部分机组从一个电网转到另一个电网，一方面会严重影响购电方电网的安全运行，另一方面可能会严重损害购电方的经济利益。为防止此类行为的发生，在电力体制比较复杂的区域，购电方应与售电方就其机组擅自转网约定严格的违约赔偿责任。否则，售电方出于追求最大利益之目的而擅自转网，势必影响购电方的电网安全运行或经济利益。

（9）合同对电能质量约定不清，影响购电方供电质量。

供电质量是购电方经营最主要指标之一，而购电方的供电质量在一定程度上需要售电方来保证，因此在购售电合同中，购电方应与售电方明确约定售电方上网电能的质量。若购售电双方未在合同中对售电方的上网电能质量作出明确约定，当售电方所输送的电能质量不符合购电方要求时，就很可能影响购电方的供电质量，从而影响购电方经济利益和商业信誉。

（10）在建立购售电合同关系后未签订并网调度协议，影响电网安全。

实践中，发电厂并入电网一般依靠三个合同：电网企业同意发电厂的发电机组并网的《并网协议（合同)》、规范发电厂与电网企业或基层供电企业销售或者购买电能行为的《购售电合同》、规范发电厂与电网企业或基层供电企业电力生产调度行为的《并网调度协议》。并网调度协议较之于购售电合同来说，其主要是一个技术协议和调度协议，其规定了电厂与电网并网运行应满足的技术条件和双方当事人必须遵守的一些运行规章制度，这对电网的安全运行至关重要。根据《电网调度管理条例》《电网调度管理条例实施办法》等法律法规的规定，需要并网运行的发电厂、机组、变电站或者电网与所并入的电网之间，应当在并网前按国家有关法规，根据平等互利、协商一致的原则签订并网协议，只有签订了并网协议才能并网运行。因此，购电方与售电方签订《购售电合同》后，还要签订《并网调度协议》，明确售电方在并网运行时应满足的技术条件和在履行购售电合同时应遵循相关调度规定，服从调度指令，以保证电网的安全运行。若购售电双方在正式签订《购售电合同》后，未及时签订《并网调度协议》，则双方的某些权利义务就可能处于不确定状态，在履行购售电合同时就可能产生售电方不服从调度指令等情况，从而影响电网安全。

（11）合同未约定合同到期后的一个适当续展期，可能影响电网安全。

电网运行和电力供应均有很高的持续性要求，如果某一发电厂特别是大的发电厂因合同到期后突然停止发电，就有可能导致整个电网大面积停电，这将给电网安全和社会带来严重影响。因此，购电方应与售电方在购售电合同中约定：本合同到期后，如双方未就签订新合同达成一致意见，则本合同可自动延长一定期限。若合同到期后没有及时续签，而双方又没有签订新的合同，则双方的权利义务就处于不确定状态，售电方就可以不输送上网电量到购电方网上，而购电方供电端的用户对电能的需求又处于持续状态，这将影响电网的发、输、供、用的总体平衡，影响电网安全。

（四）购售电代理合同的任意解除

合同双方是否享有任意解除权，与合同的性质密切相关。根据《民法典》第933条的规定，委托合同双方具有任意解除权，但对于解除后赔偿损失的范围，除不可归责于该当事人的事由外，根据合同是否有偿予以区分，无偿委托合同的解除方应当赔偿因解除时间不当造成的直接损失，有偿委托合同的解除方应当赔偿对方的直接损失和合同履行后可能获得的利益。

1. 合同双方都享有任意解除权

基于合同双方之间的信赖，法律赋予了委托合同中双方的任意解除权。目前，电力交易市场通常规定：在一个合同期内一个用户仅能委托一个售电公司参与市场交易，法院是否认同市场主体排除委托合同的任意解除权，与电力零售合同履行、市场运行稳定性息息相关。对于委托合同的任意解除权能否通过当事人约定排除，目前司法实践中也存在不同的观点。

观点一：委托合同的基本属性决定了双方当事人享有的任意解除权，当事人不可以约定排除，因此当事人约定排除无效。例如，在广州逸马物业管理有限公司、广东柯美利电力销售有限公司委托合同纠纷案①中，法院认为，根据《合同法》（已失效）第410条规定，委托合同基于当事人之间的信任而订立，一旦双方当事人之间的信任丧失，合同的继续履行将增加履行合同的成本，也有悖双方签订合同时的初衷。由此可见，委托合同双方当事人享有的任意解除权规定，是由委托合同的基本属性所决定的，不宜由当事人约定排除。涉案合同虽然约定未经对方同意不得擅自申请暂停市场主体资格或退出电力市场等，但不应排除上述法律规定的任意解除权。

观点二：当双方当事人对合同解除权的行使作出特别约定时，应当认定任意解除权的规定已经被排除适用。在广西融昌置业有限公司、广西弘毅营销顾问有限公司商品房委托代理销售合同纠纷案②中，法院认为，甲公司、乙公司在合同中约定“非经与甲公司协商或合同约定的情形，乙公司不得单方解除或终止合同”，属于双方对任意解除权的特约放弃。在法律没有对当事人放弃任意解除权作出限制或禁止性规定的情况下，当事人的意思自治应得到尊重，该约定内容应有效，对本案双方均有约束力。

---

① 参见（2021）粤0106民初13940号。

② 参见（2017）最高法民再50号。

需要说明的是，这两起判决均发生在《民法典》施行前，法院的判决以《合同法》的规定为法律依据。但《合同法》与《民法典》对任意解除权规定的区别仅在于合同解除后的赔偿方面，因此在《民法典》施行前的此类案件依然值得研究。鉴于目前各法院对当事人事先约定排除任意解除权适用的效力问题存在争论，后续仍有待通过司法解释或者指导性案例等形式予以进一步明确。笔者认为，从维护合同稳定、交易安全的角度来看，合同双方可以在合同中对解除合同的限制以及任意解除后应当承担的法律后果予以明确，以防范风险，避免争议。

2. 一方导致合同解除的赔偿范围

一方导致合同解除的，包括一方根本违约导致合同解除与一方行使任意解除权解除合同两种情形。由于《民法典》对违约的赔偿责任与委托合同中行使任意解除权的赔偿责任作出了不同的规定，而目前法院又倾向于将购售电合同认定为委托合同，是否赔偿预期利益成为购售电合同解除时的核心。

在佛山市高明高森木业有限公司、深圳粤能能源技术有限公司合同纠纷案①中，2017 年 6 月 27 日，粤能售电公司与高明公司签订《购售电合同》，约定高明公司委托粤能售电公司购电。2017 年 10 月，高明公司与案外人签订购售电合同，并在电力交易平台进行了注册和绑定。2017 年 11 月 6 日，粤能售电公司向高明公司邮寄律师函，认为高明公司在与粤能售电公司签订合同后又与其他电力交易市场主体签订委托购电协议，严重违约，要求双方协商处理继续履行或违约赔偿事宜，高明公司拒收律师函。粤能售电公司诉至法院，要求高明公司赔偿其损失 141 万元。双方争议的焦点在于用户根本违约的情况下是否应赔偿售电公司可得利益。法院认为，高明公司在《购售电合同》依法成立并生效的情况下，与案外人签订购售电合同，并在电力交易平台进行了注册和绑定，严重违反合同约定，已经构成根本违约，应向粤能售电公司支付因违约造成的损失，包括合同履行后可以获得的利益。根据高明公司违约的情节、合同约定的内容以及

---

① 参见（2018）粤 03 民终 18276 号。

高明公司向粤能售电公司提交的申报材料所显示的用电量，一审法院支持粤能售电公司要求高明公司向其支付1年的预期长协收益损失138万元的主张。二审法院对此予以认同。

根据前述典型案例可以发现，关于购售电合同一方当事人导致解除或终止的，对于非违约方应赔偿可得利益损失的问题，法院存在不同的认定和判决结果。

(1)《合同法》关于委托合同解除后的赔偿损失的范围。

广能供电股份有限公司与清远市汇坚铝业有限公司服务合同纠纷案[①]并未支持售电公司主张的可得利益损失，主要原因在于：目前法院一般将售电合同认定为委托合同，根据委托合同的性质，当事人享有任意解除权。根据《合同法》（已失效）第410条规定，委托人或者受托人可以随时解除委托合同。因解除合同给对方造成损失的，除不可归责于该当事人的事由以外，应当赔偿损失。由于该条规定仅规定为赔偿损失，未明确规定是否包括预期利益，有法院认为这里的损失应当按照字面意思理解为造成对方的直接损失，而不包括履行合同可获得的利益。

(2)《民法典》关于合同一方违约赔偿损失的范围。

根据《民法典》第584条的规定，违约中赔偿损失的范围包括合同履行后可以获得的利益。因此，购售电合同中，一方根本违约的，应当赔偿对方的可得利益。前述佛山市高明高森木业有限公司、深圳粤能能源技术有限公司合同纠纷二审案即持该观点。同时，根据“谁主张，谁举证”的原则，主张可得利益的一方应当对此举证，否则法院可能以举证不能而不予支持。购售电合同中，用户根本违约的，售电公司的可得利益如何计算，法院作为非专业机构很难计算和判断，因此建议在购售电合同中对可得利益的计算公式予以明确，并具有可操作性。

(3)《民法典》关于委托合同解除后赔偿损失的规定。

《民法典》对解除委托合同的赔偿责任的规定不同于《合同法》。《民法典》第933条根据委托合同性质的不同对赔偿范围作了不同的规定。无

---

① 参见（2018）粤0106民初2454号。

偿委托中，仅赔偿直接损失；有偿委托中，既要赔偿直接损失也要赔偿合同履行后可以获得的利益。如此一来，就有偿的委托合同而言，无论是行使任意解除权解除合同的损害赔偿，还是违约损害赔偿，赔偿的范围都既包括直接损失，也包括合同履行后可以获得的利益。至于无偿委托合同中，解除委托合同的赔偿范围和根本违约的赔偿范围在法律规定上尚且存在差异，有待司法实践对此予以回应。建议购售电代理合同明确约定违约金条款或损失的计算标准，虽然约定的违约金过高或者过低存在被法院调整的可能，但是在损失特别是预期利益难以举证的情况下，合同中约定违约金有利于保护非违约方的利益。

四、法条索引

1.《中华人民共和国民法典》（主席令第45号，2021年1月1日起施行）

第九百一十九条　委托合同是委托人和受托人约定，由受托人处理委托人事务的合同。

第九百二十条　委托人可以特别委托受托人处理一项或者数项事务，也可以概括委托受托人处理一切事务。

第九百二十一条　委托人应当预付处理委托事务的费用。受托人为处理委托事务垫付的必要费用，委托人应当偿还该费用并支付利息。

第九百二十二条　受托人应当按照委托人的指示处理委托事务。需要变更委托人指示的，应当经委托人同意；因情况紧急，难以和委托人取得联系的，受托人应当妥善处理委托事务，但是事后应当将该情况及时报告委托人。

第九百二十六条　受托人以自己的名义与第三人订立合同时，第三人不知道受托人与委托人之间的代理关系的，受托人因第三人的原因对委托人不履行义务，受托人应当向委托人披露第三人，委托人因此可以行使受托人对第三人的权利。但是，第三人与受托人订立合同时如果知道该委托人就不会订立合同的除外。受托人因委托人的原因对第三人不履行义务，受托人应当向第三人披露委托人，第三人因此可以选择受托人或者委托人作为相对人主张其权利，但是第三人不得变更选定的相对人。委托人行使受托人对第三人的权利的，第三人可以向委托人主张其对受托人的抗辩。第三人选定委托人作为其相对人的，委托人可以向第三人主张其对受托人的抗辩以及受托人对第三人的抗辩。

第九百二十八条　受托人完成委托事务的，委托人应当按照约定向其支付报酬。因不可归责于受托人的事由，委托合同解除或者委托事务不能完成的，委托人应当向受托人支付相应的报酬。当事人另有约定的，按照其约定。

第九百二十九条　有偿的委托合同，因受托人的过错造成委托人损失的，委托人可以请求赔偿损失。无偿的委托合同，因受托人的故意或者重大过失造成委托人损失的，委托人可以请求赔偿损失。受托人超越权限造成委托人损失的，应当赔偿损失。

第九百三十条　受托人处理委托事务时，因不可归责于自己的事由受到损失的，可以向委托人请求赔偿损失。

第九百三十三条　委托人或者受托人可以随时解除委托合同。因解除合同造成对方损失的，除不可归责于该当事人的事由外，无偿委托合同的解除方应当赔偿因解除时间不当造成的直接损失，有偿委托合同的解除方应当赔偿对方的直接损失和合同履行后可以获得的利益。

2.《电力中长期交易基本规则》（发改能源规〔2020〕889 号，2020 年 6 月 10 日起施行）

第三条　本规则所称电力中长期交易指发电企业、电力用户、售电公司等市场主体，通过双边协商、集中交易等市场化方式，开展的多年、年、季、月、周、多日等电力批发交易。

执行政府定价的优先发电电量和分配给燃煤（气）机组的基数电量（二者统称为计划电量）视为厂网间双边交易电量，签订厂网间购售电合同，相应合同纳入电力中长期交易合同管理范畴，其执行和结算均须遵守本规则。

第六条　市场成员包括各类发电企业、电网企业、配售电企业、电力交易机构、电力调度机构、电力用户、储能企业等。

第十七条　已经选择市场化交易的发电企业和电力用户，原则上不得自行退出市场。有下列情形之一的，可办理正常退市手续：

1. 市场主体宣告破产，不再发电或者用电；

2. 因国家政策、电力市场规则发生重大调整，导致原有市场主体非自身原因无法继续参加市场的情况；

3. 因电网网架调整，导致发电企业、电力用户的发用电物理属性无法满足所在地区的市场准入条件。

上述市场主体，在办理正常退市手续后，执行国家有关发用电政策。售电公司退出条件按照国家有关售电公司准入与退出管理规定执行。

第三十三条第一款、第二款 电能量交易包括集中交易和双边协商交易两种方式。其中集中交易包括集中竞价交易、滚动撮合交易和挂牌交易三种形式。

集中竞价交易指设置交易报价提交截止时间，电力交易平台汇总市场主体提交的交易申报信息，按照市场规则进行统一的市场出清，发布市场出清结果。

第四十条 市场用户的用电价格由电能量交易价格、输配电价格、辅助服务费用、政府性基金及附加等构成，促进市场用户公平承担系统责任。输配电价格、政府性基金及附加按照国家有关规定执行。

第四十一条 双边交易价格按照双方合同约定执行。集中交易价格机制具体由各地区市场规则确定。其中，集中竞价交易可采用边际出清或者高低匹配等价格形成机制；滚动撮合交易可采用滚动报价、撮合成交的价格形成机制；挂牌交易采用一方挂牌、摘牌成交的价格形成机制。

3.《售电公司管理办法》（发改体改规〔2021〕1595号，2021年11月11日起施行）

第十九条 售电公司与电力用户在电力交易平台建立零售服务关系。经售电公司与电力用户双方协商一致，在确立绑定关系期限内，任何一方均可在电力交易平台中发起零售服务关系确立，由双方法定代表人（授权代理人）在电力交易平台中确认。

第二十条 电力用户在同一合同周期内仅可与一家售电公司确立零售服务关系，双方在电力交易平台绑定确认后，电力交易机构不再受理新的绑定申请，电力用户全部电量通过该售电公司购买。

第二十一条　售电公司与电力用户零售服务关系在电力交易平台中确认后，即视同不从电网企业购电，电网企业与电力用户的供用电合同中电量、电价等结算相关的条款失效，两者的供用电关系不变，电力用户、售电公司与电网企业应签订三方电费结算补充协议，无需再签订售电公司、电力用户、电网企业三方合同，电力交易机构将电力用户与售电公司零售服务关系信息统一推送给向电力用户供电的电网企业。

第二十二条　售电公司与电力用户按照月为最小单位签订合同，其中新注册用户的合同生效时间为当月实际签订时间。合同应包括但不限于以下内容：电力用户企业名称、电压等级、户号、合同期限、电量及分月计划、费用结算、违约责任、电力用户偏差电量处理方式等内容。售电公司在批发市场与零售市场应考虑电力辅助服务费用和阻塞费用等费用，相关盈亏由售电公司承担。

第二十三条　电力交易机构负责出具售电公司以及零售电力用户等零售侧结算依据，电网企业根据结算依据对零售电力用户进行零售交易资金结算，对售电公司批发、零售价差收益、偏差考核进行资金结算。

第二十四条第一款　售电公司参与批发和（或）零售市场交易前，应通过以下额度的最大值向电力交易机构提交履约保函或者履约保险等履约保障凭证：1. 过去 12 个月批发市场交易总电量，按标准不低于 0.8 分/千瓦时；2. 过去 2 个月内参与批发、零售两个市场交易电量的大值，按标准不低于 5 分/千瓦时。现货市场地区，地方主管部门可以根据市场风险状况，适当提高标准，具体标准由各地自行确定。

4.《关于进一步深化电力体制改革的若干意见》（中发〔2015〕9 号，2015 年 3 月 15 日起施行）

坚持市场化改革。区分竞争性和垄断性环节，在发电侧和售电侧开展有效竞争，培育独立的市场主体，着力构建主体多元、竞争有序的电力交易格局，形成适应市场要求的电价机制，激发企业内在活力，使市场在资源配置中起决定性作用。

坚持保障民生。结合我国国情和电力行业发展现状，充分考虑企业和社会承受能力，保障基本公共服务的供给。妥善处理交叉补贴问题，完善阶梯价格机制，确保居民、农业、重要公用事业和公益性服务等用电价格相对平稳，切实保障民生。

坚持节能减排。从实施国家安全战略全局出发，积极开展电力需求侧管理和能效管理，完善有序用电和节约用电制度，促进经济结构调整、节能减排和产业升级。强化能源领域科技创新，推动电力行业发展方式转变和能源结构优化，提高发展质量和效率，提高可再生能源发电和分布式能源系统发电在电力供应中的比例。

典型纠纷8

风力发电组质量及发电量损失纠纷

参考案例　吉林某风力发电有限公司与江苏某科技有限公司买卖合同纠纷[①]

一、案情介绍

2007年10月19日、2008年6月2日，吉林某风力发电有限公司（以下简称A公司）与江苏某科技有限公司（以下简称B公司）先后签订了《吉林镇赉风险项目（28.5MW）风力发电机组采购合同》（以下简称《28.5MW发电机组采购合同》）和《吉林镇赉风险项目（21MW）风力发电机组采购合同》（以下简称《21MW发电机组采购合同》），约定A公司向B公司购买33台型号为FD77－1500－Ⅲ双馈变速恒频风力发电机组，包含叶片、机舱、控制柜，不包含塔筒。其中《28.5MW发电机组采购合同》购买19台，价款合计170,293,200元，合同质保期为30个月；《21MW发电机组采购合同》购买14台，价款合计126,000,000元，合同质保期为24个月。

两份采购合同均对风电机组的验收和质保作出约定。第1.1条验收：①预验收，指卖方提供的设备经安装、调试和试运行250小时，达到合同规定的预验收标准而进入质量保证期的验收。预验收证书是表明业主接受预验收结果的证明，证书由业主和卖方共同签字。②最终验收，指完成运行1年后的验收。如检验证明每台风电机的完整性，性能指标和合同的其他条款均已履行，设备运行令买方满意，买方会向卖方签发一份最终验收证书。第1.12条质量保证期：其是指合同设备预验收合格后的24个月（30个月），在此期间内，卖方保证合同设备的正常稳定运行并负责排除合同设备的任何缺陷。第10.1条规定，卖方保证合同设备的技术水平是先进的，并且所提供的设备质量是最好的、全新的和可靠的，所选择的设备型

① 参见（2022）最高法民终74号。

号能满足正常安全运行和长期使用的要求，并且符合该合同附件一和附件二的规定。第 10.17 条规定，可利用率保证值考核指该合同数量风机的平均值统一计算。若该合同风电机组验证的可利用率低于 95%，卖方则根据理论发电量和实际发电量的差额赔偿买方的损失。如果可利用率平均低于 10% 以上，买方有权向卖方退货，卖方不得拒绝。卖方同时还应当赔偿买方的有关损失。《发电机组采购合同》之《技术规范书》第 1.1 条约定，风电机组设计寿命 20 年，其中主要部件（风轮、发电机、齿轮箱、主轴、机舱、主机塔架）在设计寿命期间不必更换……主机正常运转和维护情况下，齿轮箱的使用寿命不少于 20 年……塔筒的设计使用寿命为 20 年。机组的总体技术数据：预期寿命 20 年。叶片表面保护方案：漆膜表面无明显破坏现象，表面光滑采用的胶衣和油漆为同一系统，具有良好的防腐性涂层寿命可以达到 20 年。

2007 年 12 月、2008 年 8 月至 11 月，B 公司陆续将 33 套发电机组运至项目现场并向 A 公司交付完毕并开展设备的安装、调试及验收工作。但在运行中，33 套发电机组不同程度地出现了质量事故。2012 年 3 月 7 日，B 公司工作人员以 B 集团项目事业部的名义使用工作邮箱向 A 公司发送了《吉林 A 协合镇赉风场叶片折断事故分析报告》的邮件，该报告主要内容为："自 2009 年以来镇赉风场部分叶片出现了断裂的问题，我公司十分重视……初步结论：从上可知，叶片断裂的原因可以初步归结为叶片制造过程中质量控制不够严密造成部分叶片存在缺陷，以致叶片强度性能减损导致叶片较早发生疲劳破坏。"

2012 年 12 月 10 日至 2013 年 11 月 17 日，A 公司先后 6 次委托永济和谐电机修造有限公司对案涉发电机组进行拆解及作出检测报告，主要记载：定子、转子检测不合格。原因分析：转子没有采用旋烘工艺，绝缘漆流动不均匀，造成局部绝缘差，电机长期运行大电流冲击，绝缘薄弱点出现绝缘下降趋势。发电机转子击穿后，无尾带松散、断裂，转子在运转过程中离心力过大，转子绕组扩张到定子相应部位，导致发电机转子绕组大面积损坏，发电机发生故障。

2013 年 4 月 18 日、10 月 29 日及 2014 年 7 月 23 日，A 公司申请镇赉

县公证处对镇赉风场风机叶片折断状态及风场、监控室现状等进行现场公证，公证书主要记载，5 号、7 号、8 号、15 号、21 号、24 号风机处于停机状态，叶片存在折断、弯曲、裂开，监控信号存在断开、故障等状态。

2013 年 9 月 11 日、12 月 10 日，A 公司委托北京天源科创风电技术有限责任公司对案涉风力发电机齿轮箱进行鉴定及给出维修方案，主要记载内容如下。故障分析：中间轴断裂，低速轴卡环脱落，导致中间齿轮错位压痕较深。原因分析：风机在风力过大的情况下，导致叶片断裂，高速刹车抱死，对齿轮箱内部齿轮进行瞬间冲击，而造成中间轴断裂。

2013 年 5 月 7 日，A 公司委托北京市可汗之风科技有限公司（以下简称可汗之风公司）经过对镇赉风电场 13 号、14 号、17 号、18 号机组 15 只叶片内外部进行检查，作出了叶片检查意见，主要意见如下：……叶片内部存在很多缺陷，而且很严重，有些可能是致命性的缺陷……建议：内部缺陷无法维修；更换叶片；维修现状，一次更换损坏的叶片。

2013 年 11 月 29 日，A 公司委托可汗之风公司对镇赉风电场 24 台机组叶片进行内部检查及对 13 号等 5 个机组进行复查，作出叶片检查意见，主要意见：对于本次所检查的这批叶片，发现内层玻璃钢褶皱，结构胶超厚，根部前缘、尾缘及腹板上的手糊加强层存有气泡、毛刺、泛白、未浸润透彻、分层、搭接过渡不好等缺陷都属于共性缺陷，是普遍缺陷，每只叶片上都存在。对于其他一些缺陷或者已发展为极端严重的缺陷的结论与建议，所检查的这些叶片均为不合格品。从安全的角度考虑，应该全部替换下来，以防止重大事故发生。

2013 年 12 月 16 日，A 公司委托可汗之风公司对镇赉风场 25 号风电机组叶片进行外部检查，并作出报告。记载：三只叶片的叶身及其附近均存在问题，说明该处在设计上或生产工艺上存有缺陷……鉴于 B 叶片上的致命缺陷，建议该机组立即停机，不再运行。

2014 年 6 月 8 日，2015 年 1 月 18 日、3 月 7 日，经 A 公司委托，天津叶安风电技术有限公司对镇赉风场部分发电机组叶片进行内外部质量检查，并作出汇总报告，内容基本同可汗之风公司检查报告。

2013 年 2 月，A 公司就上述风电机组质量争议向吉林省白城市中级人民法院提起诉讼，要求B公司赔偿设备款161.16万元。B公司随后提出管辖权异议，认为采购合同约定仲裁作为争议解决方式："仲裁应由北京市仲裁委员会按其仲裁规则和程序进行仲裁。"白城市中级人民法院于2013年7月8日作出裁定，认定合同约定的仲裁机构不存在，驳回了B公司的管辖权异议。B公司不服，提起上诉。吉林省高级人民法院对原裁定予以维持。2014年7月25日，B公司向北京市第三中级人民法院请求确认《28.5MW发电机组采购合同》中的仲裁条款有效。北京市第三中级人民法院经审查，于2014年9月16日作出裁定，驳回了B公司的申请。

2015年7月20日，经白城市中级人民法院组织，中国电力企业联合会司法鉴定中心（北京）对案涉发电机组不能正常运行的故障原因作出风力发电机组故障原因司法鉴定意见书（电鉴意见〔2015〕第5号），主要内容为：故障的主要原因分析。一般风机叶片等大部件故障的原因可归为三类：第一类是操作不当或叶片工作条件超出设计值要求的安全范围，叶片所运行的环境条件超出了设计时能承受的极限值，从而造成叶片及其他部件的损坏。根据《关于完善风力发电上网电价政策的通知》（发改价格〔2009〕1906号）的规定和B公司技术规范书，镇赉风电场的运行环境符合该叶片的工作条件和设计要求，可排除工作条件超出设计值导致叶片及其他部件损坏的可能性。第二类是在风电机组的安装和调试过程中存在问题，且未按照相关标准进行验收，给风电机组日后的运行发电埋下隐患，引发或逐步加剧叶片、发电机及齿轮箱等部件的损坏。委托方提供的预验收合格证书显示……符合《风力发电机组　验收规范》（GB/T 20319—2006）以及《风力发电场项目建设工程验收规程》（DL/T 5191—2004）所规定的预验收内容，并有业主、监理及制造商三方的签字盖章。可以排除叶片、发电机及齿轮箱等部件的损坏是安装或调试不当所引起的。第三类是供货方在产品制造、运输、存储、安装和调试过程中未按规范要求进行而引起一些问题，导致叶片及其他部件在后来运行中出现故障和损毁。鉴定意见：（1）风力发电厂风机叶片大范围频繁发生折断等事故的原因是B公司在生产叶片过程中没有按照相关标准对产品质量进行有效控制，导致其生产的叶片相当一部分达不到设计质量要求，更达不到该公司在《江苏B风力发电设备有限公司变速恒频风力发电机组 FD77－1500－Ⅲ技术规范书》中明确承诺的20年不用更换的标准。（2）现场勘验时，鉴定人和专家没有看到故障风机的发电机、齿轮箱等设备。根据补充的事故记录和事件报告等材料，推断其损坏原因：一是不排除这些损坏的设备与叶片故障有连带关系，即叶片的质量问题导致机组运行时振动而损坏；二是不排除其自身或连接上存在质量问题或设计缺陷。

2015年10月8日，A公司先后两次变更诉讼请求，要求判决B公司赔偿：（1）2012年6月至2015年9月，因维修故障发电机组、更换风力发电机部件所产生的费用4413.282万元，此部分包括已更换损坏叶片（19套机组）费用和发电机、齿轮箱维修及更换部件费用。（2）2012年6月至2015年9月，已出现毁损、待更换的14套机组叶片费用1932万元，及该部分设备发电量损失32万元。（3）2011年1月至2015年9月，风机故障造成的发电量损失3458.8667万元。上述费用及损失共计9836.1487万元。（4）诉讼费用、律师费用、鉴定费由被告承担。B公司异议称：按照最高人民法院关于级别管辖的相关规定，本案已超过白城市中级人民法院级别管辖标准，故本案应由吉林省高级人民法院管辖。白城市中级人民法院遂于2015年12月7日裁定将本案移送至吉林省高级人民法院审理。

2017年2月23日，A公司委托瑞华会计师事务所，就案涉1—33号风机因质量问题维修或更换部件明细表进行专项审计，并作出专项审计报告。审计结果为：截至2015年10月8日，风机质量导致损失总金额为44,406,270.32元。其中，叶片故障导致的损失金额为27,114,000.00元，发电机和齿轮箱等大部件故障导致的损失为7,799,257.00元，小部件故障导致的损失金额为6,822,180.00元，其他情况导致的损失金额2,670,833.32元。

2017年5月18日，吉林省高级人民法院作出（2016）吉民初15号判决书，主要观点认为：（1）关于案涉发电机组质量是否符合合同约定问题。中国电力企业联合会司法鉴定中心（北京）故障原因司法意见书系A公司申请、白城市中级人民法院委托鉴定机构作出，在白城市中级人民法院法官及双方当事人全程参与下进行了现场勘查，并根据案涉发电机组有关技术资料、现场情况、维修记录、国家标准等材料作出的鉴定意见，且该鉴定意见所依据的材料在吉林省高级人民法院审理期间经过双方举证、质证。另外，该鉴定机构及鉴定人与双方当事人均不存在足以影响鉴定结论公正性的利害关系。因此，该司法鉴定的鉴定意见程序合法、依据充分，结论客观、公正。（2）关于案涉发电机组叶片质量问题。A 公司工作人员史某鹏于 2012 年 3 月 8 日发送的叶片折断分析报告、故障原因司法意见书、可汗之风公司及天津叶安风电技术有限公司的叶片检查意见等内容相互印证，认定案涉发电机组发生叶片断裂、弯曲等质量瑕疵，不符合满足产品正常使用标准及约定的 20 年不更换的标准，质量瑕疵是 B 公司制造工艺所造成的。（3）关于 B 公司应当承担的违约责任范围及金额问题。案涉风力发电机组质量不符合合同约定的标准，并发生了风机叶片、发电机、齿轮箱不同程度的损坏，A 公司因维修、更换产生了实际损失。瑞华会计师事务所专项审计报告确认截至 2015 年 10 月 8 日，风机质量导致损失总金额为 44, 406, 270. 32 元。据此，B 公司应当赔偿 A 公司自 2012 年 6 月至 2015 年 9 月更换叶片、维修发电机、齿轮箱损失 44, 406, 270. 32 元。其主张的待更换的叶片损失，因该费用尚未实际发生，不予支持。（4）关于 A 公司主张的发电量损失问题。风力发电厂的实际发电量受到电力行业部门的限电指标、发电厂自身的产能设置及管理、维护措施、风场的风力等多种主、客观因素的综合影响。本案中虽不排除因风力发电机质量瑕疵而发生电量减损的可能性，但难以区分发电机组质量瑕疵和其他合理因素可能导致的发电量的减损，亦不具备对此区分鉴定的客观条件，故不予支持。综上所述，判决如下：（1）被告 B 公司于该判决发生法律效力后，立即赔偿 A 公司损失 44, 406, 270. 32 元；（2）驳回 A 公司其他诉讼请求。

一审后，A 公司与 B 公司均不服一审判决，向最高人民法院提起上诉，2017 年 12 月 20 日，最高人民法院作出（2017）最高法民终 845 号裁定书，认为本案一审判决认定涉案风力发电机组存在质量问题及造成损失的主要证据质证认证程序不符合法律规定，未准许 A 公司发电量损失鉴定申请存在不当之处，属于认定基本事实不清。因此，撤销原判并发回吉林省高级人民法院重审。

另外，2017 年 11 月 20 日，A 公司委托中电数证电力司法鉴定中心出具司法鉴定意见书（电鉴意见〔2017〕第 4 号）对案涉 33 台风机自 2011 年 1 月 1 日至 2015 年 9 月 30 日因风机故障少发电量及折合电费进行司法鉴定。鉴定意见：如按照故障时间计算法，上述时间段少发电量 5391.47 万千瓦时，折合电费 3288.7959 万元。如按照利用小时数计算法，上述时间段少发电量 10,454 万千瓦时，折合电费 6377.3244 万元。

2021 年 8 月 3 日，经吉林省高级人民法院委托，上海砝鉴检测技术有限公司作出鉴定意见书（FJJC202104002）。鉴定结论：案涉 33 台风力发电机自 2011 年 1 月 1 日至 2015 年 9 月 30 日因故障原因的少发电量数额为 5551.1223 万千瓦时。

吉林省高级人民法院重新审理期间，就下述争议焦点组织双方当事人进行了质证和答辩：（1）关于案涉发电机组质量是否符合合同约定问题。B 公司虽不认可风力发电机组故障原因司法鉴定意见书的鉴定意见，但未提供足以否定该鉴定结论的证据，亦未申请重新鉴定。同时，该鉴定机构及鉴定人与双方当事人均不存在足以影响鉴定结论公正性的利害关系。因此，该司法鉴定意见程序合法、依据充分，对于鉴定结论中的客观明确的意见应予采信。结合《发电机组采购合同》、叶片折断分析报告等其他证据综合分析，在质量保证期内发电机、齿轮箱等存在的有碍设备正常运行的缺陷均应当由 B 公司排除，质保期内 A 公司因此产生的更换损失应当由 B 公司承担。（2）关于质保期起止时间问题。B 公司无法向法院提供任何有关案涉发电机组安装、调试、试运行的证据，亦未提供 A 公司拒绝配合安装、调试、试运行的证据。结合 2011 年 1 月 1 日 A 公司已对外售电的实际情况，在无证据证明 33 台机组完成正式验收时间节点的情况下，以目前能够认定的发电机组实际运转时间作为本案质保期起算时间，即 2011 年 1 月 1 日。同时，目前无法准确区分各编号机组分别为哪一份合同到货的机组。鉴于上述实际情况，在无法准确认定各编号的发电机组各自质保期情形下，为使案件公正高效审理，一审法院对各发电机组均以 27.5 个月为质保期进行认定［（19 台×××个月 +14 台×××个月）/33 台］。综上所述，案涉 33 台发电机组质保期起止时间应认定为从 2011 年 1 月 1 日起至

2013年4月15日止。(3)关于发电机组部件更换、维修产生的损失数额问题。按照瑞华会计师事务所的专项审计报告统计数据对部件更换、维修金额进行核算，最终金额应为30,890,833.00元，对此B公司虽不予认可但未提供任何反驳对方主张的证据。瑞华会计师事务所的专项审计报告依据的计算数据及方法应予以采信。(4)关于发电量损失数额问题。依据《合同法》第113条第1款之规定，B公司在履行合同义务不符合约定的情况下，应当赔偿A公司合同履行后可以获得的利益，但不得超过违反合同一方订立合同时预见到或者应当预见到的因违反合同可能造成的损失。针对案涉发电机组发电量损失数额，上海砫鉴检测技术有限公司出具鉴定意见书的鉴定结论为：案涉33台风力发电机自2011年1月1日至2015年9月30日因故障原因少发电量数额为5551.1223万千瓦时。但对案涉33台发电机组质保期认定为自2011年1月1日起至2013年4月15日止，损失电量亦应当计算质保期内电量损失额。A公司主张计算自2011年1月1日起至2015年9月30日的电量损失一审法院无法全部支持。因此，自2011年1月1日起至2013年4月15日止损失电量为23,201,937.23千瓦时。另外，吉林省发展改革委《关于镇赉风电场一期新建工程预计上网电价的函》内容为："根据现行电价政策，同意该项目暂按0.61元/千瓦时的预计上网电价开展相关工作。"据此，案涉33台风力发电机自2011年1月1日起至2013年4月15日止因故障原因少发电量损失款项应为14,153,181.71元(23,201,937.23千瓦时×0.61元/千瓦时)。判决：(1)B公司于判决发生法律效力后，立即赔偿A公司损失45,044,014.71元(30,890,833.00元+14,153,181.71元)；(2)驳回A公司其他诉讼请求。

随后，双方再次提起上诉，最高人民法院于2022年10月21日作出(2022)最高法民终74号民事裁定书，维持一审判决。

二、案例解读

从2003年国家发展改革委颁布《关于印发风电特许权项目前期工作管理办法及有关技术规定的通知》(发改能源〔2003〕1403号，已失效)算起，经过20余年的发展，我国风电行业已经形成比较健全的产业链条，产业政策环境日趋稳定。随着“3060”“双碳”目标的提出，风电作为改变我国电力能源结构、提高清洁能源在电力系统中的占比，将在“双碳”目标实现过程中发挥举足轻重的作用。近十年来，我国风电产业不断迈上新台阶，国家能源局数据显示，截至2023年4月底，我国风电装机3.8亿千瓦，光伏发电装机4.4亿千瓦，风电光伏发电总装机突破8亿千瓦，达到8.2亿千瓦，占全国发电装机的30.9%，其中风电占14.3%，光伏发电占16.6%。[①] 2023年7月17日，国家统计局发布2023年上半年能源生产情况：上半年，发电量为41,680亿千瓦时，同比增长3.8%。分品种看，火电同比增长7.5%，水电下降22.9%，核电增长6.5%，风电增长16.0%，太阳能发电增长7.4%。[②] 由此可见，我国作为全球最大风机制造国、最大风电国的地位持续巩固加强。在风电产业突飞猛进的发展过程中，涉及风电领域的新问题也不断浮现。统言之，风电领域凸显的法律问题有以下几类。

（一）风电项目开发与用地纠纷

2014年以来，国家陆续出台一系列简政放权等文件，风电、光伏项目开发需取得的主要批文及行政许可事项也陆续得到调整、变更。特别是在国务院发布《企业投资项目核准和备案管理条例》（国务院令第673号，2017年2月1日起施行）后，部分前置审批、备案的程序都变为平行办理甚至取消，对风电、光伏项目核准、备案程序产生重大影响。同时，相较于传统能源项目，风电项目往往占地面积巨大，用地种类复杂，其中既包括需要区分项目是永久用地还是临时用地，也包括对林地、草地、集体土地的占用、租赁。因此，项目开发流程和用地是风电项目合规建设的重点问题。

在风电项目开发流程中，投机行为向来是监管部门的审查重点。在这一阶段，倒卖路条、居间服务、项目转让、股权收购、融资租赁等是法律

① 参见《我国风电光伏发电总装机突破8亿千瓦》，载国家能源局官网，http：//www.nea.gov.cn/2023-05/25/c_1310721539.htm。

② 参见《2023年上半年能源生产情况》，载中央人民政府官网2023年7月17日，https：//www.gov.cn/govweb/lianbo/bumen/202307/content_6892421.htm。

纠纷高发的行为。司法实践中，已形成了较明确的裁判观点，以倒卖路条为例，在格尔木力腾新能源有限公司、青海力腾新能源投资有限公司合同纠纷案①中，明确提出根据《企业投资项目核准和备案管理条例》及国家能源局发布的有关规定，国家明令禁止风电、光伏项目倒卖“路条”、核准备案文件，项目备案/核准后并网前，不得擅自变更投资主体，擅自变更的，转让项目合同无效，但经原备案/核准机关同意的除外。

在风电项目用地过程中，根据《土地管理法》（2019 年修正）第 4 条第 1 款、第 2 款的规定，“国家实行土地用途管制制度。国家编制土地利用总体规划，规定土地用途，将土地分为农用地、建设用地和未利用地。严格限制农用地转为建设用地，控制建设用地总量，对耕地实行特殊保护”。风电项目用地往往包括征收农用地、集体建设用地协议流转、租赁未利用地。简言之，农用地是否依照《土地管理法》规定的完成转用程序？集体建设用地协议是否经过民主决策程序以及转让协议合同效力？租赁未利用地是否按照自然资源部门要求备案及林地、草地恢复工作是否触碰生态保护红线？违法使用土地的民事、行政、刑事责任等问题一直是风电项目用地过程中的审查重点、高频纠纷点。以用地合同效力为例，在长武县相公镇柳泉村民委员会与陕西中凯光伏电力有限公司（原铜川市中凯实业有限公司）土地租赁合同纠纷案②中，法院明确认为：“土地租赁合同未事先经该集体经济组织成员的村民会议三分之二以上成员或者三分之二以上村民代表的同意，未报镇人民政府批准；建设光伏发电项目改变了土地的农业用途，均违反了法律的强制性规定，故合同无效。”

（二）风电项目建设与验收法律纠纷

风电项目最大的投资收益源自项目建成后的发电收益，因此建设进度及项目验收关系到项目的并网发电时间，将直接影响项目的投资回报。部分企业采取突击建设，管理制度不完善、风控制度不健全，在项目建设中仅关注何时能够并网发电产生经济效益，而忽视对工程招投标、采购、合

① 参见（2019）最高法民终 211 号。
② 参见（2016）陕 04 民终 2151 号。

同管理、建设与验收环节。

在风电项目建设过程中，施工合同效力、结算、工程款支付、项目工期延误、建设项目优先受偿权等问题是常见的法律纠纷。以风电项目招投标为例，当下部分民营企业认为投资项目无须履行招标投标程序，部分法定必须招标项目未履行招标投标程序，或未按要求履行招标投标程序即对外进行发包。在新疆电力建设有限公司与宁夏光源电力有限公司、共创实业集团有限公司等建设工程施工合同纠纷案①中，法院认为，本案所涉工程为光伏发电建设工程。根据《招标投标法》（2017 年修正）第 3 条②，《工程建设项目招标范围和规模标准规定》（国家发展计划委员会令第 3 号，已失效）第 2 条③、第 7 条④的规定，涉案工程项目属于必须进行招标的项目，双方当事人未履行法律规定的招标投标程序，违反了法律的强制性规定。根据《最高人民法院关于审理建设工程施工合同纠纷案件适用法

① 参见（2016）宁民初 30 号。

② 《招标投标法》（2017 年修正）第 3 条第 1 款、第 2 款规定："在中华人民共和国境内进行下列工程建设项目包括项目的勘察、设计、施工、监理以及与工程建设有关的重要设备、材料等的采购，必须进行招标：（一）大型基础设施、公用事业等关系社会公共利益、公众安全的项目；（二）全部或者部分使用国有资金投资或者国家融资的项目；（三）使用国际组织或者外国政府贷款、援助资金的项目。前款所列项目的具体范围和规模标准，由国务院发展计划部门会同国务院有关部门制订，报国务院批准。"

③ 《工程建设项目招标范围和规模标准规定》（国家发展计划委员会令第 3 号）第 2 条规定："关系社会公共利益、公众安全的基础设施项目的范围包括：（一）煤炭、石油、天然气、电力、新能源等能源项目；（二）铁路、公路、管道、水运、航空以及其他交通运输业等交通运输项目；（三）邮政、电信枢纽、通信、信息网络等邮电通讯项目；（四）防洪、灌溉、排涝、引（供）水、滩涂治理、水土保持、水利枢纽等水利项目；（五）道路、桥梁、地铁和轻轨交通、污水排放及处理、垃圾处理、地下管道、公共停车场等城市设施项目；（六）生态环境保护项目；（七）其他基础设施项目。"

④ 《工程建设项目招标范围和规模标准规定》（国家发展计划委员会令第 3 号）第 7 条规定："本规定第二条至第六条规定范围内的各类工程建设项目，包括项目的勘察、设计、施工、监理以及与工程建设有关的重要设备、材料等的采购，达到下列标准之一的，必须进行招标：（一）施工单项合同估算价在 200 万元人民币以上的；（二）重要设备、材料等货物的采购，单项合同估算价在 100 万元人民币以上的；（三）勘察、设计、监理等服务的采购，单项合同估算价在 50 万元人民币以上的；（四）单项合同估算价低于第（一）、（二）、（三）项规定的标准，但项目总投资额在 3000 万元人民币以上的。"

律问题的解释》（法释〔2004〕14 号）[①] 第 1 条规定，认定涉案《总承包合同》为无效合同。

在风电项目验收过程中，根据《国家能源局、国家市场监督管理总局关于印发〈并网调度协议示范文本〉〈新能源场站并网调度协议示范文本〉〈电化学储能电站并网调度协议示范文本（试行）〉〈购售电合同示范文本〉的通知》（国能发监管规〔2021〕67 号）规定，基建工程竣工验收是风电场申请并网的前提条件。“并网”是新能源项目建设的特有要求。关于风电场建设工程的竣工验收，有两个问题值得关注。第一，风电场“竣工验收”的认定，适用《最高人民法院关于审理建设工程施工合同纠纷案件适用法律问题的解释（一）》第 9 条[②]的规定，虽然没有组织正规的竣工验收程序，但风电场项目公司提前使用的，视为工程已经竣工。第二，风电场工程承包合同可以约定“竣工验收并完成并网”为合同款项的支付条件。

（三）风电机组设备质量纠纷

在项目开发建设、并购、项目用地经历了数年的规制后，涉及风电的开发、用地、建设等纠纷在实践中已经形成了较统一的裁判观点，也已将上述类型纠纷逐渐纳入传统法律关系、既有司法解释的规制范围内。国内风电装机规模的不断增加，对市场运维提出了更高的要求，如何保障风电机组在全生命周期内安全可靠地运行至关重要，当下风电机组设备质量纠纷是风电项目高频发、数量大的纠纷类型。如前文所述，发电量是风力项目投资的最大收益来源，风电机组设备功率曲线和可利用率未达到约定的标准、运行过程中发生故障或产生设备质量缺陷，除会产生传统的设备维

① 该司法解释已失效，现为：《最高人民法院关于审理建设工程施工合同纠纷案件适用法律问题的解释（一）》（法释〔2020〕25 号）第 1 条规定：“建设工程施工合同具有下列情形之一的，应当依据民法典第一百五十三条第一款的规定，认定无效……（三）建设工程必须进行招标而未招标或者中标无效的。承包人因转包、违法分包建设工程与他人签订的建设工程施工合同，应当依据民法典第一百五十三条第一款及第七百九十一条第二款、第三款的规定，认定无效。”

② 《最高人民法院关于审理建设工程施工合同纠纷案件适用法律问题的解释（一）》第 9 条规定：“当事人对建设工程实际竣工日期有争议的，人民法院应当分别按照以下情形予以认定：（一）建设工程经竣工验收合格的，以竣工验收合格之日为竣工日期；（二）承包人已经提交竣工验收报告，发包人拖延验收的，以承包人提交验收报告之日为竣工日期；（三）建设工程未经竣工验收，发包人擅自使用的，以转移占有建设工程之日为竣工日期。”

修费用外，更大的索赔费用为发电量损失金额。业主方主张发电量损失法院能否支持？若支持，造成发电量损失的原因是否一定能够归责于设备质量问题？如能够归责于设备质量问题，赔偿范围包括哪些？赔偿主体为何？更进一步，发电量损失的电量、电价、期间如何计算？这些问题随着风电项目数量的增加，而大量进入司法实践。诸如光伏、风电等新能源项目，设计、开发、建设、运营任一阶段均与项目的最终收益密切相关，任何阶段出现问题均会对项目投资方的预期发电量及因此产生的预期收益造成重大不利影响。因而，当新能源项目相关主体发生质量、建设、运营等争议，项目投资方通常会结合项目发电量、预期收益等向违约方主张巨额赔偿，即开发、建设、质量、验收、运营等传统法律问题最终会归结于如何算明白发电量损失和预期收益这笔“新账”。

前述典型案例中，原告A公司系吉林电力股份有限公司控股的三级子公司，成立于2007年，主要从事开发、建设、运营风力发电场。本案被告B公司系B集团有限公司的控股子公司，成立于2007年，主要从事风力发电设备的研究、开发、制造、检测；销售自产产品，相关技术转让及技术咨询服务；风电场工程总承包，风电场项目开发、投资、建设及经营。从审理过程来看，本案为风电发电机组质量纠纷，进而衍生为风力发电量损失纠纷。所谓风力发电机组，是指将风能转换为机械功，机械功带动转子旋转，最终输出交流电的电力设备。风力发电机组的发电量是建设对应新能源项目的重要收益来源，但机组发电量能否达到设计要求并转化为经济利益，需要根据项目选址、机组质量、项目施工、项目运营等多方面进行综合评定。在最高人民法院未调整高级人民法院和中级人民法院管辖第一审民事案件标准前，本案一审、二审分别由吉林省高级人民法院、最高人民法院管辖，前后历经9年的管辖权争议、移送管辖、一审、二审、发回重审、二审终审，因此本案各级人民法院对该案的裁判思路及审理经过具有很强的实务参考意义。

三、焦点分析

（一）风力发电机组质量纠纷的赔偿范围

违约赔偿损失，是指一方当事人违反合同约定，给另一方当事人造成财产或其他权益等损失的赔偿。通常而言，在法律没有特殊规定或者双方当事人没有另行约定的情况下，违约方应当按照完全赔偿原则赔偿守约方的全部损失，包括直接损失和间接损失。《民法典》第584条规定："当事人一方不履行合同义务或者履行合同义务不符合约定，造成对方损失的，损失赔偿额应当相当于因违约所造成的损失，包括合同履行后可以获得的利益；但是，不得超过违约一方订立合同时预见到或者应当预见到的因违约可能造成的损失。"因此，直接损失是指违约行为导致的财产或权益上的直接减少；间接损失是指违约行为导致守约人合理的、可期待的预期利益的减少。在风力发电机组采购合同中，其直接损失便是因设备质量而引起的违约方基于买卖合同义务承担的质量保证责任；其间接损失则为项目投资方因设备损失所造成的预期可得利益减少。

1. 因产品质量而引发的设备维修、报废费用

买卖合同的本质是出卖人转移标的物的所有权于买受人，买受人支付价款的行为。双方订立买卖合同的根本目的在于买受人通过支付对价的方式获得产品的所有权，因此交易产品的质量符合合同约定是买卖合同成立的前提条件，如出卖人交付的产品不符合合同约定，则买受人可根据合同约定或《民法典》第610条的规定[①]，解除合同或拒绝接受标的物；或根据《民法典》第584条的规定[②]，向出卖人主张损失赔偿。但对于买受人而言，在进行解除合同、拒绝接受标的物或主张损失赔偿前，仍需要按照"设备故障→质量瑕疵→出卖人违反合同约定→解除合同或主张设备损失赔偿"的逻辑完成证明闭环。

在本案中，合同交易的标的为风力发电机组，同时双方就风力发电机组的质量验收、安装、技术规格作出了明确的约定，B公司应当按照合同约定向A公司提供机组设备，但由于B公司加工工艺不达标，造成A公

---

① 《民法典》第610条规定："因标的物不符合质量要求，致使不能实现合同目的的，买受人可以拒绝接受标的物或者解除合同。买受人拒绝接受标的物或者解除合同的，标的物毁损、灭失的风险由出卖人承担。"

② 《民法典》第584条规定："当事人一方不履行合同义务或者履行合同义务不符合约定，造成对方损失的，损失赔偿额应当相当于因违约所造成的损失，包括合同履行后可以获得的利益；但是，不得超过违约一方订立合同时预见到或者应当预见到的因违约可能造成的损失。"

司在设备安装使用后，机组扇叶大规模折断，出现了严重的设备故障。在此期间，A 公司主要进行了两方面的工作：一是就设备故障与 B 公司沟通，获得了 B 公司工作人员发送的吉林 A 协合镇赉风场叶片折断事故分析报告；二是通过聘请第三方检验机构、公证的方式，固定风电机组出现设备故障的事实，并得出了风电机组叶片设计不符合合同约定的初步结论。上述两方面的工作帮助 A 公司完成了第二步的证明：风电机组，尤其是核心部件、叶片等存在严重质量瑕疵。此时，摆在 A 公司面前的问题是需要证明风电机组故障仍在合同约定的质保期内或 B 公司交付的风电机组不符合合同约定的技术规格，而这一问题也是双方在庭审中的争议焦点。对此，A 公司在一审中申请白城市中级人民法院组织司法鉴定，鉴定意见认为 B 公司提供的设备机组不能达到该公司《风力发电机组 FD77 - 1500 - Ⅲ技术规范书》中明确承诺的 20 年不用更换的标准，双方验收内容也可以排除因安装、调试所产生的问题，因此不能排除是 B 公司的设计、生产缺陷原因，其应当承担在质保期内的保修和赔偿责任。至此，A 公司完成了“设备故障→质量瑕疵→出卖人违反合同约定→解除合同或主张设备损失赔偿”的证明闭环，在 B 公司无法就设备不存在质量缺陷、超出质保期等问题进行举证的情况下，B 公司应当承担因产品质量而引发的设备维修、报废费用等直接损失。

2. 设备无法正常运营导致的预期利益损失

依学界通说，预期利益仅限于未来可以得到的利益，它不包括履行本身所获得的利益，而主要是指获取利润所对应的利益。由于一方违约，受害人不能取得合同规定应交付的财产，造成其生产经营活动中断或从事该活动的基础和条件丧失，从而导致利润损失，这就是一种预期利益损失。预期利益具有如下特点：（1）预期利益是一种未来利益。它在违约行为发生时并没有为合同当事人所实际享有，而必须通过合同的实际履行才得以实现。（2）预期利益必须具有一定的确定性。在民法体系下，任何需要补救的损害都必须具有一定程度的确定性，否则是不能要求赔偿的。从司法实践来看，预期利益的认定及赔偿范围是双方当事人争议的焦点，最高人民法院的相关司法解释亦对预期利益的认定及计算方式作出了规定。《最高人民法院关于当前形势下审理民商事合同纠纷案件若干问题的指导意见》（法发〔2009〕40号）提出“根据交易的性质、合同的目的等因素，可得利益损失主要分为生产利润损失、经营利润损失和转售利润损失等类型”“人民法院在计算和认定可得利益损失时，应当综合运用可预见规则、减损规则、损益相抵规则以及过失相抵规则等，从非违约方主张的可得利益赔偿总额中扣除违约方不可预见的损失、非违约方不当扩大的损失、非违约方因违约获得的利益、非违约方亦有过失所造成的损失以及必要的交易成本”。《最高人民法院关于审理买卖合同纠纷案件适用法律问题的解释》（2020年修正）（法释〔2020〕17号）第22条“买卖合同当事人一方违约造成对方损失，对方主张赔偿可得利益损失的，人民法院在确定违约责任范围时，应当根据当事人的主张，依据民法典第五百八十四条、第五百九十一条、第五百九十二条、本解释第二十三条等规定进行认定”以及第23条“买卖合同当事人一方因对方违约而获有利益，违约方主张从损失赔偿额中扣除该部分利益的，人民法院应予支持”等均对此作出了规定。除前述典型案例外，在实践中不少法院对光伏、风电等新能源项目的预期可得利益损失均表示支持。在绍兴风行电力设备科技有限公司诉上海雍泽新能源投资管理有限公司买卖合同纠纷案①中提出：“雍泽公司现要求风行电力公司对其所供的全部8340片组件予以维修或更换有相应的合同及法律依据，理应予以支持。如风行电力公司不能履行上述维修或更换义务，则理应赔偿原告因组件功率的不正常衰减导致整个项目运行期内发电量减少的相应经济损失。”在中核（南京）能源发展有限公司与大盛微电科技股份有限公司买卖合同纠纷案②中认为：“提供设备的质量问题，势必会造成一定的发电量损失，合同中也明确约定发电量损失应由大盛公司承担，法院对此予以认可。”故风电、光伏项目的承包人或供货商提供的设备不符合国家和行业标准，或不符合合同约定的标准，不仅应承担更换、维修、减少价款等违约责任，还可能需承担项目业主发电量损失的赔偿

① 参见（2016）沪01民终5721号。
② 参见（2019）苏01民终7300号。

责任。

总体而言，买卖合同中当事人主张预期利益的，应当满足以下三个判断标准：（1）“理性的第三人 + 合同违约方”的标准。[①] 作为具有正常判断能力的理性第三人处于违约方的位置，其通常所能预见到的范围，即为违约方应当预见的范围。在商事交易中，通常违约方的预见能力高于一般理性第三人，法院对合同主体的预见能力可能科以更高的标准，即“理性第三人 + 具体违约方”标准。以本案为例，A 公司主张预期发电量损失并依照电价计算损失金额，吉林省高级人民法院按照吉林省发展改革委《关于镇赉风电场一期新建工程预计上网电价的函》的规定，“项目暂按 0.61 元/千瓦时的预计上网电价”计算损失，该电价是政府明文规定，属于理性第三人和违约方 B 公司在进行商事活动中可以判断的因违约行为可能对守约方造成的损失。（2）预见的时间节点为“合同订立时”，而非合同违约时。合法有效的合同是主张预期利益的前提，预期利益之所以能够进行判断且确定，是因为双方能够依据合同就违约损失的计算范围和方式达成一致。（3）预见的内容为“预见损失的类型，而非具体的损失金额”。在本案中，B 公司能够预见到因其风电设备质量问题会对 B 公司未来发电量造成损失即已认为 B 公司预见到了损失内容，其不能以“具体损失金额无法预见、无法确定”为由抗辩。

3. 因主张赔偿权利而支出的其他必要费用

在本案中，A 公司同时主张 B 公司承担诉讼费、律师费、鉴定费，上述费用属于原告为主张权利而支出的合理费用。诉讼费、鉴定费的承担方式具有明确的规定，根据《诉讼费用交纳办法》第 12 条规定，诉讼过程中因鉴定、公告、勘验、翻译、评估、拍卖、变卖、仓储、保管、运输、船舶监管等发生的依法应当由当事人负担的费用，人民法院根据“谁主张，谁负担”的原则，决定由当事人直接支付给有关机构或者单位，人民法院不得代收代付。但在非侵权类案件中，人民法院应当首先决定鉴定费用由负有举证义务的一方当事人直接支付给有关鉴定机构，除因笔迹鉴定

① 参见袁小梁：《可预见规则在违约损害赔偿中的适用》，载《人民司法》2019 年第 35 期。

或者印章鉴定等事项发生的鉴定费用最终由败诉方负担外，因其他事项发生的鉴定费用最终由负有举证义务的一方当事人负担。《诉讼费用交纳办法》第29条第1款规定，诉讼费用由败诉方负担，胜诉方自愿承担的除外。对于律师费是否应当由合同争议的败诉方承担，一般要求双方在合同中明确约定律师费的承担且已实际支付，除此之外仅在法律明确规定的案件中法院会支持律师费。

（二）风电设备的供货方是发电量损失的主要赔偿主体

如前文所述，诸如风电、光伏等新能源项目建设周期长，投资主体最终获得的收益与项目立项设计、建设施工、设备采购及投产运营各个方面密不可分，任何一个环节出现了问题均会导致投资主体无法获得预期收益。因此，从理论上来看，风电项目的设计方、建设方、设备供货方、运营方均有可能成为风力发电量损失纠纷的赔偿主体。从司法实践来看，风电设备供货方往往也是设计及技术方案的提供方，多数情况下亦是项目的实际建设方，因此，风电设备的供货方是发电量损失的主要赔偿主体。风力发电设备的供货方通常有以下两类。

1. 风电设备供应方

风电设备供应方指风电设备、提供发电机组的供应方。实践中，因风电设备质量瑕疵并承担项目方发电量损失占据风电项目各类供货方的绝大多数。本案中，B公司向A公司提供33台风力发电机组，最终因发电机组的质量问题承担了设备维修、报废费用以及A公司的预期发电量损失。在EPC总承包中，虽然发电机组供货方往往不与业主方产生直接合同关系，但仍需要承担风电设备缺陷的赔偿责任。在大唐青岛新能源有限公司与三一重能有限公司建设工程施工合同纠纷案①中，特变电工新疆公司为大唐平度古岘（48MW）风电项目的总承包方，三一重能公司为风力发电机组的供货方，三方共同签署了《大唐平度古岘（48MW）风电项目EPC总承包工程合同》。虽然诉讼中大唐青岛新能源有限公司作为业主方以建设工程施工合同纠纷主张特变电工新疆公司、三一重能公司承担风电机组

① 参见（2019）鲁02民初693号。

设备缺陷导致的发电量损失，但法院经审理认为，三一重能公司作为风力发电机组的供货方，其责任范围为风力发电机组设备及发电机组的运输、质量、质量保证、维修和其他相关责任，应认定承揽合同关系，三一重能公司不仅出卖风力发电机组设备，还需要提供风场建设的设计、主机等设备安装的指导及技术支持等服务，三一重能公司应根据合同约定承担大唐青岛新能源有限公司2017年的发电损失1560.87万元及利息。除此之外，风电机组设备供货方延迟交货的，也会承担发电量损失的赔偿责任。在天顺（珠海）新能源有限公司、叶县将军山新能源有限公司买卖合同纠纷案[①]中，将军山公司与天顺公司签订《叶县将军山风电项目塔筒及塔筒附件采购合同》，但由于天顺公司延迟交货36天，将军山公司要求其承担延迟交货所导致的发电量损失。平顶山市中级人民法院经审理认为，采购案涉设备的目的是用于建设风电项目，取得发电收益，属于合同履行后可以获得的利益，天顺公司认为发电量损失属于合同违约金且不能重复主张的抗辩理由不予以支持。依照上述法律规定，天顺公司迟延履行合同给将军山公司造成发电量损失的，其仍应当承担赔偿责任。

2. 风电机组辅材供应方

在榆林市中级人民法院审理的陕西华电风力发电有限公司靖边分公司与天津天铁轧二制钢有限公司、中国能源建设集团山西电力建设有限公司等产品责任纠纷案[②]中，山西电建公司承担华电靖边分公司靖边王渠则风电场一期（49.5MW）工程C标段（PH风机基础及箱变基础）施工和设备采购，并通过北京博恒公司采购天津轧二公司生产的高强螺杆用于项目风电机组底座工程。但螺杆内部非金属杂质超标导致螺杆断裂，故工程延误517天。最终由天津轧二公司赔偿华电靖边分公司因发生高强度螺栓断裂所造成的窝工损失808,251.00元、增加工程量损失1,349,456.00元、延迟发电损失1,826,189.00元。

---

① 参见（2021）豫04民终2536号。

② 参见（2015）榆中民二初字第00001号。

（三）发电量损失计算及诉辩双方的证明责任

证明责任，也称举证责任、举证证明责任，是指当作为裁判基础的法律要件事实在诉讼中处于真伪不明的状态时，一方当事人因此而承担的诉讼上的不利后果。[①] 如果说合法有效的合同及适格的赔偿主体是风力发电机组质量纠纷索赔的前提，那么索赔方通过一系列证据证明“质量瑕疵”与“赔偿利益”之间的因果关系则是类案处理的关键。

风力发电量损失并非买卖合同造成的直接损失，而是索赔方的预期可得利益，根据《最高人民法院关于当前形势下审理民商事合同纠纷案件若干问题的指导意见》（法发〔2009〕40 号）第 11 条的规定，“人民法院认定可得利益损失时应当合理分配举证责任。违约方一般应当承担非违约方没有采取合理减损措施而导致损失扩大、非违约方因违约而获得利益以及非违约方亦有过失的举证责任；非违约方应当承担其遭受的可得利益损失总额、必要的交易成本的举证责任。对于可以预见的损失，既可以由非违约方举证，也可以由人民法院根据具体情况予以裁量”。根据证据法的一般原则，当事人对自己提出的主张负有举证证明的义务，否则应当承担举证不能的不利后果。因此，受损失一方需要对其风力发电量损失及该损失属于因违约方违约行为而造成的损失进行举证证明，而该损失的数额和计算方式必须在提起诉讼或仲裁时予以明确。从实践来看，受损失一方就发电量损失进行举证，但发电量损失在实践中不存在通行的、普适的计算方法，在合同没有约定或者约定计算标准不清的情况下，受损失一方的举证难度较大。

首先，受损失一方需要举证证明发电量损失系违约方的违约行为导致的，即违约行为对发电量损失具有直接因果关系，需要承担违约责任。风力发电量和发电效率虽然与风电机组设备密切相关，但也受地形、空气密度、风速等多种外在原因的限制，其一大特征便是稳定性不足，发电量会随自然情况变化而产生波动，即使出现发电量较预期减少的情况也不能当然得出是设备故障导致的。故而，证明设备故障与发电量损失之间的直接因果关系是受损失一方的首要证明责任。同样以前述典型案例为例，A 公

---

① 参见张卫平：《民事诉讼法》（第 5 版），法律出版社 2019 年版，第 246 页。

司在诉前，已向B公司发函、公证证明叶片无法运行、由第三方机构出具叶片检测意见及维修报告等；在诉讼中，也通过申请司法鉴定的方式要求查明风电机组无法运行的原因。上述报告的结论性意见均最终指向了B公司提供的风电机组存在重大的质量瑕疵。至此，A公司完成了设备故障与发电量损失之间直接因果关系的证明义务。

其次，电量、电价、损失期限三者是进行发电量损失计算的核心，亦是受损失一方主张损失的主要证据和在诉讼过程中必须向法院及时举证的证据材料。受损失一方提起诉讼或仲裁时，需要对发电量损失的数额、计算方式等予以明确，否则难以向法院、仲裁机构提供确切的争议标的。计算发电量损失金额，离不开对电量、电价、损失期限的认定，这往往也是诉讼中争议的焦点问题。

就电量而言，发电量损失需要通过应然发电量减去实际发电量计算得出；应然发电量可以来自合同、项目立项书、可研报告或技术文件中约定的发电量总额，实际发电量则为电站的实际发电总额，两者之间的差额可以作为主张发电量损失的依据。在实践中，实际发电量通常可以通过电表读数或电量结算得出，数额相对确定。应然发电量的计算方式依赖于双方是否有明确的约定：如双方已经约定明确的计算方式则可直接通过合同、技术文件得出，在诉讼中举证也较便利；但当双方合同没有明确约定计算方法的情况下，应然发电量计算起来较复杂，受损失一方可以通过首年发电量、预计年平均发电量，并结合风电机组合技术文件中的系统效率、组件衰减率等相关约定或标准进行计算；若上述标准或约定均没有，则可以最终选择项目立项书、可研报告中预计的发电量和技术指标计算应然发电量。当然，从诉讼利益最大化的角度出发，受损失一方可以最终选择有利于己方的数额提起诉讼或仲裁。

就电价而言，不同地区、不同项目类型适用电价存在差别，一般而言，受损失一方需要提供电价批复、电网企业结算单、发改部门相关电价文件作为证据材料。在本案中，两级法院最终认定电价的标准即为吉林省发展改革委《关于镇赉风电场一期新建工程预计上网电价的函》规定的："根据现行电价政策，同意该项目暂按0.61元/千瓦时的预计上网电价开展相关工作。”

就损失期限而言，需要根据具体的违约类型进行分析。如是项目承包方或供货方延期交付风电项目、交付风电设备，导致风电项目未能按照预期并网发电，则此时需要根据合同确定的交付日期结合延期交付的日期计算损失期限；如是风电项目或设备已经交付，工程质量、设备组件不达标导致需要计算损失期限则较复杂，受损失一方不仅需要计算风电机组过往已造成的发电量损失，还需要考虑在风电项目运行周期内设备故障情况、机组衰减率等技术指标评估未来可能发生的发电量损失。但未来发电量损失不同于预期可得利益，计算方法均需按照技术理论推理得出，而风电项目实际运行过程中影响机组发电效率，进而导致发电量损失的因素多种多样，故损失数额必然存在误差。但如果在主张项目运行周期的电费损失时，受损失一方也将整个项目运行周期的风险转嫁给承包人或供应商承担，显然该损失不仅不具有预见性也违反了公平原则而不会获得法院的支持。如在本案中，A 公司所主张的发电量损失期间为 2011 年 1 月至 2015 年 9 月，但最终法院认定的期间为发电机组质保期，即自 2011 年 1 月 1 日起至 2013 年 4 月 15 日止，也并非按照整个项目运行期间来计算损失。当然，从司法实践来看，部分涉及风电项目的建设、运营、采购合同会将违约方违约导致的发电量损失进行量化，如发电量损失为 10 万元/日；通常只要受损失一方能够提供初步证据证明单日发电量大于合同约定的发电量损失金额，法院在诉讼中通常就会直接支持合同约定的发电量损失金额。对于受损失一方而言，举证责任大大降低，诉求更容易得到法院的支持。

最后，从承包人、设备供应商的角度来看，可以通过因果关系、是否可预见、运营方存在过错等方面就受损失一方提出发电量损失进行抗辩。如前文所述，导致发电量损失的原因多种多样，如光伏发电中的太阳辐射量、太阳电池组件的倾斜角度、电池组件的效率、温度、电池板灰尘、线路老化、控制器、逆变器效率等，风力发电亦存在如风力强度、风机效率、风力特性等多方面因素，并非所有的损失均可以归因于风力设备组或项目设计、建设。因此，承包人及设备供应方在应诉中可以着重从因果关系角度出发收集证据，主张相关损失与其行为不具有因果关系。除设备因素、不可抗力因素外，还可以从设备安装、储存、运输等角度进行抗辩，主张设备损坏、发电量损失为业主方的不当使用所致。若因果关系已经确定，则需要尽力避免受损失一方无限扩大损失，根据《最高人民法院关于当前形势下审理民商事合同纠纷案件若干问题的指导意见》（法发〔2009〕40 号）的规定，对于不可预见的损失、非违约方不当扩大的损失、非违约方因违约获得利益、非违约方亦有过失所造成的损失以及必要的交易成本费用，均可以主张从损失金额中予以扣除。因此，在损失因果关系已经确定的情况下，承包人、设备供应商可以从上述角度收集证据避免承诺过度的赔偿责任。

（四）公证、司法鉴定、专项审计报告是固定证据、证明损失的有效途径

诉讼的核心是证据，而风力发电量损失双方进行举证的重点是围绕风力发电损失的因果关系、电量、电价、损失期间及计算方式。因此，发电量损失的最终落脚点还是在完成了因果关系的认定后，通过一系列的参数计算发电量的损失。从司法实践来看，除非双方在合同中明确约定了计算方式，能够通过该计算方式计算出发电量损失，否则在绝大多数情况下，还需要通过司法鉴定的方式明确发电量损失。

首先，受损失一方可以通过第三方机构或司法鉴定机构证明承包人或风电设备供应商与风电损失之间存在因果关系。如前文所述，风电项目设计、建设、采购及运营各个环节均可能产生发电量损失，受损失一方需要主张发电量损失就需要证明发电量损失或延迟发电应当归责于风电项目的某个环节，进行因果关系的判定需要借助鉴定的技术手段。在本案中，A 公司便是通过对叶片进行检测并作出分析报告得出叶片断裂是叶片设计、制作过程中的质量问题造成的，进而导致了风力发电机组无法正常使用，形成了发电量损失。

其次，受损失一方可以通过公证、专项审计或司法鉴定的方式固定损失金额，确定诉讼请求。公证，是指公证机关依据自然人、法人或者其他组织的申请，依照公证法律、法规规定的法定程序对民事法律行为、具有法律意义的事实和文书的真实性、合法性予以证明的活动和过程。根据

《公证法》第36条之规定，经公证的民事法律行为、有法律意义的事实和文书，应当作为认定事实的根据，但有相反证据足以推翻该项公证的除外。在本案中，A公司曾三次聘请公证机构，申请对镇赉风场风机叶片折断状态及风场、监控室现状等进行现场公证，该公证书记载部分风机处于停机状态，叶片存在折断、弯曲、裂开，监控信号存在断开、故障等状态。因此，A公司在正式提起诉讼前已经通过公证的手段固定了叶片在2013年4月18日、10月29日及2014年7月23日的状态，该公证书最终在证明B公司提供的风电设备在质保期内出现质量问题的过程中发挥了重要的作用。专项审计是审计人员对被审单位特定事项进行的审核、稽查。从举证的角度出发，专项审计报告的结果可以作为受损失一方证明支出的证据之一。在本案中，专项审计报告对计算A公司为风电机组设备维修所花费的费用起到了证明作用，B公司虽不予认可但未提供任何反驳对方主张的证据。最终判决中，法院采信了报告中的计算数据及方法，确定损失金额为30,890,833.00元。

值得提出的是，鉴定是解决风电机组设备与发电量损失之间的因果关系以及发电量损失的关键。如前文所述，发电量损失鉴定在双方并没有明确约定计算方式、计算期间的情况下，不同鉴定机构在计算过程中往往会存在一定的差异。从实践来看，双方当事人通过诉讼解决争议通常会在两个时间点进行相关鉴定，即诉前为确定因果关系及损失金额进行鉴定以便合理设置诉讼请求，或在诉中由人民法院指定第三方机构进行鉴定。从本案的审理过程亦可以发现，A公司根据诉讼过程中的鉴定结论不断变化自身诉求。当事人诉前自行委托鉴定机构是否能够作为诉讼证据？2001年《最高人民法院关于民事诉讼证据的若干规定》第28条规定："一方当事人自行委托有关部门作出的鉴定结论，另一方当事人有证据足以反驳并申请重新鉴定的，人民法院应予准许。"由于鉴材未经过质证、证据真实性无法保证或委托鉴定具有单方性，无法确保鉴定机构的中立性、鉴定结果的客观性等，在另一方当事人足以证明鉴定违反法定程序或提出相反证据时，人民法院可以根据双方请求在诉讼中重新鉴定，这种证据裁判思路仍然适用于具有专业性质的报告。在本案中，虽然发电量损失数量及金额经过两次鉴定，但A公司的专项审计报告所确认的设备维修、损失金额，在B公司虽提出怀疑但无证据的情况下，法院最终采信了该份报告。因此，从避免诉讼拖延的角度出发，合同订立双方可以在合同中明确约定具有相关资质、能够鉴定发电量损失的鉴定机构，根据人民法院对专业机构专业类别的分类，通常需要具有发电机及发电机组、电动机相关资质的机构进行鉴定。从避免发电量损失难以计算的角度出发，双方当事人也可将单日发电量金额固定于合同之中，防止在诉讼中举证不能。

（五）商事合同争议中的仲裁与诉讼

根据《民法典》第470条的规定，[①] 争议解决的方法，是双方当事人订立合同的必备条款之一。通常来讲，双方当事人可以选择的纠纷解决机制无过于两种：协商与裁决。如选择裁决，无论是采取仲裁还是诉讼，均无法绕开一个关键问题：如何约定管辖。

在本案的审理中，A公司与B公司先就案涉《采购合同》的管辖问题在多家法院进行了长达3年的诉讼。B公司认为，《采购合同》约定仲裁作为争议解决方式，"仲裁应由北京市仲裁委员会按其仲裁规则和程序进行仲裁"。因此，A公司不应向吉林省白城市中级人民法院提起诉讼，应将本案交由"北京市仲裁委员会"按其仲裁规则和程序进行仲裁，并因此先后向白城市中级人民法院、吉林省高级人民法院提出管辖权异议，亦就该案管辖问题向北京市第三中级人民法院、江苏省常州市中级人民法院申请确认仲裁协议效力，但均未获支持。在本案的审理过程中，双方就案涉《采购合同》应当由诉讼还是仲裁受理、人民法院地域管辖及人民法院受理民事一审案件级别管辖展开了激烈的交锋。

1. 商事争议解决中的仲裁途径

诉讼与仲裁均是合同争议解决的方式之一，合同订立双方的当事人可以依照自身情况在订立合同时约定通过人民法院诉讼方式或仲裁委员会仲

---

① 《民法典》第470条规定："合同的内容由当事人约定，一般包括下列条款：（一）当事人的姓名或者名称和住所；（二）标的；（三）数量；（四）质量；（五）价款或者报酬；（六）履行期限、地点和方式；（七）违约责任；（八）解决争议的方法。当事人可以参照各类合同的示范文本订立合同。"

裁方式解决本合同争议。人民法院和仲裁委员会的组织形式、运行机制、组织规则存在显著区别，这决定了两者的裁判规则亦存在较大不同。

人民法院的产生及组织原则源自《宪法》《人民法院组织法》的相关规定：人民法院是国家的审判机关，各级人民法院对本级人民代表大会及其常务委员会负责并报告工作并接受监督，同时上级人民法院监督下级人民法院的工作。仲裁委员会的产生并非来自国家公权，《仲裁法》第 10 条规定："仲裁委员会可以在直辖市和省、自治区人民政府所在地的市设立，也可以根据需要在其他设区的市设立，不按行政区划层层设立。仲裁委员会由前款规定的市的人民政府组织有关部门和商会统一组建。设立仲裁委员会，应当经省、自治区、直辖市的司法行政部门登记。"正是基于此，诉讼和仲裁也属于两种截然不同的争议解决方式。

（1）取得管辖权不同。诉讼的管辖权是人民法院基于法律、司法解释中关于级别关系、地域管辖的规定当然取得的，具有法定性，非经法定事由或上级人民法院指定，一方当事人在具有管辖权的法院起诉，法院受理后，另一方当事人必须应诉，否则自行承担不利后果。仲裁的管辖权基于双方当事人之间的约定，《仲裁法》第 4 条规定："当事人采用仲裁方式解决纠纷，应当双方自愿，达成仲裁协议。没有仲裁协议，一方申请仲裁的，仲裁委员会不予受理。"第 6 条第 1 款规定："仲裁委员会应当由当事人协议选定。"因此，在双方没有仲裁协议的情况下，并不能采取仲裁的方式解决争议。

（2）审理组织产生规则不同。人民法院在审理案件中，基于法官法定原则组成合议庭或独任庭对案件进行审理，审判员、陪审员均通过法院内部的案件分配规则产生，审判员、陪审员的产生按照《法官法》《人民陪审员法》相应的遴选程序后由同级人民代表大会常务委员会任命，当事人对此无任何决定权。在仲裁中，当事人除有权约定仲裁委员会、仲裁庭组成人数外，也有权选定仲裁员[①]。

---

① 《仲裁法》第 31 条规定："当事人约定由三名仲裁员组成仲裁庭的，应当各自选定或者各自委托仲裁委员会主任指定一名仲裁员，第三名仲裁员由当事人共同选定或者共同委托仲裁委员会主任指定。第三名仲裁员是首席仲裁员。当事人约定由一名仲裁员成立仲裁庭的，应当由当事人共同选定或者共同委托仲裁委员会主任指定仲裁员。"

（3）开庭审理原则及保密程度不同。根据《民事诉讼法》第10条的规定[①]，人民法院审理的案件除涉及国家秘密、个人隐私或者法律另有规定的以外，都应当公开进行；对于离婚案件、涉及商业秘密的案件，当事人申请不公开审理的，可以不公开审理。同时，公开审理不只包括审理过程公开，审理结果也会通过裁判文书网向社会公开。根据《仲裁法》第40条的规定，“仲裁不公开进行。当事人协议公开的，可以公开进行，但涉及国家秘密的除外”。因此，相较于诉讼，仲裁的保密性更好，更有利于保守当事人之间的商业秘密和维护其商业信誉。

（4）审级及监督程序不同。根据《民事诉讼法》的规定，人民法院审理民事案件实行两审终审制度，除非存在法定再审事由，否则任何一个民事案件最多经过两级人民法院的审理即宣告终结。仲裁实行一裁终局制，裁决书自作出之日起发生法律效力，同时如有《仲裁法》第58条规定的情形，当事人可以向仲裁委员会所在地的中级人民法院申请撤销裁决。

《仲裁法》第16条第2款规定：“仲裁协议应当具有下列内容：（一）请求仲裁的意思表示；（二）仲裁事项；（三）选定的仲裁委员会。”在本案中，B公司多次根据《采购合同》的争议解决条款，提出管辖权异议：“双方明确约定：仲裁应由北京市仲裁委员会按其仲裁规则和程序进行仲裁……涉案合同关于仲裁管辖的约定明确、具体。《采购合同》第十四条标题即为‘仲裁’，显然双方合意是通过仲裁而非诉讼方式解决涉案争议。双方第14.2条约定的仲裁机构为‘北京市仲裁委员会’，虽然比北京仲裁委员会多了‘市’字，但该情形应属当事人对仲裁机构名称表述不规范，不影响双方将争议提请北京仲裁委员会仲裁的意思表示。”B公司以此向吉林省白城市中级人民法院、吉林省高级人民法院、江苏省常州市中级人民法院提出管辖权异议，也向北京市第三中级人民法院申请确认仲裁协议效力，但均遭到驳回。事实上，虽然双方约定由“北京市仲裁委员会”对案件进行仲裁，但根据最高人民法院（2005）民四他字第52号载

① 《民事诉讼法》第10条规定：“人民法院审理民事案件，依照法律规定实行合议、回避、公开审判和两审终审制度。”

明的内容，北京市有北京仲裁委员会、中国国际经济贸易仲裁委员会以及中国海事仲裁委员会，而不存在双方当事人在仲裁条款中选择的名称为“北京市仲裁委员会”这一仲裁机构。因此，白城市中级人民法院、吉林省高级人民法院、北京市第三中级人民法院均认为，在北京市有三家仲裁委员会且并无双方约定的“北京市仲裁委员会”的情况下，双方当事人约定的仲裁机构不明确，在A公司已经向白城市中级人民法院提请诉讼的情况下，可以推定双方当事人无法就仲裁协议约定事项达成一致，也不符合《最高人民法院关于适用〈中华人民共和国仲裁法〉若干问题的解释》第3条“仲裁协议约定的仲裁机构名称不准确，但能够确定具体的仲裁机构的，应当认定选定了仲裁机构”的规定。由此可见，商事合同中并非只要约定了“仲裁”就一定具有效力，实践中，不少当事人约定不明最终导致约定仲裁无效，主要有以下几种情况：

第一，当事人之间无书面的仲裁协议。

《仲裁法》第16条第1款规定：“仲裁协议包括合同中订立的仲裁条款和以其他书面方式在纠纷发生前或者纠纷发生后达成的请求仲裁的协议。”无论是在争议发生前还是争议发生后，双方当事人如需将争议提交仲裁，则需要达成书面的仲裁协议，口头约定仲裁不能视为有效。例如，中信银行股份有限公司福州分行与福建鑫海冶金有限公司、福建晨信贸易有限公司等金融借款合同纠纷案①中提出，“上诉人主张其与被上诉人通过口头、传真等方式达成了将争议提交福州仲裁委员会仲裁的合意，但未提交证据予以证明，且其主张的口头仲裁协议形式与《中华人民共和国仲裁法》第十六条关于仲裁协议须以书面形式方为有效的规定不符，本院不予采纳”。关于其他书面方式的定义，《最高人民法院关于适用〈中华人民共和国仲裁法〉若干问题的解释》第1条明确规定：“仲裁法第十六条规定的‘其他书面形式’的仲裁协议，包括以合同书、信件和数据电文（包括电报、电传、传真、电子数据交换和电子邮件）等形式达成的请求仲裁的协议。”

① 参见（2016）闽民辖终149号。

第二，当事人约定仲裁事项无效或请求仲裁的争议不明确。

通过仲裁方式解决争议，仅限于特定范围，超出仲裁范围的仲裁协议会被认定为无效。我国《仲裁法》从正向许可仲裁的事项和反向禁止仲裁的事项两个角度对可以由仲裁委员会进行仲裁的事项作出了明确规定：第2条规定："平等主体的公民、法人和其他组织之间发生的合同纠纷和其他财产权益纠纷，可以仲裁。"第3条规定："下列纠纷不能仲裁：（一）婚姻、收养、监护、扶养、继承纠纷；（二）依法应当由行政机关处理的行政争议。"

同时，如双方当事人在仲裁协议中未明确拟提交仲裁解决的争议，则仲裁协议亦有可能被人民法院认为仲裁协议不明确而导致无效。例如，在陕西鑫磊商品混凝土有限公司与西部花旗建设（集团）股份有限公司确认仲裁协议效力纠纷案①中，法院认为，双方的意思表示仅为向"仲裁机构需求帮助解决"，没有明确就其纠纷交由仲裁机构仲裁的意思表示。《仲裁法》第16条规定，仲裁协议应当具有请求仲裁的意思表示。因此，在双方的仲裁协议没有明确请求仲裁内容的情形下，该约定应属无效。

第三，当事人之间未选定仲裁机构。

从扩大解释的角度来讲，当事人之间未选定仲裁机构也是仲裁机构不明确的一种。《仲裁法》第18条规定："仲裁协议对仲裁事项或者仲裁委员会没有约定或者约定不明确的，当事人可以补充协议；达不成补充协议的，仲裁协议无效。"如果当事人在仲裁协议中只约定了通过"仲裁"的方式解决争议，并未选定仲裁机构，那么仲裁协议是否有效呢？对此，如果双方当事人能通过协议方式确定仲裁机构，那么按照《仲裁法》第18条的规定，也可以认为双方通过补充协议达成一致。

第四，当事人之间同时约定数个仲裁机构，且不能达成一致的。

该种情形与前述A公司与B公司管辖权争议相似，双方虽然约定了由"北京市仲裁委员会"管辖，但是北京市有北京仲裁委员会、中国国际经济贸易仲裁委员会以及中国海事仲裁委员会，属于同时约定了数个仲裁机

① 参见（2014）宝中民二初字第00128号。

构的情形。根据《最高人民法院关于适用〈中华人民共和国仲裁法〉若干问题的解释》第5条的规定，“仲裁协议约定两个以上仲裁机构的，当事人可以协议选择其中的一个仲裁机构申请仲裁；当事人不能就仲裁机构选择达成一致的，仲裁协议无效”。因此，在此种情形下，法院仍然会审查双方当事人能否就仲裁机构约定一致，在本案中，由于A公司已经起诉，可以推定双方不能就选择仲裁机构达成一致。

第五，双方当事人约定“或裁或审”亦有可能导致仲裁协议无效。

“或裁或审”，是指双方当事人在合同或仲裁协议中同时约定了发生争议既可以向人民法院提起诉讼也可以向仲裁机构申请仲裁。“或裁或审”本质上还是争议解决方式不明的表现，也间接说明了双方当事人未就争议解决方式达成一致，因此，“或裁或审”的约定仍然会导致仲裁协议无效。《最高人民法院关于适用〈中华人民共和国仲裁法〉若干问题的解释》第7条规定：“当事人约定争议可以向仲裁机构申请仲裁也可以向人民法院起诉的，仲裁协议无效。但一方向仲裁机构申请仲裁，另一方未在仲裁法第二十条第二款规定期间内提出异议的除外。”

第六，双方当事人约定了仲裁规则，但未约定仲裁机构。

在实践中，由于商事合同条款设计的不周延，有时争议解决条款中会出现仅约定仲裁规则的情形，如“仲裁程序一旦开始，将会遵循现行中国海事机构仲裁条款”，单从该条款并不能当然推断出“中国海事仲裁委员会”为争议的仲裁机构。《最高人民法院关于适用〈中华人民共和国仲裁法〉若干问题的解释》第4条规定：“仲裁协议仅约定纠纷适用的仲裁规则的，视为未约定仲裁机构，但当事人达成补充协议或者按照约定的仲裁规则能够确定仲裁机构的除外。”在此情形下，只要一方当事人拒绝达成协议并向人民法院按照《民事诉讼法》的管辖原则提起诉讼，受理法院则获得该案的管辖权。

除此之外，根据《仲裁法》第16条第2款的规定，“仲裁协议应当具有下列内容：（一）请求仲裁的意思表示；（二）仲裁事项；（三）选定的仲裁委员会”，因此，虽然选择仲裁方式解决争议问题能够将负面影响降到最低，但是商事活动主体仍需要注意所签署仲裁协议的效力问题，必须满足《仲裁法》规定的仲裁协议应有的格式和内容。

2. 商事争议解决中的诉讼途径

民事诉讼中的管辖，是指各级人民法院之间以及同级人民法院之间受理第一审民事案件的分工和权限，我国《民事诉讼法》确定的管辖制度包括级别管辖、地域管辖、专属管辖、协议管辖等。通常来说，级别管辖和地域管辖是我国管辖制度中最核心的部分：当一个民事诉讼争议进入法院管辖前，要根据管辖原则进行两次分配。首先，我国法院从最高人民法院至基层人民法院共分为四级，一个诉讼案件由哪一级人民法院管辖，这需要根据不同级别的人民法院在受理第一审民事案件时的职权和分工来进行确定，即级别管辖。其次，在确定了哪一级人民法院管辖后，要根据案件当事人情况及诉讼争议标的，确定由同级别的哪一个法院来进行管辖，即地域管辖。当完成了级别管辖和地域管辖的划分后，每一个诉讼案件就好比被确定了横纵坐标，能够找到其所对应的、具有法定管辖权的人民法院。

（1）争议解决中的地域管辖。

地域管辖又称区域管辖或者土地管辖，是指同级人民法院之间受理第一审民事案件的分工和权限，它是按照法院辖区和民事案件的隶属关系来划分的管辖。地域管辖在内容上包括一般地域管辖、特殊地域管辖、协议管辖、专属管辖、合并管辖和选择管辖。① 通常来说，确定地域管辖的主要标准有两个：一是以当事人所在地与法院辖区之间的联系作为标准；二是综合地以当事人所在地、案件诉讼标的、法律事实与法院辖区之间的联系作为标准。

《民事诉讼法》② 及相关司法解释对合同纠纷的管辖作出了明确规定，在 A 公司与 B 公司一案中，当《采购合同》中约定的仲裁条款被人民法

① 参见张卫平：《民事诉讼法》（第 5 版），法律出版社 2019 年版，第 109 页。

② 《民事诉讼法》第 24 条规定："因合同纠纷提起的诉讼，由被告住所地或者合同履行地人民法院管辖。"第 35 条规定："合同或者其他财产权益纠纷的当事人可以书面协议选择被告住所地、合同履行地、合同签订地、原告住所地、标的物所在地等与争议有实际联系的地点的人民法院管辖，但不得违反本法对级别管辖和专属管辖的规定。"

院裁定无效后，双方就本案的地域管辖展开了新的争论。

A公司以风电项目所在地作为合同的履行地向白城市中级人民法院起诉，B公司在确认仲裁条款效力未果后再次向白城市中级人民法院提出管辖权异议，认为本案是合同质量争议，A公司诉请要求B公司承担维修更换费用，其性质不是合同义务而是违反合同义务之后的违约责任，应当适用原告就被告的诉讼原则，但吉林省高级人民法院认为维修费用，即争议标的本质上仍是货币，应认为接收货币一方A公司所在地为合同履行地。

（2）合同争议解决中的级别管辖。

人民法院受理一审民事案件的管辖标准根据经济发展水平以及法院一审案件压力经历多次的变更，其中比较具有代表性的文件包括：《最高人民法院关于调整地方各级人民法院管辖第一审知识产权民事案件标准的通知》（法发〔2010〕5号）、《最高人民法院关于调整高级人民法院和中级人民法院管辖第一审民商事案件标准的通知》（法发〔2015〕7号）、《最高人民法院关于明确第一审涉外民商事案件级别管辖标准以及归口办理有关问题的通知》（法〔2017〕359号）、《最高人民法院关于调整部分高级人民法院和中级人民法院管辖第一审民商事案件标准的通知》（法发〔2018〕13号）、《最高人民法院关于调整高级人民法院和中级人民法院管辖第一审民事案件标准的通知》（法发〔2019〕14号）、《最高人民法院关于调整河北省、河南省、湖南省高级人民法院所辖中级人民法院管辖第一审民商事案件标准的通知》（法发〔2020〕36号）等。

2021年9月17日，最高人民法院发布了《关于调整中级人民法院管辖第一审民事案件标准的通知》（法发〔2021〕27号），各地中级人民法院普通第一审案件的管辖标准不再有区分，同时基层人民法院管辖范围大幅提高，基层最高可受理诉讼标的额5亿元以下（不含5亿元）的民事案件（见表8-1）。

表 8－1　普通一审民商事案件的级别管辖标准

<table>
<tr><th rowspan="2">行政区域</th><th rowspan="2">法院级别</th><th colspan="2">当事人住所地情况</th></tr>
<tr><th>均在或均不在受理法院所处省级行政辖区</th><th>一方住所地不在受理法院所处省级行政辖区</th></tr>
<tr><td rowspan="3">不限</td><td>高级人民法院</td><td colspan="2">≥50 亿元</td></tr>
<tr><td>中级人民法院</td><td>≥5 亿元</td><td>≥1 亿元</td></tr>
<tr><td>基层人民法院</td><td><5 亿元</td><td><1 亿元</td></tr>
</table>

（3）合同争议中的管辖权异议。

在本案的审理过程中，B 公司多次提出管辖权异议。管辖权异议，是指当事人认为受诉法院受理了其无管辖权的案件，向该法院提出异议，请求将案件移送有管辖权法院审理的诉讼行为，其最终指向的问题是受诉法院是否有权审理案涉争议。从实践来看，当事人提出管辖权异议后，人民法院对管辖权异议审查遵循管辖权异议条件的审查、管辖权异议内容的审查的步骤进行处理。

提出管辖权异议是当事人法定的诉讼权利，而人民法院在收到当事人管辖权异议的申请后，会根据《民事诉讼法》第 130 条[①]的规定对异议进行审查。一般来看，人民法院审查管辖权异议主要通过以下三个维度进行。

①提出管辖权异议的主体。提出管辖权异议的主体应当是案件的当事人，且一般仅限于被告不包括原告。这是由于根据诉讼原理，原告是向其认为有管辖权的法院提出诉讼，自然意味着原告认可受诉法院的管辖权；但在必要共同诉讼中被追加的原告，也可成为提出管辖权异议的主体。对于第三人，根据《最高人民法院关于适用〈中华人民共和国民事诉讼法〉

---

① 《民事诉讼法》第 130 条规定："人民法院受理案件后，当事人对管辖权有异议的，应当在提交答辩状期间提出。人民法院对当事人提出的异议，应当审查。异议成立的，裁定将案件移送有管辖权的人民法院；异议不成立的，裁定驳回。当事人未提出管辖异议，并应诉答辩或者提出反诉的，视为受诉人民法院有管辖权，但违反级别管辖和专属管辖规定的除外。"

的解释》（2022年修正）第82条[①]、《最高人民法院关于第三人能否对管辖权提出异议问题的批复》（法［经］复〔1990〕9号）[②]的意见，无论是有独立请求权的第三人还是无独立请求权的第三人，均无权提出管辖权异议。

②管辖权异议审查的客体。管辖权异议的客体是指当事人可以就哪些程序提出管辖权异议，在民事法律体系下，管辖权异议的客体为第一审案件管辖权。当事人无权对特别程序案件、二审案件、再审案件管辖提出异议。根据《最高人民法院关于审理民事级别管辖异议案件若干问题的规定》（2020年修正），当事人可以就级别管辖、地域管辖向人民法院提出异议。但对于发回重审案件、按第一审程序再审的案件或者人民法院依职权移送管辖的案件，当事人无权提出管辖权异议。[③]最高人民法院第56号指导案例亦对此予以明确："当事人在一审提交答辩状期间未提出管辖异议，在二审或者再审发回重审时提出管辖异议的，人民法院不予审查。"

③提出管辖权异议的期间。根据《民事诉讼法》第130条的规定，当事人提出管辖权异议，是人民法院已经受理的案件，但尚未进入实体审理阶段；当事人未提出异议，从而使案件已进入实体审理的，则视受诉法院为有管辖权的法院。也就是说，当事人对管辖权有异议的，应当在提交答辩状期间提出。另外，根据《最高人民法院关于审理民事级别管辖异议案

① 《最高人民法院关于适用〈中华人民共和国民事诉讼法〉的解释》（2022年修正）第82条规定："在一审诉讼中，无独立请求权的第三人无权提出管辖异议，无权放弃、变更诉讼请求或者申请撤诉，被判决承担民事责任的，有权提起上诉。"

② 《最高人民法院关于第三人能否对管辖权提出异议问题的批复》（法［经］复〔1990〕9号）规定："一、有独立请求权的第三人主动参加他人已开始的诉讼，应视为承认和接受了受诉法院的管辖，因而不发生对管辖权提出异议的问题；如果是受诉法院依职权通知他参加诉讼，则他有权选择是以有独立请求权的第三人的身份参加诉讼，还是以原告身份向其他有管辖权的法院另行起诉。二、无独立请求权的第三人参加他人已开始的诉讼，是通过支持一方当事人的主张，维护自己的利益。由于他在诉讼中始终辅助一方当事人，并以一方当事人的主张为转移。所以，他无权对受诉法院的管辖权提出异议。"

③ 《最高人民法院关于适用〈中华人民共和国民事诉讼法〉的解释》（2022年修正）第39条第2款规定："人民法院发回重审或者按第一审程序再审的案件，当事人提出管辖异议的，人民法院不予审查。"

件若干问题的规定》（2020 年修正）第 3 条规定①，答辩期间届满后，原告增加诉讼请求金额致使案件标的额超过受诉人民法院级别管辖标准，被告有权提出请求由上级人民法院管辖的管辖权异议。

（六）风电设备采购合同中的产品验收与质量异议

风电、光伏项目的供货商依据合同约定提供相应的设备，质量不符合约定的，应当承担违约责任。同时，买受人有权根据《民法典》的规定以产品存在质量问题导致付款条件不成就，拒绝付款。但买受人在收到设备后应在约定的检验期间检验，没有约定检验的期间的，应当及时检验，并将检验结果告知出卖人，买受人未及时进行检验或检验后未及时提出异议的，视为标的物的数量或质量符合约定。

在本案中，除了发电量损失的因果关系及发电量损失是争议焦点外，还有一个关键的问题：案涉风电机组质保期如何计算？A 公司在 2007 年 10 月 19 日、2008 年 6 月 2 日与 B 公司先后签订《28.5MW 发电机组采购合同》（19 台风力发电机组、合同质保期为 30 个月）、《21MW 发电机组采购合同》（14 台风力发电机组、合同质保期为 24 个月）。由于 B 公司并非按照合同顺序发货，无法准确认定各编号发电机组，法院从诉讼便利的角度对各发电机组均以 27.5 个月为质保期进行认定［（19 台×30 个月 + 14 台×24 个月）/33 台］，从而确定了案涉 33 台发电机组质保期起止时间应为从 2011 年 1 月 1 日起至 2013 年 4 月 15 日止。从规避风险的角度出发，买受人和出卖人在风电、光伏设备正式投用前必须经过设备质量验收程序，而关于风力发电机组的设备验收已有国家标准予以执行，对风电机组的验收流程、验收内容、验收资料、验收合格条件、验收文件要件均有明确的规定。② 在本案中，A 公司与 B 公司的设备采购合同中，对风电机组的验收和质保作出约定，如预验收、最终验收、质量保证期等术语亦源

① 《最高人民法院关于审理民事级别管辖异议案件若干问题的规定》（2020 年修正，法释〔2020〕20 号）第 3 条规定："提交答辩状期间届满后，原告增加诉讼请求金额致使案件标的额超过受诉人民法院级别管辖标准，被告提出管辖权异议，请求由上级人民法院管辖的，人民法院应当按照本规定第一条审查并作出裁定。"

② 参见《风力发电机组　验收规范》（GB/T 20319—2017）。

自该份国标规定。但最终双方在诉讼中无法就质保期起止时间达成一致，也无法提供完备的验收文件，除合同约定不清外，更重要的是忽视了完备的验收、质保期认定在设备买卖合同中的重要性。

1. 设备发生质量问题，买受人的救济途径

设备发生质量问题，根据不同期间、不同法律关系，买受人可以通过不同的途径主张自身权利。

（1）质保期内发生质量问题，基于买卖合同关系或侵权法律关系主张权利。

根据《民法典》第582条①的规定，买受人有权要求出卖人依据合同约定承担违约责任，即可根据标的物的性质，合理选择要求对方承担修理、重作、更换、退货、减少价款或者报酬等违约责任。在风电设备交货后，买受人与出卖人通常会根据国家标准的要求完成设备交接、预验收、最终验收等程序，在诉讼中会以风电企业出具了验收合格的书面文件作为证明验收的凭证。此时，风电设备仍处于质保期内，出卖人虽然完成了交货义务，但买卖合同的保证义务尚没有完全履行完毕，风电企业应积极地对设备进行检验，如在质保期内发现质量问题，应通过约定的方式及时通知出卖人，完成《民法典》要求的通知义务，② 督促出卖人履行合同义务。对于自行维修的，应当保存相应的凭证，作为向出卖人主张赔偿的依据。

根据《民法典》的规定，买受人除按照买卖合同关系要求出卖人履行合同义务外，在质保期内，也可以产品质量缺陷要求出卖人承担侵权责

---

① 《民法典》第582条规定："履行不符合约定的，应当按照当事人的约定承担违约责任。对违约责任没有约定或者约定不明确，依据本法第五百一十条的规定仍不能确定的，受损害方根据标的的性质以及损失的大小，可以合理选择请求对方承担修理、重作、更换、退货、减少价款或者报酬等违约责任。"

② 《民法典》第621条规定："当事人约定检验期限的，买受人应当在检验期限内将标的物的数量或者质量不符合约定的情形通知出卖人。买受人怠于通知的，视为标的物的数量或者质量符合约定。当事人没有约定检验期限的，买受人应当在发现或者应当发现标的物的数量或者质量不符合约定的合理期限内通知出卖人。买受人在合理期限内未通知或者自收到标的物之日起二年内未通知出卖人的，视为标的物的数量或者质量符合约定；但是，对标的物有质量保证期的，适用质量保证期，不适用该二年的规定。出卖人知道或者应当知道提供的标的物不符合约定的，买受人不受前两款规定的通知时间的限制。"

任。[①] 但值得一提的是，《产品质量法》并未将缺陷产品自身的损失纳入产品责任的损害赔偿范围内。[②] 因此，在质保期内的质量纠纷，依照买卖合同关系主张出卖人违反合同约定的质量条款是处理类似设备质量纠纷的最优解。

（2）质保期外发生质量问题，基于侵权法律关系主张权利。

对于产品质量而言，虽然双方可以约定检验期限及质保期，但《产品质量法》（2018 年修正）同时规定了产品质量不符合国家标准、行业标准，自身缺陷的赔偿责任，买受人既可以向生产者，也可以向销售者主张侵权赔偿。[③] 根据司法实践，已经过质保期不是产品缺陷的免责事由，产品销售者、生产者不能以产品已过质保期为由进行抗辩。例如，刘贵雄、深圳市大疆创新科技有限公司产品责任纠纷案[④]认为："本案中，上诉人刘贵雄自 2019 年 3 月 9 日，购买涉案无人机，截至涉案无人机坠毁已有一年之久，已过保修期，但确属在合理的使用期限内，故一审法院酌情认定上诉人大疆公司应承担涉案无人机实际价值 50% 的责任向上诉人刘贵雄进行折价赔偿并无不当。"故已过质保期但尚处在合理的使用期内的产品出现质量问题并因此造成损失的，在消费者合理使用的情况下，产品生产者、销售者应承担《产品质量法》规定的因产品存在缺陷造成受害人财产损失的损害赔偿责任。赔偿范围以产品缺陷所造成的实际损失为限。湖北佳士德塑料科技有限公司、江西省鸿惠化工有限公司产品责任纠纷案[⑤]认为："经湖北佳士德公司申请，上海新蓦尔检测技术有限公司接受一审法院委托，于 2021 年 8 月 18 日作出质量鉴定报告，认定涉案产品的厚度不符合合同约定的技术要求，以及涉案产品存在设计制造瑕疵及安装缺陷，是导致产品在使用中发生开裂破损的原因。该质量鉴定报告鉴定程序合法，应

---

① 《民法典》第 1202 条规定："因产品存在缺陷造成他人损害的，生产者应当承担侵权责任。"

② 《产品质量法》（2018 年修正）第 44 条第 2 款规定："因产品存在缺陷造成受害人财产损失的，侵害人应当恢复原状或者折价赔偿。受害人因此遭受其他重大损失的，侵害人应当赔偿损失。"

③ 《产品质量法》（2018 年修正）第 43 条规定："因产品存在缺陷造成人身、他人财产损害的，受害人可以向产品的生产者要求赔偿，也可以向产品的销售者要求赔偿。属于产品的生产者的责任，产品的销售者赔偿的，产品的销售者有权向产品的生产者追偿。属于产品的销售者的责任，产品的生产者赔偿的，产品的生产者有权向产品的销售者追偿。"

④ 参见（2021）湘 11 民终 2062 号。

⑤ 参见（2022）鄂 11 民终 740 号。

予采信。故涉案的储罐应当认定为不合格产品。”故，合同约定的质保期不是生产者据以免除产品责任的理由。如果经专业机构鉴定得出，产品存在不符合合同约定的技术要求等瑕疵，即使在产品质保期经过后才出现产品质量问题，生产者也应对产品质量问题造成的损失承担损害赔偿责任。因此，质保期过后买受人有权要求出卖方承担产品缺陷的侵权损害赔偿责任，其与合同约定的质保期不同，不受质保期的约束，但买受人仍应积极行使权利，避免超过法律规定的诉讼时效。

2. 买受人提出数量或质量异议的期间

《民法典》第620条[①]、第621条规定了买受人对产品检验的时间及对数量或质量不符合约定的异议通知义务，同时规定了买受人在2年内未通知出卖人的，视为标的数量或质量符合约定的法律后果，且2年期限属于除斥期间，不适用中止、中断或者延长的规定。从法律及司法实践来看，尽管《民法典》规定了买受人进行产品检验的义务，但并不排斥双方当事人约定产品检验期限。[②] 因此，对于产品检验期限而言，首先，以双方约定期限为准，如果双方有约定，则可以突破2年的时间限制。其次，如双方约定检验期限过短或与法律法规要求不符，那么人民法院可以根据交易性质、标的物、交易习惯及双方自身技能条件等结合诚实信用原则进行综合判断，确定买受人检验的合理期限。[③]

---

① 《民法典》第620条规定：“买受人收到标的物时应当在约定的检验期限内检验。没有约定检验期限的，应当及时检验。”

② 《最高人民法院关于审理买卖合同纠纷案件适用法律问题的解释》（2020年修正）（法释〔2020〕17号）第12条第2款规定：“民法典第六百二十一条第二款规定的‘二年’是最长的合理期限。该期限为不变期间，不适用诉讼时效中止、中断或者延长的规定。”

③ 《最高人民法院关于审理买卖合同纠纷案件适用法律问题的解释》（2020年修正）（法释〔2020〕17号）第12条第1款规定：“人民法院具体认定民法典第六百二十一条第二款规定的‘合理期限’时，应当综合当事人之间的交易性质、交易目的、交易方式、交易习惯、标的物的种类、数量、性质、安装和使用情况、瑕疵的性质、买受人应尽的合理注意义务、检验方法和难易程度、买受人或者检验人所处的具体环境、自身技能以及其他合理因素，依据诚实信用原则进行判断。”《民法典》第622条规定：“当事人约定的检验期限过短，根据标的物的性质和交易习惯，买受人在检验期限内难以完成全面检验的，该期限仅视为买受人对标的物的外观瑕疵提出异议的期限。约定的检验期限或者质量保证期短于法律、行政法规规定期限的，应当以法律、行政法规规定的期限为准。”

3. 买受人未及时提出数量或质量异议的法律后果

对于未及时提出异议的法律后果，根据《最高人民法院关于审理买卖合同纠纷案件适用法律问题的解释》（2020 年修正）（法释〔2020〕17 号）第 14 条第 1 款的规定，“民法典第六百二十一条规定的检验期限、合理期限、二年期限经过后，买受人主张标的物的数量或者质量不符合约定的，人民法院不予支持”。同时，在大庆高新技术产业开发区大丰建筑安装有限公司、东方电气集团东方汽轮机有限公司买卖合同纠纷案①中，法院认为：“自 2011 年《买卖合同》签订后东方汽轮机公司开始供货至 2018 年，大丰建安公司从未正式提出质量异议。在 2017 年 10 月东方汽轮机公司提起货款追索诉讼后，大丰建安公司才于 2018 年另案提起了质量异议之诉，主张东方汽轮机公司的供货存在质量问题并要求损害赔偿。因质量问题已经另案处理，大丰建安公司的权益可以另案寻求救济，故原审法院对货物质量争议不予处理并无不当，对大丰建安公司提出的因质量问题而享有先履行抗辩权的主张本院不予支持。”换言之，买卖的货物交付后，买受人已经使用标的物且未在约定的质量保证期内提出质量异议，当出卖人要求买受人支付欠付货款、退还质保金时，买受人以货物存在质量问题为由主张行使先履行抗辩权拒绝付款的，人民法院不予支持。由此可以看出，若买受人未在合理期限内提出异议，无论标的物是否存在瑕疵，都认为标的物的数量或者质量符合约定，法院不仅不会支持买受人提出的异议，而且不再支持买受人以标的物存在数量或质量瑕疵为由不支付货款或要求降低货款。

四、法条索引

1.《中华人民共和国民法典》（主席令第 45 号，2021 年 1 月 1 日起施行）

第四百七十条　合同的内容由当事人约定，一般包括下列条款：

（一）当事人的姓名或者名称和住所；

（二）标的；

---

① 参见（2019）最高法民终 185 号。

（三）数量；

（四）质量；

（五）价款或者报酬；

（六）履行期限、地点和方式；

（七）违约责任；

（八）解决争议的方法。

当事人可以参照各类合同的示范文本订立合同。

第五百八十二条　履行不符合约定的，应当按照当事人的约定承担违约责任。对违约责任没有约定或者约定不明确，依据本法第五百一十条的规定仍不能确定的，受损害方根据标的的性质以及损失的大小，可以合理选择请求对方承担修理、重作、更换、退货、减少价款或者报酬等违约责任。

第五百八十四条　当事人一方不履行合同义务或者履行合同义务不符合约定，造成对方损失的，损失赔偿额应当相当于因违约所造成的损失，包括合同履行后可以获得的利益；但是，不得超过违约一方订立合同时预见到或者应当预见到的因违约可能造成的损失。

第六百一十条　因标的物不符合质量要求，致使不能实现合同目的的，买受人可以拒绝接受标的物或者解除合同。买受人拒绝接受标的物或者解除合同的，标的物毁损、灭失的风险由出卖人承担。

第六百二十条　买受人收到标的物时应当在约定的检验期限内检验。没有约定检验期限的，应当及时检验。

第六百二十一条　当事人约定检验期限的，买受人应当在检验期限内将标的物的数量或者质量不符合约定的情形通知出卖人。买受人怠于通知的，视为标的物的数量或者质量符合约定。

当事人没有约定检验期限的，买受人应当在发现或者应当发现标的物的数量或者质量不符合约定的合理期限内通知出卖人。买受人在合理期限内未通知或者自收到标的物之日起二年内未通知出卖人的，视为标的物的数量或者质量符合约定；但是，对标的物有质量保证期的，适用质量保证期，不适用该二年的规定。

出卖人知道或者应当知道提供的标的物不符合约定的，买受人不受前两款规定的通知时间的限制。

第六百二十二条　当事人约定的检验期限过短，根据标的物的性质和交易习惯，买受人在检验期限内难以完成全面检验的，该期限仅视为买受人对标的物的外观瑕疵提出异议的期限。

约定的检验期限或者质量保证期短于法律、行政法规规定期限的，应当以法律、行政法规规定的期限为准。

第一千二百零二条　因产品存在缺陷造成他人损害的，生产者应当承担侵权责任。

2.《中华人民共和国仲裁法》（2017 年修正）（主席令第 76 号，2018 年 1 月 1 日起施行）

第三十一条　当事人约定由三名仲裁员组成仲裁庭的，应当各自选定或者各自委托仲裁委员会主任指定一名仲裁员，第三名仲裁员由当事人共同选定或者共同委托仲裁委员会主任指定。第三名仲裁员是首席仲裁员。

当事人约定由一名仲裁员成立仲裁庭的，应当由当事人共同选定或者共同委托仲裁委员会主任指定仲裁员。

3.《中华人民共和国民事诉讼法》（2023 年修正）（主席令第 11 号，2024 年 1 月 1 日起施行）

第十条　人民法院审理民事案件，依照法律规定实行合议、回避、公开审判和两审终审制度。

第二十四条　因合同纠纷提起的诉讼，由被告住所地或者合同履行地人民法院管辖。

第三十五条　合同或者其他财产权益纠纷的当事人可以书面协议选择被告住所地、合同履行地、合同签订地、原告住所地、标的物所在地等与争议有实际联系的地点的人民法院管辖，但不得违反本法对级别管辖和专属管辖的规定。

第一百三十条　人民法院受理案件后，当事人对管辖权有异议的，应当在提交答辩状期间提出。人民法院对当事人提出的异议，应当审查。异议成立的，裁定将案件移送有管辖权的人民法院；异议不成立的，裁定驳回。

当事人未提出管辖异议，并应诉答辩或者提出反诉的，视为受诉人民法院有管辖权，但违反级别管辖和专属管辖规定的除外。

4.《中华人民共和国产品质量法》（2018 年修正）（主席令第 22 号，2018 年 12 月 29 日起施行）

第四十三条　因产品存在缺陷造成人身、他人财产损害的，受害人可以向产品的生产者要求赔偿，也可以向产品的销售者要求赔偿。属于产品的生产者的责任，产品的销售者赔偿的，产品的销售者有权向产品的生产者追偿。属于产品的销售者的责任，产品的生产者赔偿的，产品的生产者有权向产品的销售者追偿。

第四十四条第二款　因产品存在缺陷造成受害人财产损失的，侵害人应当恢复原状或者折价赔偿。受害人因此遭受其他重大损失的，侵害人应当赔偿损失。

5.《中华人民共和国招标投标法》（2017 年修正）（主席令第 86 号，2017 年 12 月 28 日起施行）

第三条第一款、第二款　在中华人民共和国境内进行下列工程建设项目包括项目的勘察、设计、施工、监理以及与工程建设有关的重要设备、材料等的采购，必须进行招标：

（一）大型基础设施、公用事业等关系社会公共利益、公众安全的项目；

（二）全部或者部分使用国有资金投资或者国家融资的项目；

（三）使用国际组织或者外国政府贷款、援助资金的项目。

前款所列项目的具体范围和规模标准，由国务院发展计划部门会同国务院有关部门制订，报国务院批准。

6.《最高人民法院关于审理买卖合同纠纷案件适用法律问题的解释》（2020 年修正）（法释〔2020〕17 号，2021 年 1 月 1 日起施行）

第十二条　人民法院具体认定民法典第六百二十一条第二款规定的“合理期限”时，应当综合当事人之间的交易性质、交易目的、交易方式、交易习惯、标的物的种类、数量、性质、安装和使用情况、瑕疵的性质、买受人应尽的合理注意义务、检验方法和难易程度、买受人或者检验人所处的具体环境、自身技能以及其他合理因素，依据诚实信用原则进行判断。

民法典第六百二十一条第二款规定的“二年”是最长的合理期限。该期限为不变期间，不适用诉讼时效中止、中断或者延长的规定。

7.《最高人民法院关于适用〈中华人民共和国民事诉讼法〉的解释》(2022年修正)（法释〔2022〕11号，2022年4月10日起施行)

第三十九条第二款　人民法院发回重审或者按第一审程序再审的案件，当事人提出管辖异议的，人民法院不予审查。

第八十二条　在一审诉讼中，无独立请求权的第三人无权提出管辖异议，无权放弃、变更诉讼请求或者申请撤诉，被判决承担民事责任的，有权提起上诉。

8.《最高人民法院关于审理民事级别管辖异议案件若干问题的规定》(2020年修正)（法释〔2020〕20号，2021年1月1日起施行)

第三条　提交答辩状期间届满后，原告增加诉讼请求金额致使案件标的额超过受诉人民法院级别管辖标准，被告提出管辖权异议，请求由上级人民法院管辖的，人民法院应当按照本规定第一条审查并作出裁定。

9.《最高人民法院关于审理建设工程施工合同纠纷案件适用法律问题的解释（一)》（法释〔2020〕25号，2021年1月1日起施行)

第一条　建设工程施工合同具有下列情形之一的，应当依据民法典第一百五十三条第一款的规定，认定无效：

（一）承包人未取得建筑业企业资质或者超越资质等级的；

（二）没有资质的实际施工人借用有资质的建筑施工企业名义的；

（三）建设工程必须进行招标而未招标或者中标无效的。

承包人因转包、违法分包建设工程与他人签订的建设工程施工合同，应当依据民法典第一百五十三条第一款及第七百九十一条第二款、第三款的规定，认定无效。

第九条　当事人对建设工程实际竣工日期有争议的，人民法院应当分别按照以下情形予以认定：

（一）建设工程经竣工验收合格的，以竣工验收合格之日为竣工日期；

（二）承包人已经提交竣工验收报告，发包人拖延验收的，以承包人提交验收报告之日为竣工日期；

（三）建设工程未经竣工验收，发包人擅自使用的，以转移占有建设工程之日为竣工日期。

10.《最高人民法院关于第三人能否对管辖权提出异议问题的批复》（法［经］复〔1990〕9号，1990年7月28日起施行）

一、有独立请求权的第三人主动参加他人已开始的诉讼，应视为承认和接受了受诉法院的管辖，因而不发生对管辖权提出异议的问题；如果是受诉法院依职权通知他参加诉讼，则他有权选择是以有独立请求权的第三人的身份参加诉讼，还是以原告身份向其他有管辖权的法院另行起诉。

二、无独立请求权的第三人参加他人已开始的诉讼，是通过支持一方当事人的主张，维护自己的利益。由于他在诉讼中始终辅助一方当事人，并以一方当事人的主张为转移。所以，他无权对受诉法院的管辖权提出异议。

典型纠纷9

光伏组件买卖合同纠纷的境外仲裁

参考案例 | 中国 A 公司与丹麦 B 公司光伏组件买卖合同纠纷

一、案情介绍

经中国 A 公司的母公司 C 公司的推荐，A 公司与丹麦 B 公司签订《光伏组件买卖合同》，约定 A 公司为 B 公司光伏电站工程项目供应光伏组件，分三批次交货，合同签订后支付全部货款的 10%，剩余货款在每收到一批次货物后支付 30%。关于争议解决方式，合同约定任何争议最终应根据国际仲裁中心的仲裁规则提交具有约束力的仲裁，仲裁地为新加坡，仲裁语言为英文。

此外，合同约定如货物相关规格、数量、质量等与合同不符，B 公司可以于货物在到货口岸卸货后 60 日内提出异议，逾期提出 A 公司将不承担货物质量责任。

合同签订后，B 公司按期向 A 公司支付了第一笔货款。A 公司交付第一批货物，但 B 公司在检验过程中，发现货物数量不足，遂向 A 公司发送邮件通知这一情况。A 公司收到邮件后，表示将在最短时间内检查货物发送情况，并希望 B 公司耐心等待，如确实存在缺货情况其将安排工厂按照合同约定再次进行生产。随后，B 公司对第一批收到的货物进行验收，并投入项目使用。之后，B 公司收到 A 公司第二批货物，但该批货物超出第二批货物的数量，B 公司进行验收后即投入使用。

A 公司认为第一批货物缺漏的已经在第二批货物发出时一并补齐，B 公司主张未收到 A 公司补发的货物，双方就是否已经补充货物，以及是否给 B 公司造成相关损失发生争议，A 公司遂根据合同约定的仲裁条款提请仲裁，要求 B 公司支付剩余货款及因延期付款违约金。B 公司收到仲裁通知后，提出反请求，主张 A 公司应当承担补发货物导致 B 公司承担的额外的运输、验收等费用。

二、案例解读

（一）关于仲裁庭的管辖权

本案中，申请人根据合同约定的仲裁条款提交仲裁后，被申请人认为在缺乏友好协商的前提下仲裁庭并无管辖权，但是申请人认为其在提请仲裁前，即已经向被申请人发送协商函，但被申请人并未在申请人告知的期限内与申请人针对本案所涉纠纷进行协商，故提请仲裁的条件已经符合。

仲裁庭认为，申请人根据合同约定已经真诚地向被申请人发送协商函尝试协商解决任何争议，但是争议协商与否是双方各自可选项。根据约定，如双方在30日内无法通过协商解决则任何一方可提请仲裁。根据申请人提供的协商函来看，前置协商条件已被协商信函所达成。

在商事仲裁实践中，如本案所涉的多层次争议解决条款常引发较多问题，如一方当事人未遵循仲裁前置程序的要求从而过早启动仲裁程序的情形。那么，仲裁提起时未满足仲裁前置条件属于可受理性问题还是管辖权问题。对此，笔者分析如下。

1. 多层次争议解决条款

多层次争议解决条款，是指当事人双方之间将不同的争议解决方式按步骤地衔接在一起，通常以和解、调解等方式作为前置性程序，将仲裁或者诉讼作为最终的救济途径。多层次争议解决条款充分体现了当事人意思自治原则，在商事仲裁中发挥着重要作用。在商事仲裁实践中，当事人往往以协商或者调解程序作为仲裁的前置程序。例如，百事可乐公司与四川百事可乐饮料有限公司就浓缩液供应事项订立了协议，约定："如本合同的解决（解释）或执行（履行）产生争议，双方应尝试首先通过协商解决此项争议。如展开协商后45天仍不能以上述方式解决争议，任何一方皆可将争议呈交中国国际经济贸易仲裁委员会或仲裁院根据该委员会或仲裁院的仲裁程序进行仲裁。"法院认为，双方在协议中明确了协商是仲裁的"前置程序"。除此类明确约定协商期限的多层次争议解决条款外，还存在未对调解或协商约定具体期限的多层次争议解决条款，如"凡因履行本协议所发生的争议，甲乙双方应友好协商解决，如协商不成，任何一方可将争议提交某仲裁机构"。

有的多层次争议解决条款对前置性条件的期限有明确约定，也有的多层次争议解决条款并未约定具体期限。在实践中，当事人对前置性协商或调解明确约定具体期限的，双方应当遵守。但是，双方仅约定“友好协商，协商不成提交仲裁”的，是否也应当作为可受理性的审查范畴？对此，《最高人民法院关于润和发展有限公司申请不予执行仲裁裁决一案的审查报告的复函》提供了判断标准。2008 年润和公司基于合同中约定的“凡因履行本协议所发生的争议，甲乙双方应友好协商解决，如协商不成，任何一方可将争议提交中国国际经济贸易仲裁委员会深圳分会申请仲裁……”的规定，要求仲裁庭不予执行仲裁裁决。长沙市中级人民法院和湖南省高级人民法院都认为，“由于当事人双方约定的仲裁条款规定提交仲裁前，应友好协商，协商不成时再提交仲裁。而受理仲裁申请时，本案申请人并未提交有关双方协商的依据，也未提供已经通知润和公司要求协商解决的依据，因此不予受理仲裁申请”。最高人民法院在上述复函中认为：当事人虽然在仲裁协议中约定发生纠纷应当协商解决，但其未明确约定协商的期限，约定的内容比较原则，对这一条款应当如何履行和界定在理解上会产生歧义，而结合当事人订立仲裁协议的目的来判断该协议的真实意思，当事人约定的“友好协商”和“协商不成”这两项条件，前项属于程序上要求一个协商的形式，后一项可理解为必须有协商不成的结果，妈湾公司申请仲裁的行为，应视为已经出现了协商不成的结果，因此，在前一项条件难以界定履行标准，而后一项条件已经成立的情况下，仲裁庭有权依据该仲裁协议受理案件。

2. 管辖权及可受理性

多层次争议解决条款中，争议解决条款明确约定了当事人同意将双方签署的合同产生的或与之有关的任何争议提交仲裁，但任何一方当事人在提请仲裁前应当首先通过调解或协商的方式解决争议。但是，如果一方当事人在提请仲裁时并未满足仲裁前置条件，是仲裁的可受理性问题还是管辖权问题。在 2021 年 10 月英国高等法院 NWA and others v. NVF and others［2021］EWHC 2666 案中，针对该问题进行了充分论证。法院认为，一方当事人在双方约定的协商期限未届满前提请仲裁，并不导致仲裁庭丧失管辖权。相反，这属于案涉争议是否具有可受理性的问题。也就是说，仲裁庭在此种情形下对该案是具有管辖权的。区分管辖权与可受理性的关键在于，该争议针对的是仲裁庭还是仲裁请求本身。如果争议针对的是仲裁庭，则该争议属于管辖权争议；如果针对的是请求本身，则属于可受理性问题。一般来说，争议针对仲裁庭的大多应考虑当事人的仲裁合议是否存在缺失或者缺陷而导致仲裁庭无权仲裁；但是针对请求本身的大多指的是该请求本身是否不应提起或者存在不可仲裁性等缺陷。

詹·波尔森（Jan Paulsson）教授也对管辖权、可采性的区分给出了一套明确的判断标准，“如果裁决结果是该请求不应当被一方当事人选择的争议解决机制受理，那么该问题就应当是管辖权问题，当事人可以寻求进一步救济”“如果裁决结果是该请求不应（或者尚且不应）被审理，那么该问题通常是可采性问题，仲裁机构的裁决应当是终局的”。[①] 因此，在本案中，被申请人主张因仲裁前置程序条件不成就而仲裁机构无管辖权，应当不予支持。

（二）关于本案仲裁庭适用快速程序

本案中，申请人提请仲裁所涉标的符合双方约定的仲裁机构仲裁规则规定的快速程序适用条件。按照该仲裁机构仲裁规则之规定，快速程序应当由一名仲裁员组成独任仲裁庭审理案件，即使双方达成的仲裁协议中有相反规定。本案所涉合同中，双方当事人在仲裁条款明确约定仲裁庭由三名仲裁员组成，且双方对仲裁员产生方式也进行了明确约定，故申请人认为本案应当由三名仲裁员组成。对此，在国际仲裁中，不同的仲裁机构规定不同。笔者认为，目前，国内及国际仲裁机构针对快速程序在仲裁规则中均进行了明确规定，但是快速程序与当事人意思自治产生冲突时该如何处理，则存在不同的方式。处理方式主要分为以下三种。

一是快速程序突破当事人意思自治。例如，《国际商会仲裁规则》（2021 年）附件六第 2 条规定，在快速仲裁适用下，即使双方达成的仲裁

① See Jan Paulsson, *Jurisdiction and Admissibility*, Global Reflections on International Law, Commerce and Dispute Resolution Liber Amicorum in honour of Robert Briner ICC Publishing, Publication 693, www. iccbooks. com, 2005.

协议中有相反的规定，仲裁院也可以任命独立仲裁员。当事人可以在秘书处指定的期限内提名独任仲裁员的人选，如未提名，独任仲裁员应由仲裁院尽快任命。也就是说，即使当事人在仲裁协议中约定了仲裁员的数量和产生方式，仲裁院仍可以突破当事人的约定，根据快速仲裁的相关规定任命独任仲裁员。又如，《新加坡国际仲裁中心仲裁规则》（以下简称 SIAC 规则）第 5.2 条规定，"在一方当事人已依据第 5.1 条向主簿递交了申请，且院长在考虑各方当事人的观点以及案件的情况后决定仲裁程序应当适用'快速程序'的，仲裁程序应当按照如下规定进行：a. 主簿可以缩短本规则的任何期限；b. 案件将由独任仲裁员审理，但院长另行决定的除外……"第 5.3 条规定，"当事人如果同意依照本规则进行仲裁，当案件根据本规则第 5 条规定的'快速程序'进行仲裁时，则第5.2条的规定应被视为当事人已经同意予以适用，即使其仲裁协议中有相反的约定"。也就是说，如果当事人的争议根据 SIAC 规则应当适用快速程序的，即使双方在仲裁协议中约定案件由三名仲裁员组成，SIAC 规则中的快速程序规则可以突破当事人的协议约定，当事人选择快速程序的同时也选择了快速程序的优先性原则。在我国，目前的仲裁机构仲裁规则中也存在类似约定。例如，《上海仲裁委员会仲裁规则》（2022 年）第 55 条第 3 款规定，"当事人如果同意按照本规则进行仲裁，当案件根据本条第一项、第二项的规定适用快速程序时，即视为同意本章规定的快速程序规则优先于仲裁协议的任何相悖条款"。该规则第 57 条也进一步明确，"适用快速程序的案件，根据本规则第三十二条的规定组成独任仲裁庭审理案件，但仲裁委另行决定的除外"。因此，在上海仲裁委员会所涉仲裁案件中，如适用 2022 年该会仲裁规则，快速程序的仲裁庭应当由独任仲裁员组成。

二是在尊重当事人意见基础上给予相应建议。根据《香港国际仲裁中心机构仲裁规则》（以下简称 HKIAC 规则）第 42.2 条规定，"若 HKIAC 在考虑各方当事人观点之后准允依第 42.1 款提出的申请，仲裁应按照本规则下的简易程序进行，但适用以下变更：a. 案件应提交独任仲裁员，除非仲裁协议约定了三位仲裁员；b. 若仲裁协议约定了三位仲裁员，HKIAC 应建议当事人将案件提交独任仲裁员。若当事人不同意，案件应提交三位仲裁员……”在 HKIAC 规则有关简易程序的规定中，仲裁院可以建议当事人选择独任仲裁员，如果当事人不同意，那么案件应当由三名仲裁员审理。在这一规则中，快速程序实际上并未突破当事人的意思自治。

三是快速程序以尊重当事人意思自治为前提。在我国，也存在仲裁机构的仲裁规则中对快速程序或简易程序的规定遵循充分尊重当事人意思自治的原则。例如，《中国国际经济贸易仲裁委员会仲裁规则》（2024 年）第 61 条规定，除非当事人另有约定，适用简易程序的案件，依照该规则第 28 条的规定成立独任仲裁庭审理案件。在我国仲裁实践中，虽然也大量存在仲裁机构的仲裁规则并未明确在当事人对仲裁庭的约定与快速程序对仲裁庭的规定相悖的情形下如何处理，但大多仲裁机构均在总则部分明确当事人在不违反仲裁法的前提下可对仲裁程序进行特别约定。例如，《北京仲裁委员会仲裁规则》第 55 条仅规定适用简易程序的案件，由独任仲裁员审理。但该规则也在总则部分第 2 条第 1 款明确：“当事人协议将争议提交本会仲裁的，适用本规则。当事人就仲裁程序事项或者仲裁适用规则另有约定的，从其约定，但该约定无法执行或者与仲裁地强制性法律规定相抵触的除外。当事人约定适用其他仲裁规则的，由本会履行相应的管理职责。”也就是说，当事人虽然约定适用快速程序，但其对仲裁程序事项另有约定的，仲裁机构也应当尊重该约定，除非这一约定无法执行或者与仲裁地强制性法律规定相抵触。

在实践中，也存在类似案件。例如，“来宝案”①，该案的当事人为来宝公司与信泰公司，双方因《铁矿石买卖合同》产生争议，遂将争议提交新加坡国际仲裁中心。本案争议标的额小于 500 万新元，属于新加坡国际仲裁中心管理的小标的案件。在确定该案组庭人数时，新加坡国际仲裁中心发现当事人签署的合同第 16.1 条约定仲裁庭由三人组成。但是当事人适用的仲裁规则即 SIAC 规则中对快速程序的约定为，在小标的案件（争议标的额小于 500 万新元）中，即使当事人有相反的约定，也应当适用该规则项下关于快速程序规定的仲裁庭组成人数，即独任仲裁庭。实际上，新

① 参见（2016）沪 01 协外认 1 号。

加坡国际仲裁中心并未径行决定适用三人仲裁庭或独任仲裁庭，而是向当事人发送了两种组庭模式的报价，由当事人自行决定。收到该报价后，来宝公司向新加坡国际仲裁中心支付了独任仲裁庭的费用，但又同时提议，只要信泰公司愿意支付三人仲裁庭的预付费用，来宝公司也愿意支付三人仲裁庭的预付费用以启动三人仲裁庭程序，否则该案应当采用独任仲裁庭。虽然信泰公司声称要按照仲裁协议的约定采用三人仲裁庭，但其之后并未支付相应的预付费用。因此，新加坡国际仲裁中心认为，当事人以其之后的行为表明其不愿为聘请三位仲裁员提供经济保障，双方实际上取消了该案适用三人仲裁庭的合意。在该案中，我们发现，虽然双方当事人在仲裁协议中约定了与 SIAC 规则有关快速程序中仲裁庭组成人数相反的约定，但新加坡国际仲裁中心并未根据规则中的约定，即“第 5.2 条的规定应被视为当事人已经同意予以适用，即使其仲裁协议中有相反的约定”而径行适用独任仲裁庭，而是采用进一步在仲裁员费用预付方面保障当事人的选择。由此可见，当事人在仲裁协议中对仲裁程序作出的特别约定，在争议发生后也将随着程序的推进发生动态变化。因此，如何理解仲裁规则是否与当事人意思自治原则相冲突，应当将案件置于动态的、发展的环境中进行考量，而非仅根据静态的仲裁协议进行判断。

（三）关于本案适用的实体法

1. 争议实体准据法确定的主体

在仲裁实践中，当事人在合同中可以选择适用实体法。当事人未约定实体法或约定的实体法不明的，大多仲裁机构的仲裁规则中将该项权利授权给仲裁庭。例如，SIAC 规则第 31.1 条规定，“仲裁庭应当适用当事人指定的法律或法规，作为争议实体的准据法；当事人未指定的，仲裁庭应当适用其认为适当的法律或法规”。HKIAC 规则第 36.1 条规定，“仲裁庭应根据当事人约定的法律规则裁决实体争议。除非另有说明，指定某一司法辖区的法律或法律体系，应理解为直接指此司法辖区的实体法律，而不包括其冲突法规则。若当事人未指定，仲裁庭应适用其认为适当的法律规则”。

仲裁庭在确定争议适用的实体法时，应当遵循当事人之间的约定适用其认为合适的法律，同时考量仲裁裁决的有效性和可执行性，以及仲裁裁决是否符合仲裁地及/或仲裁裁决执行地的公共政策。

2. 本案是否可优先适用《联合国国际货物销售合同公约》

1980 年在维也纳举行的外交会议上通过了由联合国国际贸易法委员会主持制定的《联合国国际货物销售合同公约》（CISG），该公约第 1 条明确规定了适用范围，即“（1）本公约适用于营业地在不同国家的当事人之间所订立的货物销售合同：（a）如果这些国家是缔约国；或（b）如果国际私法规则导致适用某一缔约国的法律。（2）当事人营业地在不同国家的事实，如果从合同或从订立合同前任何时候及订立合同时，当事人之间的任何交易或当事人透露的情报均看不出来时，应不予考虑。（3）在确定本公约的适用范围时，当事人的国籍以及当事人的或合同的民事或商业性，应不予考虑”。本案中，本案所涉双方主体所在的营业地为中国及丹麦，中国及丹麦均为 CISG 缔约国。

第一，申请人营业在中国。中国在加入 CISG 时作出了两项保留：一是关于适用范围的保留，中国声明不受 CISG 第 1 条第 1 款（b）项的约束，即对于中国商事主体来说，CISG 仅适用于营业地在缔约国的当事人之间订立的合同，对于营业地在非缔约国的当事人之间订立的合同，除当事人自愿明示选择 CISG 作为合同准据法外，CISG 不适用。二是对合同形式的保留，中国对 CISG 第 11 条进行了保留，但在 2013 年，中国撤回了对 CISG 第 11 条的保留，即国际货物销售合同可以用书面、口头或其他方式订立、证明，不受形式方面的限制。2022 年 5 月 5 日，中国政府向联合国秘书长送交 CISG 领土适用延伸至中华人民共和国香港特别行政区的声明。本案中双方当事人一方营业地为中国，另一方营业地为丹麦，双方签署的合同为营业地在缔约国的当事人之间订立的合同。丹麦在加入 CISG 时声明：CISG 不适用于营业地点设在丹麦、芬兰、冰岛、挪威或瑞典的当事方的销售合同及合同的订立。本案中，不存在上述不适用的情形。

第二，本案所涉的光伏板组件符合 CISG 的适用范围。CISG 第 2 条规定：“本公约不适用于以下的销售：（a）供私人、家属或家庭使用而购买的货物的销售，除非卖方在订立合同前任何时候或订立合同时，不知道而且没有理由知道购买这些货物是作任何这种使用；（b）经由拍卖的销售；（c）根据法律执行令状或其他令状的销售；（d）公债、股票、投资证券、流通票据或货币的销售；（e）船舶、气垫船或飞机的销售；（f）电力的销售。”本案当事人交易所涉标的为光伏板组件，不属于上述条款规定的不可使用范围。

第三，本案是否属于 CISG 第 3 条第 1 款的情形。CISG 第 3 条第 1 款规定：“供应尚待制造或生产的货物的合同应视为销售合同，除非订购货物的当事人保证供应这种制造或生产这种货物所需的大部分重要原材料。”本案中，不存在被申请人供应光伏板组件生产所需的大部分重要原材料，故本案所涉光伏板组件不属于上述条款所列情形。

第四，本案中当事人并未明示排除适用 CISG。GISG 第 6 条规定，“双方当事人可以不适用本公约，或在第十二条的条件下，减损本公约的任何规定或改变其效力”。在仲裁实践中，除当事人在合同中明确约定不适用 CISG 外，对默示排除 CISG 的法律效力仍存在较大争议。本案中，当事人并未明确约定排除适用 CISG，故仲裁庭认为双方并未排除适用 CISG。

综上所述，本案中双方当事人未约定实体法的准据法，且并未明示排除适用 CISG。由于双方当事人营业地所在国均为 CISG 缔约国，且双方之间的买卖合同属于 CISG 的适用范围，笔者认为，本案应当优先适用 CISG。

需要注意的是，在国际贸易中，交易双方的营业地所在国均是 CISG 的缔约国的，如其希望在争议发生后选择对己方有利的实体法，应当在合同中明确约定。当然，当事人在合同中对实体法进行了明确约定，并不必然导致 CISG 被排除适用。当事人如不希望适用 CISG 作为纠纷解决的准据法，则应当明示排除适用。

（四）申请人是否应承担补发货物导致被申请人产生的额外费用

1. 被申请人能否根据 CISG 第 37 条规定主张申请人支付因补发货物使其遭受不合理的开支

CISG 第 37 条规定：“如果卖方在交货日期前交付货物，他可以在那个日期到达前，交付任何缺漏部分或补足所交付货物的不足数量，或交付用以替换所交付不符合同规定的货物，或对所交付货物中任何不符合同规定的情形做出补救，但是，此一权利的行使不得使买方遭受不合理的不便或承担不合理的开支。但是，买方保留本公约所规定的要求损害赔偿的任何权利。”在国际贸易中，常存在卖方会在合同约定的交货日期届满前提交将货物交付给买方，但发现或被买方发现交付的货物中存在第37条规定的不符合规定的货物的情形，这种情况下CISG赋予了卖方补救的权利，消除交付货物中存在的不符合规定等问题。

上述条款明确了以下几项内容：第一，卖方可以补充交付缺少的货物，即“补充交付任何缺漏的货物”。这一情况常出现在卖方交付的货物缺少部分零部件或存在数量短缺的情形。第二，卖方应当在约定的交货日期截止前完成补救。CISG第37条明确“他可以在那个日期到达前，交付任何缺漏部分或补足所交付货物的不足数量”，这里不仅明确要求卖方应当在交货日期到达前采取补救措施，且应消除货物中存在的缺漏等问题。但是，如果卖方的补救行为在交货日期届满后，那么卖方的补救行为即不属于本条规定的在交货日截止前的补救行为，而应当属于第35条规定的履行瑕疵行为。

对此，本案中，卖方并不能根据CISG第37条中规定的“此一权利的形式不得使买方遭受不合理的不便或承担不合理的开支。但是，买方保留本公约所规定的要求损害赔偿的任何权利”这一情形主张损害赔偿。

2. 申请人是否应对第一批货物存在的数量瑕疵承担责任

首先，应当审查第一批货物是否存在数量瑕疵。根据CISG第35条第1款的规定，“卖方交付的货物必须符合合同中有关数量、质量和规格的规定，并须按照合同规定方式进行装箱或包装”。由此可知，如卖方不履行交货义务，则属于不履约的行为；卖方履行了交货义务但该货物不符合第35条规定的，则属于有瑕疵的履行。在国际贸易中，卖方交付的货物数量必须与合同约定的数量一致，不仅包括交付货物的数量不得多于或者少于合同约定的数量，而且包括提单、发票等单据中的数量也应当符合合同约定数量，但应当注意的是，一定限度内的数量误差不属于违约行为。本案中，申请人第一批货物到货后，被申请人即发现第一批货物存在缺漏的情形，因此本案所涉第一批货物存在数量瑕疵。

其次，如果买方发现货物具有第35条规定的不相符性的情形，则其应当及时向卖方发出异议通知；买方如果并未根据CISG第39条的规定履行这一通知义务，就将可能失去提出该项异议的权利。CISG第39条规定："（1）如果买方未能在发现或者应当发现货物缺乏相符性以后的一段合理时间内通知卖方，说明缺乏相符性的性质，他就失去了援引此种缺乏相符性的权利。"在本案中，被申请人发现第一批货物存在缺漏的问题，及时向申请人发送邮件说明这一情况。对此，被申请人已经履行了通知异议的义务。

最后，CISG第74条规定："一方当事人违反合同应负的赔偿损失额，应与另一方当事人因他违反合同而遭受的包括利润在内的损失额相等。这种损害赔偿不得超过违反合同一方在订立合同时，依照他当时已知道或理应知道的事实情况，对违反合同预料到或理应预料到的可能损失。"根据该规定，数量瑕疵是否属于应当赔偿的范围。根据条文的规定来看，应当包括所遭受的损失和利润两大类。所遭受的损失一般认为应当包括不履行或者瑕疵履行所造成的直接损失及间接损失。一方当事人不履行义务或瑕疵履行合同义务，导致另一方当事人采取合理的补救措施，因该补救措施产生的费用应当为直接损失。那么在本案中，申请人漏发货物导致数量瑕疵，补发货物后导致被申请人未支付额外的验收费用，该部分费用应当属于直接损失。

综上所述，申请人虽然补发了货物，但其补发货物的行为是对第一批货物漏发的补救，如果被申请人为采取补救措施而产生实际开支且有相关证据支撑，那么部分实际开支应当由申请人承担。

（五）申请人是否有权宣告合同无效

CISG第64条规定："（1）卖方在以下情况下可以宣告合同无效：（a）买方不履行其在合同或本公约中的任何义务，等于根本违反合同；或（b）买方不在卖方按照第六十三条第（1）款规定的额外时间内履行支付价款的义务或收取货物，或买方声明他将不在所规定的时间内这样做……"首先应当考量的是，本案中被申请人是否已经构成根本违约。根据 CISG 第 25 条规定，一方当事人违反合同的结果，如使另一方当事人蒙受损害，以致实际上剥夺了另一方当事人根据合同规定有权期待得到的东西，即为根本违反合同，除非违反合同一方并不预知而且一个同等资格、通情达理的人处于相同情况中也没有理由预知会发生这种结果。如果买方既不接收货物也不支付货款，就属于根本违反合同。本案中，买方按照合同约定接收了货物，但并未按期支付货款，是否属于根本违约，CISG 对此并未进行明确规定。笔者认为，被申请人拒绝支付货款的行为已经构成根本违约，剥夺了申请人实现共同利益的机会。

此外，即使买方的违约行为并不构成根本违约，卖方也可根据 CISG 第 64 条第 1 款（b）项规定宣告合同无效。本案中，申请人向被申请人发送邮件，要求其限期支付货款，但被申请人并未支付，对此，申请人有权根据 CISG 第 64 条第 1 款（b）项规定宣告合同无效。

三、焦点分析

（一）第三方资助

随着国际仲裁的快速发展，法律技术与资金储备给仲裁当事人提出了新的要求，第三方资助则应运而生。第三方资助，是指不涉及争议的第三方承担仲裁一方一部分或者全部的仲裁费用，根据仲裁结果取得一定利益的资本运作方式。其中仲裁费用包括但不限于仲裁机构管理费、律师费、仲裁员报酬、专家证人费用等。在实践中，第三方资助为申请人提请仲裁提供了机会，但资助方参与仲裁程序通常并非为了社会正义，而是为了获得投资收益。由于第三方资助通常不公开参与仲裁程序的相关信息，申请人因签署的资助协议中的保密条款使其不愿披露资助协议，被申请人和仲裁员无法知晓第三方资助的存在，这将可能导致第三方资助与仲裁员之间有利益冲突的风险，从而使仲裁程序推进受阻。那么，在具体的案件中存在第三方资助的，申请人是否应当披露且应当披露哪些信息，已经引起仲裁界的关注。

1. 申请人是否应当披露第三方资助

关于对第三方资助的相关内容，我国《仲裁法》并未进行明文规定。2014 年修订的《IBA 利益冲突指引》是最早对第三方资助者参与国际仲裁程序引发利益冲突进行规制的软法性规范①，其对一般标准 5 的解释（6）关系（b）规定，“如果一方当事人是法律实体，对该法律实体具有控制影响力，或者与仲裁裁决有直接经济利益，或者负有根据仲裁裁决补偿一方当事人责任的任何法人或自然人，应视为同于该方当事人”。对一般标准 7 的解释（a）规定，“当事人被要求披露与仲裁员之间的任何关系。披露将减少基于仲裁员被任命后才获知的信息而提出的对仲裁员公正性或独立性无实体依据的回避申请的风险。当事人披露仲裁员与当事人（或其所属集团的另一成员，或者对该当事人有控制影响力的个人）之间的任何直接或间接的关系的义务已经延伸至披露仲裁员与和仲裁裁决有直接经济利益的个人或实体的关系，如向仲裁提供资金支持或依据仲裁裁决对一方当事人承担赔偿的实体”。《国际商会仲裁规则》（2021 年版）第 11 条第 7 款规定，“为协助准仲裁员和仲裁员履行第 11 条第 2 款和第 11 条第 3 款规定的职责，每一方必须将已订立一项为请求或抗辩提供资金的安排并因此对仲裁结果享有经济利益的非当事方的存在和身份及时通知秘书处、仲裁庭和其他各方当事人”。HKIAC 规则（2024 年版）第 44 条对第三方资助仲裁的披露进行了明确规定，“44.1　若已签订资助协议，受资助方应将关于以下信息的书面通知传送至所有其他当事人、仲裁庭、任何紧急仲裁员和 HKIAC：（a）已签订资助协议的事实；（b）出资第三方的身份”。此外，我国《中国国际经济贸易仲裁委员会仲裁规则》（2024 年版）第 48 条也对第三方资助作出了明确的规定。

对此，我们可以看到，《IBA 利益冲突指南》已经将当事人披露仲裁员与当事人之间的任何直接或间接的关系延伸到第三方资助，且《国际商会仲裁规则》《中国国际经济贸易仲裁委员会仲裁规则》等也明确当事人应当对第三方资助进行披露。在仲裁实践中，当事人向仲裁庭披露第三方资助的相关信息，有利于避免仲裁员的利益冲突从而增加仲裁的透明度，保障仲裁的公正进行。虽然第三方资助并非案件当事人或代理人，但其与

---

① 汤霞：《国际投资仲裁中第三方资助披露规则缺失的困境与破解》，载《河南大学学报（社会科学版）》2022 年第 5 期。

仲裁裁决的结果有着直接的利益关系。此外，当事人与第三方资助者签署的资助协议中往往存在保密条款，但由于该保密条款使相关利益被隐瞒从而影响仲裁程序的公正性，也将为案件的后期执行增加风险。因此，存在一方当事人为提请仲裁请求或反请求而签订第三方资助协议的，应当进行披露。

2. 披露第三方资助相关信息的界限

关于当事人应当披露第三方资助的哪些信息，以及披露信息的界限如何界定，目前我国并无明确规定。《国际商会仲裁规则》（2021 年版）明确第三方资助者相关信息的披露应当包括“存在和身份”；HKIAC 规则（2024 年版）则明确“（a）已签订资助协议的事实；（b）出资第三方的身份”，同时在该规则第 44. 3 条规定，“44. 1　所述信息在首次披露后有任何变更的，任何受资助方应披露该变更”。此外，《中国国际经济贸易仲裁委员会仲裁规则》（2024 年版）第 48 条对当事人应当披露的第三方资助者的信息范围进行了明确，即“获得第三方资助的当事人应在签署资助协议后，毫不迟延地将第三方资助安排的事实、经济利益、第三方的名称与住址等情况提交仲裁委员会仲裁院。仲裁委员会仲裁院应转交相关当事人和仲裁庭。仲裁庭认为必要的，可要求获得第三方资助的当事人披露相关情况”。

由此可知，目前对于第三方资助的信息披露范围有两种规定：第一种是仅披露存在第三方资助的事实及资助方身份等基本信息；第二种即除第三方资助者的存在和身份之外，还应该披露包括“经济利益、第三方的名称与住址等情况”。那么，在实践中，资助协议是否也应当作为披露内容？对此，笔者认为，第三方资助的信息披露主要解决的是仲裁员利益冲突这一问题，从第三方资助的身份可以判断出资助方与仲裁员是否存在利害关系。资助协议是资助方与受资助方之间签署的具有保密性质的协议，在资助协议不损害仲裁公正性的情况下，当事人可以不披露。

（二）追加当事人

1. 追加当事人是否可突破仲裁协议相对性原则

根据仲裁协议的相对性，仲裁程序仅能发生在存在仲裁协议约定的双方当事人之间，但在实践中，越来越多的仲裁机构仲裁规则对追加当事人制度进行了明确规定。但是，关于追加当事人是否应当追加非仲裁协议签署方，不同的仲裁机构规定不同。

第一，被追加的当事人仅为仲裁协议签署方，即仲裁协议表面约束该被追加的当事人。例如，《中国国际经济贸易仲裁委员会仲裁规则》（2024年版）第18条第1款规定，“在仲裁程序中，一方当事人依据表面上约束被追加当事人的案涉仲裁协议可以向仲裁委员会申请追加当事人。在仲裁庭组成后申请追加当事人的，如果仲裁庭认为确有必要，应在征求包括被追加当事人在内的各方当事人的意见后，由仲裁委员会作出决定”。

第二，被追加的当事人有条件地扩张至非仲裁协议签署方。例如，SICA规则第7.1条规定：“在仲裁庭组成之前，凡符合下列条件之一的，一方当事人或者非案件当事人均可以向主簿提出申请，要求追加一个或以上新增的当事人作为申请人之一或被申请人之一以加入根据本规则已在进行的待决仲裁程序：a. 从表面上看，被追加的新增当事人受仲裁协议的约束；b. 包括被追加的当事人在内的所有当事人均同意被追加的当事人加入该仲裁程序。”《深圳国际仲裁院仲裁规则》第20条第1款规定：“（一）已经进入仲裁程序的任何一方当事人可以依据相同仲裁协议书面申请追加当事人。是否接受，由仲裁庭作出决定；仲裁庭尚未组成的，由仲裁院作出决定。（二）经当事人和案外人一致同意后，案外人可以书面申请加入仲裁程序。是否接受，由仲裁庭作出决定；仲裁庭尚未组成的，由仲裁院作出决定。”又如，《上海仲裁委员会仲裁规则》（2022年版）第23条规定：“符合下列条件之一的，当事人或者案外人可以向仲裁委或者仲裁庭书面申请追加当事人：根据表面证据判断，被追加的当事人受案涉仲裁协议的约束；包括被追加当事人在内的各方当事人均同意被追加的当事人加入该仲裁程序……”《西安仲裁委员会仲裁规则》（2023年版）第22条第1款规定：“（一）符合下列条件之一的，当事人或者案外人可以向本会或者仲裁庭书面申请追加当事人：1. 根据表面证据判断，被追加的当事人受案涉仲裁协议的约束。2. 包括被追加当事人在内的各方当事人均同意被追加的当事人加入该仲裁程序。”虽然深圳国际仲裁院、上海仲裁委员会、西安仲裁委员会的仲裁规则关于追加当事人的规定中涉及非仲裁协议签署方，但其要求被追加的案外人与各方当事人均同意，即案外人与各方当事人达成新的仲裁协议，案件对案外人则具有了约束力。

综上所述，根据上述仲裁规则的规定，虽然在仲裁规则中仲裁协议非签署方可以被追加至仲裁程序中，但其前提条件为被追加的仲裁协议非签署方与案件各方当事人均同意才可施行。

2. 公司集团理论能否适用于本案

公司集团理论，是指如果签订仲裁协议的一方是公司集团的成员之一，则仲裁协议的效力可以延伸至这一集团中的一个或多个公司。该理论首次由国际商会仲裁院在陶氏化学公司（Dow Chemical）案中提出，其认为“如果公司集团内成员事实上形成统一的经济实体”，且“相关未签字成员实质性地参与了合同的谈判、订立、履行和终止等程序”，那么仲裁条款应当适用于集团内部未签字的公司。① 此后，在印度的 Cox and Kings Ltd. 和 SAP India Private Ltd. 案中我们看到，作为签约方的 SAP 公司与 COX 公司进行合作并签署协议，其中 SAP 的母公司对该合作项目的履行作出了保证，后因为项目实施双方发生争议，COX 公司提请仲裁，将 SAP 公司与其母公司均列为被申请人，理由是两个实体都参与了合作协议的实施及履行。印度最高法院最终判决确认了公司集团理论在印度法下的有效性。但是，实践中也存在相反的案例，在 PT First Media v. Astro 案中，虽然仲裁庭适用 SICA 规则（2007 年）第 24 条（b）项的规定追加了仲裁协议签署方的关联公司，但该案最终被新加坡法院在执行程序中作出相反的判断，其认为只有仲裁协议的当事人才可加入仲裁。

在仲裁实践中，公司集团理论并未被各国及仲裁机构所普遍接受。公司集团原则的适用，一方面要考虑法律的适用，另一方面还应关注不同法域之下公司集团理论的认定标准。

本案中，被申请人提出应当将 C 公司追加为本案当事人，其理由为：

---

① Dow Chemical v. Isover Saint Gobain, ICC Case No. 4131 (1982), 9 Y. B. Com. Arb. 136 (1984).

一是根据公司集团理论，其认为在签订仲裁条款的过程中 C 公司作为 A 公司的集团公司，实质性地参与了合同的谈判、订立、履行等程序，虽然 C 公司并未在合同中签字，但该仲裁条款依然应当适用于集团公司即 C 公司，C 公司受仲裁协议的约束。二是虽然仲裁程序已经启动，但双方当事人约定的仲裁机构的仲裁规则明确规定，根据表面证据被追加的当事人受仲裁协议的约束，当事人可以向仲裁庭或仲裁机构提请追加当事人。因此，被申请人认为，应当追加 C 公司为本案当事人参与仲裁程序。对此，笔者认为，如根据公司集团理论提请追加 C 公司，则应当重点考虑 C 公司与本案的关系、交易的性质、合同履行的情况以及 C 公司是否实际参与合同“谈判及履行”、实体法的适用、执行地法院的实践以及当事人选择的仲裁机构仲裁规则对追加当事人是否有明确规定。

四、法条索引

1.《中国国际经济贸易仲裁委员会仲裁规则》（2023 年 9 月 2 日经中国国际贸易促进委员会/中国国际商修订并通过，2024 年 1 月 1 日起施行）

第一条　仲裁委员会

（一）中国国际经济贸易仲裁委员会（以下简称“仲裁委员会”），原名中国国际贸易促进委员会对外贸易仲裁委员会、中国国际贸易促进委员会对外经济贸易仲裁委员会，同时使用“中国国际商会仲裁院”名称。

（二）当事人在仲裁协议中订明由中国国际贸易促进委员会/中国国际商会仲裁，或由中国国际贸易促进委员会/中国国际商会的仲裁委员会或仲裁院仲裁的，或使用仲裁委员会原名称为仲裁机构的，均视为同意由中国国际经济贸易仲裁委员会仲裁。

第四条　规则的适用

（一）本规则统一适用于仲裁委员会及其分会/仲裁中心。

（二）当事人约定将争议提交仲裁委员会仲裁的，视为同意按照本规则进行仲裁。

（三）当事人约定将争议提交仲裁委员会仲裁但对本规则有关内容进行变更或约定适用其他仲裁规则的，从其约定，但其约定无法实施或与仲裁程序适用法强制性规定相抵触者除外。当事人约定适用其他仲裁规则的，由仲裁委员会履行相应的管理职责。

（四）当事人约定按照本规则进行仲裁但未约定仲裁机构的，视为同意将争议提交仲裁委员会仲裁。

（五）当事人约定适用仲裁委员会专业仲裁规则的，从其约定，但其争议不属于该专业仲裁规则适用范围的，适用本规则。

第五条　仲裁协议

（一）仲裁协议指当事人在合同中订明的仲裁条款或以其他方式达成的提交仲裁的书面协议。

（二）仲裁协议应当采取书面形式。书面形式包括合同书、信件、电报、电传、传真、电子数据交换和电子邮件等可以有形地表现所载内容的形式。在仲裁申请书和仲裁答辩书的交换中，一方当事人声称有仲裁协议而另一方当事人不作否认表示的，视为存在书面仲裁协议。

（三）仲裁协议的适用法对仲裁协议的形式及效力另有规定的，从其规定。

（四）合同中的仲裁条款应视为与合同其他条款分离的、独立存在的条款，附属于合同的仲裁协议也应视为与合同其他条款分离的、独立存在的一个部分；合同的变更、解除、终止、转让、失效、无效、未生效、被撤销以及成立与否，均不影响仲裁条款或仲裁协议的效力。

第六条　对仲裁协议及/或管辖权的异议

（一）仲裁委员会有权对仲裁协议的存在、效力以及仲裁案件的管辖权作出决定。仲裁庭组成后，仲裁委员会授权仲裁庭作出管辖权决定。

（二）仲裁委员会依表面证据认为存在有效仲裁协议并作出仲裁委员会有管辖权决定的，仲裁程序继续进行。仲裁委员会依表面证据作出的管辖权决定并不妨碍仲裁庭根据在审理过程中发现的与表面证据不一致的事实及/或证据重新作出管辖权决定。

（三）仲裁庭作出管辖权决定时，可以在仲裁程序进行中单独作出，也可以在裁决书中一并作出。

（四）当事人对仲裁协议及/或仲裁案件管辖权的异议，应当在仲裁庭首次开庭前书面提出；书面审理的案件，应当在第一次实体答辩前提出。

仲裁程序适用法另有规定的，从其规定。

（五）对仲裁协议及/或仲裁案件管辖权提出异议不影响仲裁程序的继续进行。

（六）上述管辖权异议及/或决定包括仲裁案件主体资格异议及/或决定。

（七）仲裁委员会或仲裁庭作出无管辖权决定的，应当作出撤销案件的决定。撤案决定在仲裁庭组成前由仲裁委员会仲裁院院长作出，在仲裁庭组成后，由仲裁庭作出。

第十八条　追加当事人

（一）在仲裁程序中，一方当事人依据表面上约束被追加当事人的案涉仲裁协议可以向仲裁委员会申请追加当事人。在仲裁庭组成后申请追加当事人的，如果仲裁庭认为确有必要，应在征求包括被追加当事人在内的各方当事人的意见后，由仲裁委员会作出决定。

仲裁委员会仲裁院收到追加当事人申请之日视为针对该被追加当事人的仲裁开始之日。

（二）追加当事人申请书应包含现有仲裁案件的案号，涉及被追加当事人在内的所有当事人的名称、住所及通讯方式，追加当事人所依据的仲裁协议、事实和理由，以及仲裁请求。

当事人在提交追加当事人申请书时，应附具其申请所依据的证据材料以及其他证明文件。

（三）任何一方当事人就追加当事人程序提出仲裁协议及/或仲裁案件管辖权异议的，适用本规则第六条相关规定作出管辖权决定。

（四）追加当事人程序开始后，在仲裁庭组成之前，由仲裁委员会仲裁院就仲裁程序的进行作出决定；在仲裁庭组成之后，由仲裁庭就仲裁程序的进行作出决定。

（五）在仲裁庭组成之前追加当事人的，本规则有关当事人选定或委托仲裁委员会主任指定仲裁员的规定适用于被追加当事人。仲裁庭的组成应按照本规则第二十九条的规定进行。

在仲裁庭组成后决定追加当事人的，仲裁庭应就已经进行的包括仲裁庭组成在内的仲裁程序征求被追加当事人的意见。被追加当事人要求选定或委托仲裁委员会主任指定仲裁员的，双方当事人应重新选定或委托仲裁委员会主任指定仲裁员。仲裁庭的组成应按照本规则第二十九条的规定进行。

（六）本规则有关当事人提交答辩及反请求的规定适用于被追加当事人。被追加当事人提交答辩及反请求的期限自收到追加当事人仲裁通知后起算。

（七）案涉仲裁协议表面上不能约束被追加当事人或存在其他任何不宜追加当事人的情形的，仲裁委员会有权决定不予追加。

2.《北京仲裁委员会　北京国际仲裁中心国际投资仲裁规则》（2019 年 7 月 4 日第七届北京仲裁委员会第四次会议审议并通过，2019 年 10 月 1 日起施行）

第二条　本规则的适用

（一）当事人约定将国际投资争端（以下称“争端”）提交本会仲裁但未约定仲裁规则的，视为约定适用本规则。

（二）当事人约定适用本规则解决争端但未约定仲裁机构的，视为约定将其提交本会仲裁。

（三）当事人约定将争端提交本会依照本规则进行仲裁，但对仲裁程序的某些事项另有约定的，从其约定，但该约定无法执行或与仲裁地强制性法律规定相抵触的除外。

（四）当事人约定适用其他仲裁规则解决争端，并约定本会为仲裁机构或提供仲裁管理服务的，本会履行相应的职责。当事人约定适用《联合国国际贸易法委员会仲裁规则》的，本会依照《联合国国际贸易法委员会仲裁规则》及本规则附录 6 规定的程序指引履行相应的职责。

（五）本规则所称的国际投资争端或争端是指投资者与国家、国家授权的实体或政府间组织之间因投资而产生的争端。

（六）本规则所称的将争端提交仲裁的约定（以下称“仲裁协议”）可以规定在合同、条约、法律法规或其他文件中，或经由一方当事人通过合同、条约、法律法规或其他文件作出要约而另一方当事人随后通过提起仲裁或其他方式予以接受的方式达成。

第二十一条 仲裁语言

（一）当事人对仲裁语言作出约定的，从其约定。没有约定的，由仲裁庭根据案件情况确定仲裁程序中应使用的语言；在仲裁庭组成之前，本会可以临时确定仲裁程序中应使用的语言。

（二）当事人以仲裁语言之外的语言提交文件的，仲裁庭或在仲裁庭组成之前本会可以要求该当事人提交仲裁语言的译本。

第三十三条 管辖权异议

（一）关于仲裁请求或反请求不属于本会或仲裁庭管辖权范围内的异议，包括关于仲裁协议是否存在及其效力、范围或本规则的适用性的异议，应尽早以书面形式提出。当事人应不迟于提交被申请人陈述的截止日期，或在针对反请求提出异议时不迟于提交申请人回复的截止日期提出异议，但当事人在提交被申请人陈述或申请人回复时尚不知悉作为异议基础的事实的，应在知道或应当知道该事实后30日内提出异议。当事人逾期提出管辖权异议的，除非具有正当理由，仲裁庭不予受理。

（二）当事人选定或参与选定仲裁员的，不影响其提出管辖权异议。

（三）仲裁庭有权决定其管辖权。但一方当事人在仲裁庭组成之前提出管辖权异议的，主任可以根据表面证据决定本会是否明显没有管辖权。主任认定本会明显没有管辖权的，案件应被撤销。

（四）仲裁协议无论包含在合同、条约、法律法规或其他文件中，均应被视为独立于前述文件的所有其他条款。对前述文件是否存在及其效力的认定不影响对仲裁协议是否存在及其效力的认定。

（五）仲裁庭可以自行或应提出管辖权异议的当事人的申请，决定将审理管辖权异议作为仲裁程序的独立阶段并中止对案件实体问题的审理（以下称“分步审理”）。在作出决定之前，仲裁庭应给予另一方当事人发表意见的机会。

（六）仲裁庭决定分步审理的，应在征求双方当事人意见后，决定管辖权异议审理的书面和/或口头程序。

第三十六条　第三方陈述

（一）在依据条约提起的仲裁案件中，仲裁庭应允许不作为争端当事人的条约缔约方（以下称“非争端缔约方”）就与争端直接相关的条约解释问题提交书面陈述。仲裁庭在考虑双方当事人的观点之后并基于案件的情况，也可以邀请非争端缔约方依照本款提交书面陈述。

（二）双方当事人以外的任何个人或实体（以下称“非争端方”），包括第（一）款中的非争端缔约方，可以向仲裁庭申请就争端范围内的某一事项提交书面陈述。仲裁庭在考虑双方当事人的观点之后并基于案件的情况，也可以邀请非争端方依照本款提交书面陈述。

（三）在决定是否允许非争端方依照第（二）款提交书面陈述时，仲裁庭应考虑所有相关情况，包括：

1. 陈述是否涉及争端范围内的事项；

2. 陈述是否以及在何种程度上将提供不同于争端双方的观点、特定知识或见解，从而帮助仲裁庭解决与案件有关的事实或法律问题；

3. 非争端方是否与本案和/或相关案件程序有重大利益关系；

4. 争端是否涉及公共利益；

5. 允许非争端方提交书面陈述是否以及在何种程度上将损害双方当事人的信息保密权利；

6. 非争端方的身份、活动、组织和所有权关系，以及非争端方与一方当事人或非争端缔约方是否具有直接或间接的附属关系；

7. 是否有任何个人或实体向非争端方就提交陈述提供财务或其他帮助。

（四）双方当事人有权就一非争端方依照第（二）款提出的提交书面陈述申请是否应被接受以及提交陈述的条件发表意见。

（五）仲裁庭应确保非争端缔约方依照第（一）款提交的陈述或非争端方依照第（二）款提交的陈述不会干扰仲裁程序且不会给任一方当事人造成不合理的负担或不公平的偏袒。为此目的，依照第（一）款和第（二）款提交的陈述均应在被申请人提交被申请人陈述后60日内提交。仲裁庭还可以对非争端方依照第（二）款提交书面陈述设定条件，包括：

1. 陈述的格式、篇幅或范围；

2. 是否支付因非争端方参与仲裁而增加的仲裁费用。

（六）双方当事人有权对依照第（一）款和第（二）款提交的陈述发表意见。

（七）仲裁庭应决定依照第（一）款提交了陈述的非争端缔约方或依照第（二）款提交了陈述的非争端方需进一步提交的书面陈述。仲裁庭应为提交进一步陈述确定时限。

（八）任一方当事人有此要求或仲裁庭如此决定的，仲裁庭可以开庭，要求非争端缔约方或非争端方解释其书面陈述或就其书面陈述接受询问。

（九）经征求双方当事人意见，仲裁庭可以决定向非争端缔约方或非争端方提供与仲裁程序有关的、对于其参与仲裁程序有必要的文件，包括陈述、证据、命令和决定等。仲裁庭应采取适当措施，保障与仲裁程序有关信息的保密性。

（十）仲裁庭可以在其命令、决定和裁决中引述和依据非争端缔约方依照第（一）款和/或非争端方依照第（二）款提交的陈述。

第三十九条　第三方资助

（一）本规则所称第三方资助是指并非争端当事人的个人或实体（以下称“第三方资助人”）向仲裁程序的一方当事人或当事人的关联方或代理人提供资金或其他相当于资金的支持以进行仲裁活动。

（二）一方当事人存在第三方资助安排的，应向另一方当事人、仲裁庭和本会提交书面通知，充分披露：

1. 第三方资助的存在；

2. 第三方资助人及其实际控制人（如有）的身份；

3. 在仲裁员已被选定或指定的情况下，第三方资助人及其实际控制人（如有）与仲裁员之间的关系（如有）；

4. 第三方资助人是否曾承诺承担对该方当事人不利的费用责任。

（三）第（二）款的通知应在申请人或被申请人各自提交仲裁通知或对仲裁通知的答复的同时或之后7日内提交；第三方资助安排在提交仲裁通知或对仲裁通知的答复之后达成的，应在达成安排后7日内提交。

（四）第（二）款述及的信息在初始披露后发生变化的，包括资助安排终止的，当事人应在变化发生后7日内向另一方当事人、仲裁庭和本会披露。

（五）仲裁庭在决定仲裁费用和其他费用的承担时，可以考虑存在第三方资助这一因素，以及接受资助的一方当事人是否遵守了第（二）、（三）、（四）款的要求。如第三方资助人未承诺承担对该方当事人不利的费用责任，仲裁庭在必要时可以要求接受资助的当事人提交适当的费用担保。